eXamen.press

Informatik kompakt

Katharina Morik
Volker Klingspor

Eine grundlegende Einführung mit Java

Mit 45 Abbildungen

Katharina Morik
Lehrstuhl für Künstliche Intelligenz
Fachbereich Informatik
Universität Dortmund
44221 Dortmund
morik@ls8.cs.uni-dortmund.de

Volker Klingspor
SerCon GmbH
Stockholmer Allee 30 a/b
44269 Dortmund
volker.klingspor@sercon.de

Bibliografische Information der Deutschen Bibliothek
Die Deutsche Bibliothek verzeichnet diese Publikation in der Deutschen
Nationalbibliografie; detaillierte bibliografische Daten sind im Internet über
http://dnb.ddb.de abrufbar.

ISSN 1614-5216
ISBN-10 3-540-24304-6 Springer Berlin Heidelberg New York
ISBN-13 978-3-540-24304-5 Springer Berlin Heidelberg New York

Springer ist ein Unternehmen von Springer Science+Business Media
springer.de

Satz: Druckfertige Daten der Autoren
Herstellung: LE-T_EX, Jelonek, Schmidt & Vöckler GbR, Leipzig
Umschlaggestaltung: KünkelLopka Werbeagentur, Heidelberg
Gedruckt auf säurefreiem Papier   33/3142 YL   –   5 4 3 2 1 0

Danksagung

Bei dem Abenteuer, 1998 an der Universität Dortmund eine neue Erstsemestervorlesung mit Skript, Folien, Beispielprogrammen zu gestalten, haben mich, Katharina Morik, viele Menschen unterstützt. Am Lehrstuhl 8 haben die wissenschaftlichen Mitarbeiter Ralf Klinkenberg und Stefan Haustein manche Stunde mit mir und für mich am Rechner verbracht. Sascha Lüdecke und Stefan Rüping haben Implementationen und Humor beigesteuert. Inspiriert hat mich die Vorlesung *Algorithmen* von Prof. Vornberger und Frank Thiesing von der Universität Osnabrück. Lange Gespräche zu den Inhalten der Informatik, die unbedingt nötig für eine gute Berufspraxis sind, fanden bereits damals zwischen den beiden Autoren diese Buches statt. Ein Buch wäre aber nicht daraus geworden, wenn nicht Herr Engesser und Herr Schmidt vom Springer-Verlag so beharrlich und ermutigend gewesen wären. Mein, Volker Klingspors, Dank gilt insbesondere meinen Mitarbeitern des IT-Beratungsunternehmens SerCon, aber auch den Kollegen, die ich in den vielen Projekten kennengelernt habe. Die gemeinsame Projektarbeit mit ihnen liess mich eine neue, außeruniversitäre Sicht auf die Informatik gewinnen. Insbesondere die vielen Diskussionen mit Jürgen Herrmann, Andreas Marx und Andreas Hölsken haben mir viel Freude bereitet. Jürgen Herrmann möchte ich herzlich für die Freiheiten bedanken, die er mir in seinem Team gewährt hat. So hatte ich Gelegenheit, regelmässig über den Tellerrand herauszublicken.

Schließlich danken wir beide unseren jeweiligen Kindern, dass sie auf manches Spiel verzichtet haben.

Danksagung

Vorwort

Mit diesem Buch soll ein Einstieg in die Informatik gegeben werden. Wichtig ist uns dabei, dass die vielen Teilgebiete der Informatik nicht isoliert voneinander dargestellt werden. Das mag im Rahmen einer Erstsemestervorlesung an einer Universität oder auch Fachhochschule geschehen. Auch für Studierende mit dem Nebenfach Informatik ist das Buch geeignet. Es verkürzt das Studium, wenn von Anfang an die Bezüge deutlich sind. Zu jedem einzelnen Gebiet gibt es bereits hervorragende Bücher. Ohne den Bezug zueinander kann es aber leicht zu der Annahme kommen, man bräuchte beispielsweise die Komplexitätstheorie nur, wenn man sich darauf spezialisiert, ansonsten dürfe man sie getrost vergessen. Tatsächlich hängen aber Theorie und Praxis eng zusammen. Auch erscheint das Fach unübersichtlich groß, wenn die Verwendung der Datenstrukturen für Bäume beispielsweise in der Bildverarbeitung, dem geometrischen Modellieren, der Planung, dem automatischen Beweisen, der Syntaxanalyse und der Dokumentenverwaltung getrennt behandelt werden. Kennt man den gemeinsamen Kern verschiedener Gebiete, kann man sich leichter in sie vertiefen. In diesem Sinne ist das vorliegende Buch „kompakt". Weil es kompakt ist, umfasst es natürlich nicht das gesamte Grundstudium. Die Grundlagen der Informatik werden umfassend in [10] und [1] behandelt. Hier konzentrieren wir uns auf das, was gemeinsame Grundlage aller Teilgebiete ist und verzichten auf das Spezialvokabular der einzelnen Gebiete. Wir blicken also von den vielen Teilgebieten aus, in die Sie sich nachher vertiefen, auf das Gemeinsame und führen in dessen Grundlagen ein: Modellierung, abstrakte Datentypen, Algorithmen, nebenläufige und verteilte Programmierung sowie Muster als Abstraktionen bewährter Lösungen. Sich auf diese vielleicht ungewöhnliche Sicht einzulassen, ist für Studierende nützlich und für Praktiker mag es ein Anlass sein, die eigene Tätigkeit in einem Gesamtzusammenhang neu zu überdenken.

Es ist oft gut, eine Sache vom gewünschten Ergebnis her zu planen. Vielleicht ist das bereits so eine typische Vorgehensweise der Informatik? Am Anfang der Vorbereitung einer Vorlesung steht also die Klausur, die die Studierenden bestehen sollen. Für den Anfang des Studiums überlegt man sich, was die Absolventen können müssen, um im Beruf erfolgreich zu sein. Also steht am Anfang dieses Einführungsbuches unsere Vorstellung, welche Fähigkeiten in all den Jahren nach dem Studium mindestens gebraucht werden. Im Berufsleben einer Informatikerin oder eines Informatikers spielen Modellierung und Entwicklung nach wie vor eine erhebliche Rolle. Dabei wird meist bereits vorhandene Software genutzt. Es macht die Qualität einer Informatikerin bzw. eines Informatikers aus,

1. Anwendern so gut zuzuhören, dass eine umfassende Aufgabenbeschreibung gemeinsam erarbeitet werden kann;
2. übersichtliche Modelle für komplexe Aufgaben zu erstellen;
3. Standardumsetzungen zu kennen und bei der Konkretisierung von Modellen einsetzen zu können;
4. sich anhand der Standardumsetzungen rasch in einer (auch: neuen, noch unbekannten) Programmiersprache zurechtzufinden und von der Sprache in Programmbibliotheken bereitgestellte Umsetzungen zu nutzen;
5. die eigene Programmentwicklung klar zu dokumentieren und nach Effektivität und Effizienz zu bewerten.

Den ersten Punkt kann ein Buch nicht vermitteln. Wir haben aber Beispiele aus dem Alltag gewählt, die – im Gegensatz zu mathematischen Beispielen – noch nicht formalisiert sind. Auch fordern wir dazu auf, die formalen Modelle, die im Buch vorgestellt werden, auf eigene Alltagserfahrungen anzuwenden: In welcher Reihenfolge bearbeite ich meine Aufgaben, gibt es eine Entsprechung zwischen der Anordnung von Stapeln auf meinem Schreibtisch und der zeitlichen Anordnung von Aufgaben? Die Modellierung eines Bereichs, den man selbst gut kennt, führt meist dazu, dass man sorgfältig prüft, was weggelassen werden kann und ob das Ergebnis des Modells für den Anwender (sich selbst) angenehm ist. Solche Gedankenspiele üben die Modellierung und sensibilisieren für Anliegen von Benutzern.

Die Punkte 2 bis 4 sollen nicht nur als Gedankenspiel, sondern auch praktisch vermittelt werden. Dazu braucht man eine Programmiersprache. Wir haben die objektorientierte Programmiersprache Java gewählt, weil sie frei verfügbar mit einer umfangreichen Programmbibliothek ist, ein Typkonzept besitzt und weil sie paralleles und verteiltes Verarbeiten unterstützt. Java ist hier aber nicht Selbstzweck.[1] Auch Programmiersprachen als Spezialgebiet der Informatik werden hier nicht behandelt. Java wird als konkretes Beispiel für die Realisierung von Datenstrukturen verwendet – nicht mehr und nicht weniger.

Zwei kleine Besonderheiten des Buches sollen noch erwähnt werden. Das Buch hat einen kompakten Index. Das erscheint nichts Besonderes zu sein, weil jedes Fachbuch einen Index hat. Dieses Sachverzeichnis ist aber kompakt – es führt lediglich die Begriffe auf, die man in einer etwaigen Prüfung können muss. Man kann sich mit dem Sachverzeichnis abhören. Wer zu jedem Stichwort die Definition und ihre Verwendung angeben kann, hat genug für diesen Teil des Studiums gelernt. Die zweite Besonderheit dient ebenfalls der eigenen Leistungskontrolle. Es sind die Abschnitte „Was wissen Sie jetzt?".

---

[1] Als Einführung in Java empfehlen wir [7] und [17].

Sie sind ausführlicher als die Stichwörter und regen manchmal zu Gedankenspielen an. Die Programme, die im Buch verwendet werden, sind unter InformatikKompakt.cs.uni-dortmund.de zu finden.

Dortmund,   *Katharina Morik, Volker Klingspor*
Juni 2005

Inhaltsverzeichnis

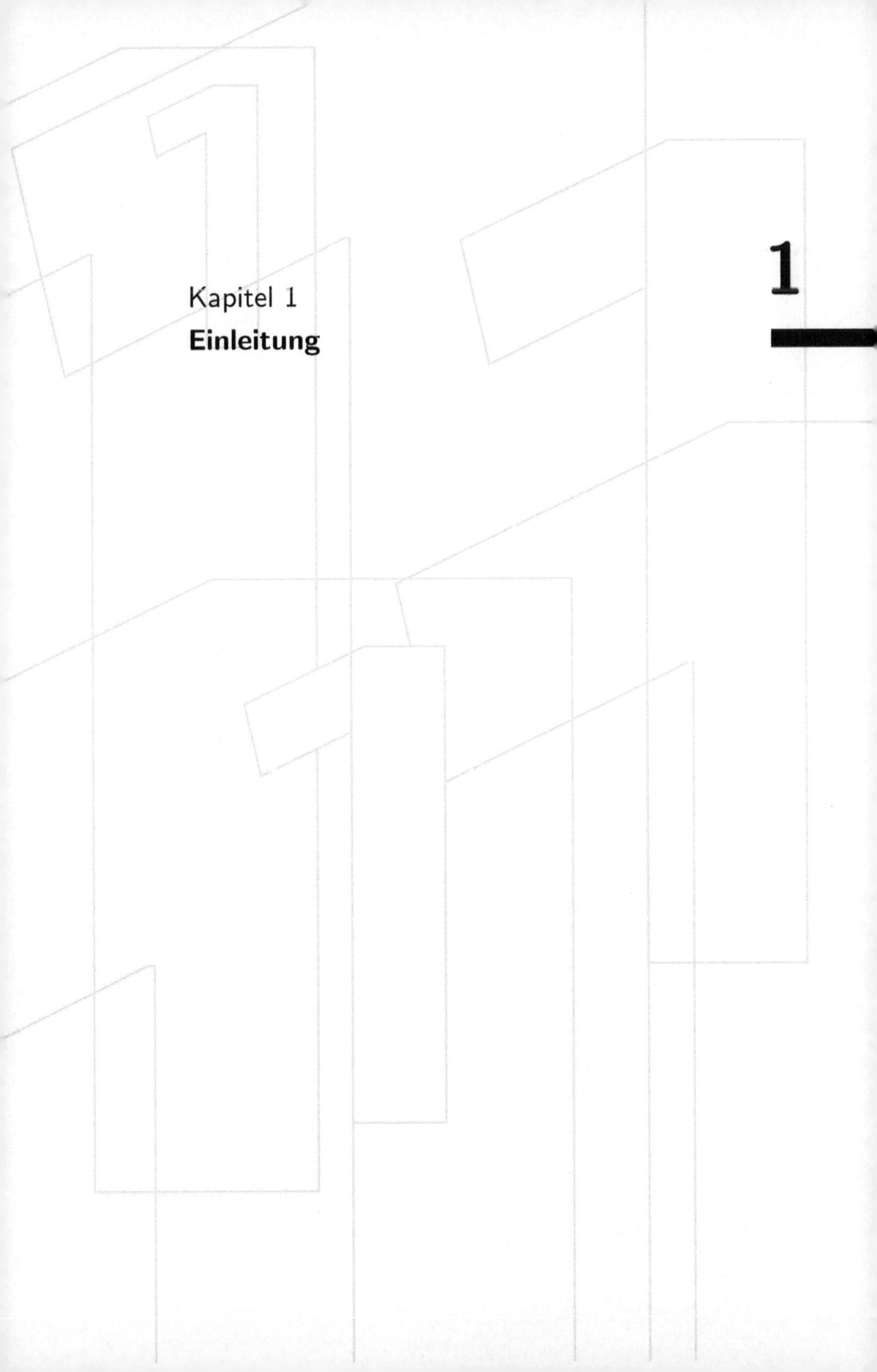

Kapitel 1

Einleitung

1 Einleitung

1 Einleitung

Die Informatik begegnet uns im Alltag ständig. Einmal natürlich als Rechenanlagen, die wir in Büros, Arztpraxen und zu Hause sehen. Zum anderen ist sie aber auch eingebettet in viele Alltagsgegenstände. Moderne Kameras, Autos, Waschmaschinen und Registrierkassen kommen nicht mehr ohne Programme aus. Gerade diese Allgegenwart bei unterschiedlichem Aussehen macht es Laien schwer, die Informatik als Fach von anderen Fächern zu unterscheiden. Wo ist die Grenze zum Maschinenbau, wenn moderne Maschinen Informatikanteile besitzen? Wo ist die Grenze zur Kommunikationswissenschaft, wenn wir Methoden der Informatik für die Telekommunikation einsetzen? Oder ist das Nachrichtentechnik? Was ist mit Computerspielen und animierten Trickfilmen? Im Sinne der Informatik sind all dies Anwendungsgebiete. Der Anteil der Informatik ist die formale Beschreibung von Vorgängen. Die Beschreibung abstrahiert von physikalischen Merkmalen. Wenn wir beispielsweise Briefwechsel beschreiben, abstrahieren wir die Tinte und das Papier weg. Wir konzentrieren uns auf die Eigenschaften, die wesentlich für einen Briefverkehr sind: die Kommunikationspartner müssen nicht am selben Ort sein und das Schreiben und Lesen muss nicht zur selben Zeit erfolgen. Außerdem finden wir wichtig, dass Sender und Empfänger mit ihren Adressen bekannt sind. Wir berücksichtigen, dass derselbe Text an mehrere Empfänger gehen kann. Diese Beschreibung enthält nur, was allen Briefwechseln gemeinsam ist. Das abstrakte Problem der raum-zeitunabhängigen Kommunikation kann nun durch verschiedene Techniken gelöst werden: Textmitteilungen bei Telefonen, elektronische Post, die zwischen Rechnern ausgetauscht wird, Aufzeichnungen gesprochener Sprache durch so genannte Anrufbeantworter. Schon dieses kleine Beispiel zeigt die Stärke der Abstraktion. Ein Problem wird einmal modelliert und kann unterschiedlich verfeinert werden. Dabei können auch Leistungen entwickelt werden, die in der ursprünglichen Vorlage nicht enthalten waren. Zum Beispiel kann man einen Brief auf Papier nicht hören, eine Nachricht der „voice mail" schon. So erklärt sich die Vielfalt der Erscheinungsformen von Entwicklungen der Informatik, ohne dass ihr Profil ausfransen würde.

> „Grundsätzlich ist die Informatik jedoch die Wissenschaft der *Abstraktion* – das richtige Modell für ein Problem zu entwerfen und die angemessene mechanisierbare Technik zu ersinnen, um es zu lösen." [1]

Bis auf die „mechanisierbare Technik" würden sich vielleicht mehrere Wissenschaften mit diesem Zitat identifizieren. Im Gegensatz zu Texten und mathematischen Formeln, die sonst oft zur Beschreibung gewählt werden, sind aber die Beschreibungen der Informatik selbst ausführbar. Eine Abstraktionshier-

archie führt von der allgemeinen Problembeschreibung zu Algorithmen, die
in einer Programmiersprache realisiert und schließlich physikalisch ausgeführt
werden. Die Datenstrukturen und Algorithmen sind ablauffähig, egal welches
Gerät den Ablauf durchführt.

Sehen wir einmal, wie die Abstraktionsebenen sich in der Programmentwicklung wiederfinden. Zunächst finden wir gemeinsam mit einem Anwender bzw.
einer Auftraggeberin eine *Aufgabenbeschreibung*. Diese abstrahiert von vielen
konkreten Vorgängen, die das Programm realisieren soll. Anhand der Aufgabenbeschreibung wird ein *Modell* entwickelt, das die komplexe Aufgabe
in Teile aufgliedert. Dieser erste Schritt wird auch als Programmierung im
Großen bezeichnet.

1.0.1   **Definition 1.0.1:**   *Programmierung im Großen* Die Konzentration auf das Zu-
sammenwirken von Teilen nennt man Programmierung im Großen, weil hier
von der inneren Gestalt der Teile abstrahiert wird. Betrachtet wird das Au-
ßenverhalten von Teilen. Der englische Terminus ist *programming in the large*.

Bei der Programmierung im Großen werden Arbeitsabläufe betrachtet, eine
Architektur für die Software entworfen, die Mengen von Aufgaben und Beziehungen zwischen ihnen angibt. Es werden also Teile mit ihren Zuständigkeiten und Kooperationen herausgearbeitet (siehe Abschnitt 2.2). Wir stellen
sie uns je nach Programmierparadigma vor als Mengen von

> Klassen und Objekten (objektorientierte Programmierung),
> Funktionen (funktionale Programmierung) oder
> logischen Beziehungen zwischen Sachverhalten (logische Programmierung).

Für die abstrakten Teile müssen konkrete Umsetzungen gefunden werden.
Manche Umsetzungen sind inzwischen Standard geworden. So hat man beispielsweise für geordnete Mengen (z.B. Teilnehmer an einem Wettbewerb,
nach ihrer Startnummer geordnet) das Modell der Liste gefunden. Das Modell der Liste kann dann durch die Datenstruktur einer verketteten Liste
realisiert werden. In dem Modell wird ebenfalls angegeben, was mit der Liste gemacht werden soll. In der Teilnehmerliste wollen wir einen Teilnehmer
finden – hat er sich wirklich angemeldet? Das Wesentliche an der verketteten Liste ist also, dass wir darin suchen. Eine gegebene Programmiersprache
erlaubt dann eine bestimmte Formulierung der Datenstruktur.

1.0.2   **Definition 1.0.2:**   *Programmierung im Kleinen* Die Ausformulierung von Teilen nennt man Programmierung im Kleinen, weil auf die Einzelheiten eines

Teils geachtet wird. Betrachtet wird die interne Realisierung eines Teils. Der englische Terminus ist *programming in the small.*

Bei der Programmierung im Kleinen haben wir immer drei Fragen:
Was soll realisiert werden (eine Zahl, eine Liste, eine Menge, ...)?
Wie soll es realisiert werden (durch eine mit 16 Bit dargestellte ganze Zahl, durch eine verkettete Liste, ...)?
Warum ist die Realisierung vernünftig (weil sie nach nur endlich vielen Schritten bestimmt das Ergebnis ausgibt; weil sie meist nach nur 16 Sekunden das Ergebnis ausgibt)?

Was kann mit *vernünftig* gemeint sein?
Arbeitsablauf: Das Programm wird in einer bestimmten Arbeitssituation von bestimmten Menschen oder anderen Maschinen genutzt. Wird der Arbeitsablauf durch das Programm besser und für die Menschen angenehmer? Welche Ziele der an dem Arbeitsablauf beteiligten Menschen werden in welchen Anteilen erfüllt, welche nicht? Mit derlei Fragen beschäftigt sich das Fach *Informatik und Gesellschaft.*
Wartbarkeit und Wiederverwendbarkeit: Große Programme mussen gewartet werden. Zum einen, weil die Welt sich ändert, in der die Programme eingesetzt werden und die sie in Teilen abbilden. Zum anderen, weil man immer einen Fehler macht, etwas übersieht, wenn man ein Programm entwickelt. Deshalb ist die Wartung von Software ein wichtiges Thema der *Softwaretechnologie.* Bei wissensbasierten Systemen der *Künstlichen Intelligenz* ist die Wartung und Revidierbarkeit ein Forschungsschwerpunkt. Wiederverwendbarkeit bezeichnet die Möglichkeit, nicht immer wieder von vorn anfangen zu müssen, sondern Teile früherer Programme in den neuen Programmen verwenden zu können. Voraussetzung dafür ist, dass möglichst unabhängige Programmteile (Module) nur durch wohldefinierte Schnittstellen mit anderen Programmteilen verbunden sind, dass Annahmen, die bei der Programmierung gemacht wurden, auch dokumentiert sind, dass man sich beim Programmieren um Allgemeinheit bemüht, statt sehr spezielle Lösungen zu programmieren.
Effektivität: Sind alle Fälle, die vorkommen können, abgedeckt? Dies ist die Frage nach der *Vollständigkeit.* Berechnen wir immer das richtige Ergebnis? Dies ist die Frage nach der *Korrektheit.* Das Spezialgebiet der Informatik, das sich mit diesen Fragen befasst ist die *Programmverifikation.*
Effizienz: Innerhalb der *Komplexitätstheorie* wird die Schwierigkeit von Problemen untersucht. Dabei schätzen wir unter anderem den Aufwand

ab, der im schlimmsten Fall von dem Programm zu erbringen ist: wie lange wird der Rechner uns im schlimmsten Falle auf ein Ergebnis warten lassen? Zusätzlich zur analytischen Aufwandsabschätzung kommt in der praktischen Informatik die empirische Überprüfung durch systematische Experimente. Wie lang braucht das Programm unter bestimmten, systematisch variierten Umständen, bis es ein Ergebnis liefert?

Im Folgenden werden wir stets *wer, was, warum* bei jedem Thema behandeln, wobei hoffentlich die Abstraktionsebenen stets klar bleiben.

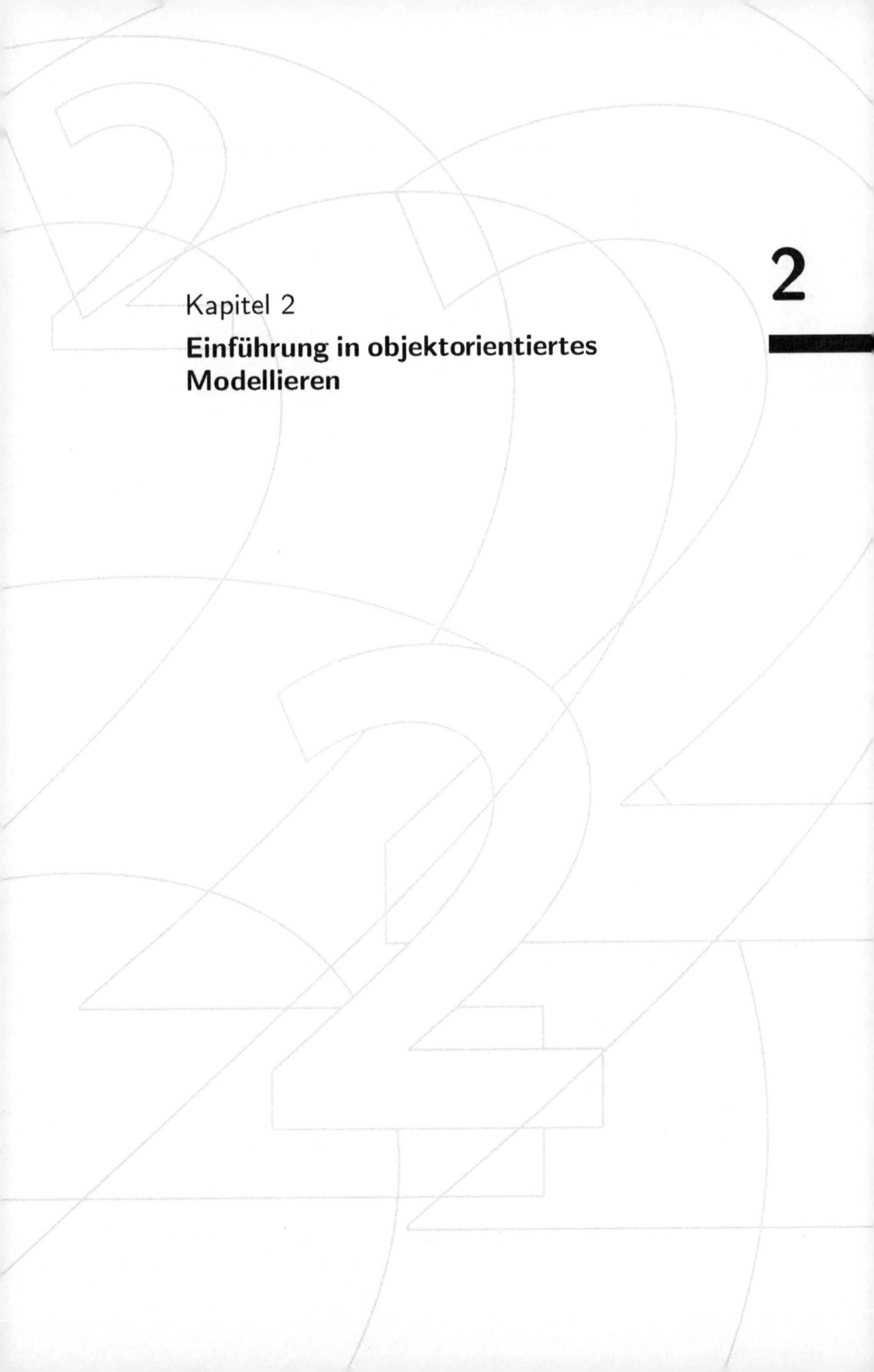

Kapitel 2

Einführung in objektorientiertes Modellieren

2

2 Einführung in objektorientiertes Modellieren

Objektorientiertes Modellieren ist nicht nur im Rahmen des Entwurfs eines Programms, das auf einer Rechenanlage abläuft, anwendbar. Ein objektorientiertes Modell kann Arbeitszusammenhänge, Organisationen oder die Konstruktion technischer Geräte beschreiben. Dann wird das Modell in Form von Diagrammen dargestellt, die von Menschen interpretiert werden. Setzen wir den objektorientierten Entwurf um in ein (objektorientiertes) Programm, so wird dieses Programm von der Programmiersprache interpretiert (ausgeführt).

2.1 Grundbegriffe

Wir fassen eine Aufgabe oder ein System als eine Menge miteinander kooperierender Einheiten (Teilsysteme) auf. Diese Einheiten oder Teile sind *Objekte* des Weltausschnitts, den wir modellieren. Ein Objekt ist ein Ding mit einer Tätigkeit: der Fußball, der rollt, meine Lampe, die leuchtet. Dabei ist ein Objekt immer ein ganz bestimmtes Ding (oder Wesen oder Abstraktum), also der blaue Ball von Uta, meine Schreibtischlampe. In der Philosophie spricht man von *Einzeldingen*.

> „Zum Beispiel sind historische Ereignisse, materielle Objekte, Menschen und deren Schatten nach meinem wie nach den gängigsten Arten philosophischen Sprachgebrauchs sämtlich Einzeldinge; Eigenschaften, Zahlen und Gattungen dagegen nicht...“ [21]

Objekte sind voneinander verschieden, auch wenn ihre Beschreibung es nicht deutlich macht. Selbst wenn eine Firma zwei Angestellte mit demselben Namen und demselben Geburtsdatum in derselben Abteilung hat, muss sie beiden ein Gehalt bezahlen! Zahlen sind deshalb keine Einzeldinge, weil sie stets mit sich selbst gleich sind: es gibt nur eine 1, egal wo, wofür und wie oft wir sie verwenden.

Objekte haben *Eigenschaften*, die wir angeben können: Utas Ball ist blau, meine Schreibtischlampe ist weiß. Wir unterscheiden, *dass* ein Objekt eine Eigenschaft hat – z.B. eine Farbe – davon, *welche Ausprägung* der Eigenschaft es hat – z.B. blau. Objekte können etwas tun oder auf Tätigkeiten reagieren: Utas Ball rollt, wenn sie ihn tritt, meine Lampe beleuchtet den Schreibtisch, wenn ich sie einschalte. Wir betrachten den Tritt gegen den Ball als eine *Botschaft* an den Ball. Es wird ihm mitgeteilt, mit welcher Kraft, an welcher

Stelle er getreten wird. Der Ball hat eine *Methode*, wie er auf eine Botschaft reagiert: er rollt in eine bestimmte Richtung eine bestimmte Strecke.

Objekte sind Exemplare (Beispiele, Instanzen) einer Klasse. Utas blauer Ball *ist ein* Ball, meine Schreibtischlampe *ist eine* Lampe. Alle Objekte einer Klasse haben die Eigenschaften und Methoden dieser Klasse. *Dass* ein Ball eine Farbe hat wird durch die Klasse festgelegt. Bei einigen Eigenschaften wird obendrein die Ausprägung einer Eigenschaft durch die Klasse angegeben. So habe ich die runde Form bei Utas Ball nicht angeben müssen, weil diese Ausprägung der Form für alle Objekte der Klasse gilt. Auch die Methode der Bewegung aufgrund eines Tritts muss nicht bei Utas Ball angegeben werden. Sie kann als Methode bei der Klasse beschrieben werden, sodass sie für alle Bälle gilt. Die Farbe ist allerdings eine Eigenschaft, in deren Ausprägung sich verschiedene Bälle unterscheiden. Die Ausprägung wird deshalb bei dem Objekt angegeben. Ein Objekt einer Klasse erhält die Eigenschaften und Methoden der Klasse. Wenn ein neues Objekt einer Klasse erzeugt wird (Instanziierung), dann bekommt es alle Eigenschaften und eventuell einige Ausprägungen der Eigenschaften. Eine Klasse gibt ihre Eigenschaften und Methoden an ihre Objekte weiter.

2.1.1   **Definition 2.1.1:**   *Klasse* Eine Klasse beschreibt die Eigenschaften und das Verhalten einer Menge gleichartiger Objekte. Die Klasse legt fest, dass die Objekte bestimmte Eigenschaften und Methoden haben. Sie kann für einige Eigenschaften auch die Ausprägung festlegen. Dann haben alle Objekte der Klasse diese Ausprägungen von Eigenschaften.

2.1.2   **Definition 2.1.2:**   *Objekt* Ein Objekt ist ein Einzelding. Es erhält die Eigenschaften (ggf. auch mit Ausprägung) und Methoden seiner Klasse und kann darüberhinaus Ausprägungen für Eigenschaften haben, von denen die Klasse nur angibt, dass sie bei allen Objekten in irgendeiner Ausprägung vorhanden sind.

Es gibt Ober- und Unterklassen. So ist ein Mensch ein Säugetier und ein Säugetier ein Lebewesen. Die Oberklasse vererbt ihre Eigenschaften und Methoden an ihre Unterklassen. Wir erhalten eine Hierarchie. Ein Mann ist ein Mensch und hat damit auch alle Eigenschaften und Methoden von Säugetieren, die ja bereits alle Eigenschaften und Methoden von Lebewesen geerbt haben. Somit hat auch der Mann alle Eigenschaften und Methoden von Lebewesen (Abb. 2.1).

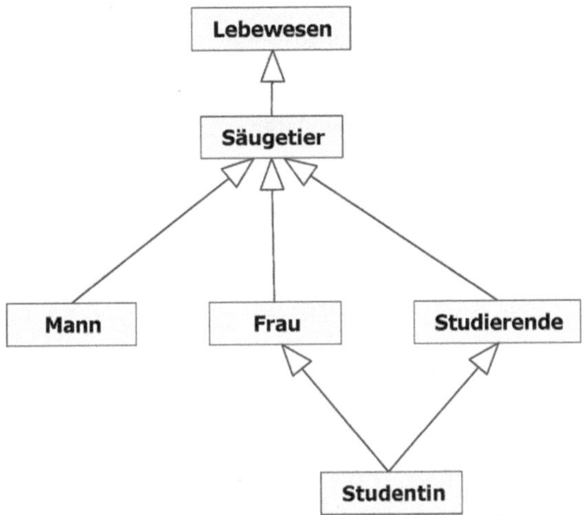

Abbildung 2.1. Vererbungshierarchie

Definition 2.1.3: *Vererbung* Der Begriff der Vererbung (inheritance) kann   2.1.3
verschiedene Beziehungen zwischen Klassen ausdrücken, darunter [11]:

A ist ein B: Die Unterklasse A übernimmt alle Eigenschaften und Methoden der Klasse B ohne Einschränkung. Ausprägungen der Eigenschaften
können für A angegeben sein, die bei B nicht festgelegt waren. Der Katalog
der Eigenschaften kann bei A größer sein als bei B.

A ist eine Spezialisierung von B: Ein gleichseitiges Dreieck (A) ist eine
Spezialisierung eines Dreiecks (B), für das man keine drei unterschiedlichen Seitenlängen angeben kann. Hier ändert sich der Katalog der Eigenschaften von B insofern als die möglichen Ausprägungen der Eigenschaften
in A eingeschränkt sind, sodass einige Eigenschaften entfallen.

A implementiert B: A realisiert die Konzepte von B. CD-Spieler realisieren
digitale Abspielgeräte.

A verwendet von B: A verwendet den Code von B.

Definition 2.1.4: *Mehrfachvererbung* Erbt eine Klasse von mehreren Klassen,   2.1.4
so spricht man von Mehrfachvererbung. Eine Studentin ist eine Frau und eine
Studierende. (siehe [11, S. 148]; Abb. 2.1.)

Mit der Vererbungshierarchie und der Instanziierungsbeziehung zwischen einem Objekt und der Klasse, der es angehört, kommen wir nicht aus. So sollen
beispielsweise Uta (in der Hierarchie Mensch, Säugetier, Lebewesen) und ihr
blauer Ball (in der Hierarchie Ball, Kugel, unbelebtes physikalisches Objekt)
in Verbindung gebracht werden. Die Beziehung von Objekten beschreiben wir

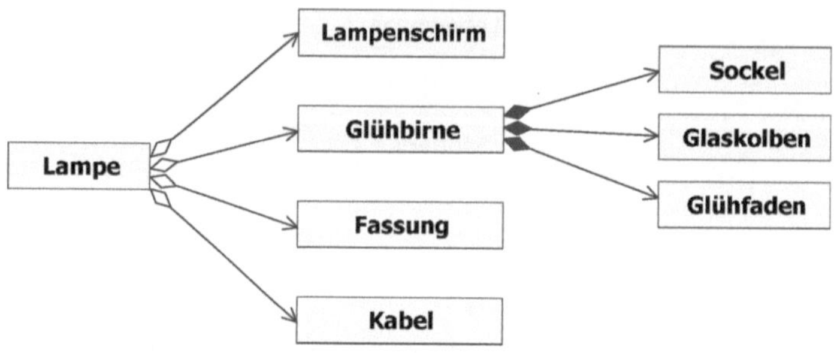

Abbildung 2.2. Aggregation und Komposition

durch *Assoziationen*. Uta besitzt ihren blauen Ball. Uta kann auf die Objekte, mit denen sie in Beziehung steht, Einfluss nehmen. Sie kann den Ball treten, wodurch er seine Position verändert. Der Ball ist dafür zuständig, wie er auf einen Tritt reagiert. In der Sprechweise der objektorientierten Methode: der Ball empfängt eine Botschaft von Uta und behandelt sie mit seiner Methode. Assoziationen werden als Linie zwischen zwei Objekten gezeichnet.

Zusätzlich zu der allgemeinen Assoziation gibt es zwei weitere, speziellere Arten der Assozitionen, die beide eine Beziehung zwischen einem Ganzen und seinen Teilen ausdrücken: Aggregation und Komposition. Die *Aggregation* wird als *besteht aus* gelesen und mit einem leeren Rombus am Ende der Linie gezeichnet. So besteht meine Lampe aus dem Schirm, der Fassung, der Glühbirne, dem Kabel. Bei Aggregationen besitzen die Bestandteile einen eigenen Lebenszyklus, und können von einem Objekt gelöst und einem anderen Objekt zugeordnet werden. So kann die Glühbirne oder der Schirm von der Lampe entfernt und an eine andere Lampe montiert werden. Im Gegensatz dazu wird durch *Kompositionen* dargestellt, dass das Wegfallen des Ganzen zur Auflösung der Teile führt. Die Glühbirne besteht aus Gewinde, Glaskolben und Glühfaden. Die Teile können nicht aus dem Ganzen gelöst werden, ohne dass beides zerstört wird. Die Komposition wird mit einem schwarz ausgefüllten Rombus gezeichnet. Natürlich können wir alles in seine Bestandteile zerlegen. Es nützt aber für meinen Umgang mit der Lampe wenig, auch noch die Bestandteile der Fassung, des Kabels, des Schirms zu modellieren. Ist die Lampe allerdings kaputt, so ist ein anderer als der normale Umgang erforderlich und eine feinere Modellierung wichtig. Der Zweck der Modellierung bestimmt also die Feinheit (*Granularität*) und damit, was als Objekt noch beschrieben und was schlicht ignoriert werden soll. Als Faustregel gilt: Alles, was Botschaften empfangen und mit einem anderen Objekt assoziiert werden soll, wird als Objekt aufgefasst.

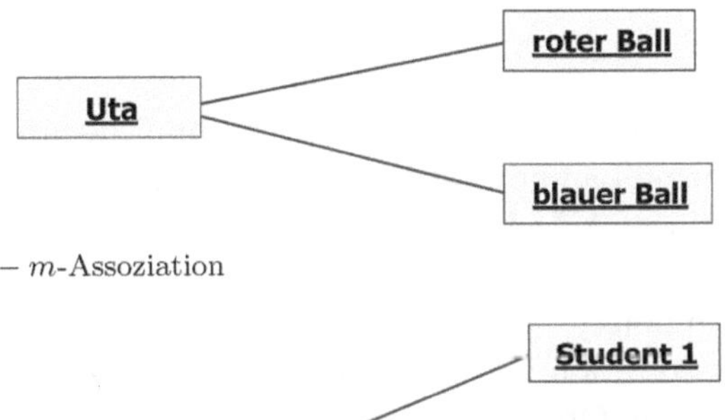

Abbildung 2.3. $1 - m$-Assoziation

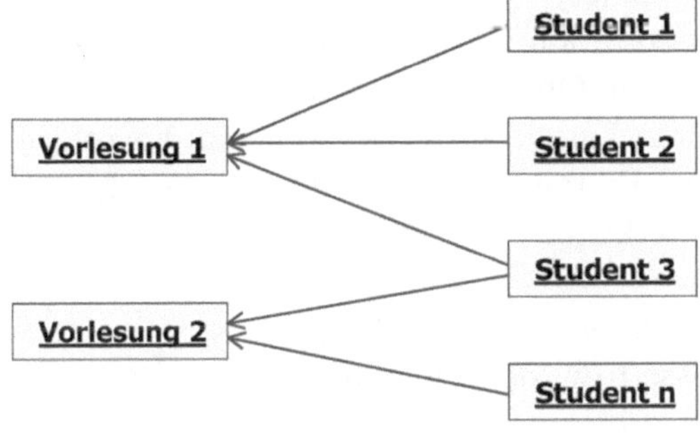

Abbildung 2.4. $n - m$-Assoziation

Wir haben noch nicht dargestellt, wie viele Objekte sich an den Enden einer Beziehung befinden können. Die Glühbirne besitzt genau eine Fassung, und die Fassung ist nur Bestandteil einer einzigen Glühbirne. Jedem Objekt kann also nur ein anderes Objekt zugeordnet sein. Dies bezeichnen wir als $1-1$-Beziehung. Uta kann dagegen mehrere Bälle besitzen, der Ball kann aber nur von einer Person besessen werden. Beziehungen, bei denen ein Objekt mit mehreren anderen Objekten in Beziehung steht, werden als $1-m$-Beziehungen bezeichnet. Betrachten wir ein anderes Beispiel: Vorlesungen werden von vielen Studenten besucht, und Studenten besuchen mehrere Vorlesungen. Solche Beziehungen bezeichnen wir als $n-m$-Beziehungen.
Zusätzlich können Beziehungen gerichtet sein. Dann kann diese Beziehung nur in einer Richtung genutzt werden. Ist die Beziehung zwischen Studenten und Vorlesungen gerichtet, so können die Studenten Botschaften an die Vorlesungen senden, nicht aber umgekehrt. Gerichtete Beziehungen werden durch Pfeile in Navigationsrichtung dargestellt.

Definition 2.1.5:   *Assoziation* Eine Assoziation ist eine Verbindung von einer Klasse bzw. einem Objekt zu einer anderen Klasse bzw. einem anderen Objekt. Assoziationen besitzen *Kardinalitäten*, durch die dargestellt wird, wie viele Objekte miteinander in Beziehung stehen können. Assoziationen können *gerichtet* sein, wodurch nur in eine Richtung Botschaften versendet werden können.

2.1.5

In Java werden Assoziationen über Eigenschaften implementiert. Wenn genau ein Objekt (z.B. meine Lampe) mit genau einem anderen Objekt (z.B. dem Lichtschalter in meinem Arbeitszimmer) assoziiert wird, so wird dies andere Objekt zur Eigenschaft des ersten Objektes (z.B. wird der Lichtschalter eine Eigenschaft der Lampe).

Wenn aber eine Assoziation zu mehreren andere Objekte einer Klasse existiert, so müssen wir ein Objekt einführen, das eine Kollektion darstellt. Um die Bestandteile einer Lampe zu programmieren, benötigen wir ein Objekt, durch das alle diese Bestandteile verwaltet werden. Ein solches Objekt ist Objekt einer Behälterklasse.

2.1.6   **Definition 2.1.6:** *Assoziation, Darstellung* Assoziationen werden als Eigenschaft bei der Klasse bzw. den Objekten programmiert. Bei $1 - m$-Assoziationen mit $m > 1$ wird ein zusammengesetztes Objekt bzw. eine Klasse von zusammengesetzten Objekten eingeführt. Eine solche Klasse, die eine Menge von Objekten ansammeln und verwalten kann, heißt auch *Behälterklasse*.

2.1.7   **Definition 2.1.7:** *Behälterklasse* Eine Behälterklasse besteht aus Objekten, die Mengen (und nicht Elemente von Mengen) sind.

Gerichtete Beziehungen brauchen nur auf der Seite, von der die Beziehung ausgeht, verwaltet zu werden. Besucht ein Student eine weitere Vorlesung, so braucht nur beim Studenten die entsprechende Vorlesung zu seinem Behälterobjekt hinzugefügt werden. Anders dagegen bei der ungerichteten Beziehung zwischen Uta und ihren Bällen. Wenn Uta einen neuen Ball bekommt, muss nicht nur der neue Ball dem Ball-Behälter von Uta hinzugefügt werden, sondern auch Uta muss der Eigenschaft *Besitz* beim Ball hinzugefügt werden. Und umgekehrt, wenn der Ball einen neuen Besitzer erhält, muss er zusätzlich aus Utas Besitz entfernt werden, und dem Besitz des neuen Besitzers hinzugefügt werden.

Bisher waren bei Klassen nur Eigenschaften angegeben, die für jedes Objekt der Klasse gelten. Wenn bei der Klasse der Bälle angegeben ist, dass sie kugelförmig sind, so hat auch jedes Objekt der Klasse die Kugelform. Dies ist das grundsätzliche Prinzip. Wenn wir aber die Anzahl von Objekten einer Klasse zählen wollen, so ist diese Anzahl eine Eigenschaft der Klasse. Wir könnten natürlich zusätzlich zu der einen normalen Klasse **K** eine Behälterklasse **AlleK** einführen, deren einziges Objekt alle Objekte von **K** enthält. Einfacher ist die Einführung von *Klasseneigenschaften*. Eine Klasseneigenschaft ist eine Eigenschaft der Klasse. Sie gilt für die Menge ihrer Objekte, nicht für jedes einzelne Objekt der Klasse. Alle Objekte der Klasse können sich die Klasseneigenschaft ansehen und verändern.

Beispiel 2.1: *Klasseneigenschaft* Ein Flugbuchungssystem hat eine Klasse **Buchung**, in der der Kunde, sein Abflugort, sein Zielflugort und die Route dahin, die Fluggesellschaft etc. zusammengeführt werden. Die Buchungsstelle möchte wissen, wieviele Buchungen sie vorgenommen hat. Dafür soll nicht eigens die Behälterklasse **AlleBuchungen** eingeführt werden, denn wir wollen ja nur die Anzahl der Objekte der Klasse **Buchung** wissen. Also wird stattdessen die Klasseneigenschaft *buchungsAnzahl* in **Buchung** eingeführt. Wird eine Buchung durchgeführt, also ein neues Objekt der Klasse **Buchung** erzeugt (Instanziierung), dann fragt das neue Objekt den aktuellen Wert ab und erhöht ihn um 1.

2.1

2.2 Modellierung

2.2

Bei der objektorientierten Modellierung überlegen wir zuerst, was die Objekte sein sollen. Wie genau müssen wir modellieren? Wie werden die Objekte klassifiziert? Wer ist wofür zuständig? Wer kooperiert mit wem? Die Antworten auf diese Fragen werden in diesen Entwurfsschritt mit Hilfe von *Klassenkarten* bzw. *Klasse-Zuständigkeit-Kooperation-Karten* notiert. Karten sind ein grober Entwurf, der im weiteren durch verschiedene Diagramme bzw. Modelle verfeinert wird.

Welche Merkmale besitzt eine Klasse? Welche Botschaften können ihre Objekte behandeln? Welche Beziehungen bestehen zwischen Objekten einer Klasse? Diagramme für diesen Entwurfsschritt heißen *Klassendiagramme* oder *Objektmodelle.*

Welche Botschaften werden versendet und behandelt? Wer kooperiert mit wem? Im *Kollaborationsdiagramm* bzw. *funktionalen Modell* werden die Kooperationen mit ihren Botschaften notiert.

Wie verändern Botschaften den Zustand von Objekten? Dies wird im *Zustandsdiagramm* bzw. dem *dynamischen Modell* aufgeschrieben.

Hier werden die einzelnen Entwurfsschritte anhand des Beispiels von [11, S. 151ff] in der *Unified Modeling Language* von Grady Booch, James Rumbaugh und Ivar Jacobson[1] illustriert. Diese definiert eine graphische Darstellung der Modellbestandteile sowie deren genau Bedeutung. Damit ermöglicht

---

[1]Eine detaillierte Beschreibung findet sich in [19].

Student	
bestellen	Rechnerhändler
Paket annehmen	Zusteller

Rechnerhändler	
Bestellung annehmen	Student
Paket absenden	Zusteller

Zusteller	
Paket annehmen	Rechnerhändler
Paket abgeben	Student

Abbildung 2.5. Klassenkarte

sie neben der Dokumentation der Modelle auch die einfache Kommunikation zwischen den Entwicklern, sowie die einfache Skizzierung von Ideen im Rahmen des Modellierungsprozesses. Das Beispiel handelt von einem Studenten, der bei einem Rechnerhändler per Brief einen Rechner bestellt. Dieser wird ihm von der Post als Paket zugestellt.

Die *Klassenkarte* stellt die beteiligten Klassen (hier: Studenten, Rechnerhändler und Zusteller) mit ihren Zuständigkeiten und Kooperationen dar (siehe Abb. 2.5). Das Diagramm von Abb. 2.5 ist eigentlich nicht zutreffend: bezüglich des Rechnerkaufs ist der Student einfach ein Kunde. Es geht uns nicht darum, ein bestimmtes Individuum zu modellieren, sondern eine Rolle, die es in einem Zusammenhang spielt. Daher nennen wir die Klasse mit den Zuständigkeiten bestellen, Paket annehmen besser **Kunde**. Dass der Brief und das Paket selbst fehlen, ist begründet: sie haben weder Zuständigkeiten, noch kooperieren sie mit einem der Beteiligten.

Nachdem wir nun wissen, welche Klassen es gibt, müssen wir ihre Botschaften, Handlungen und Merkmale überlegen. Wir notieren dies im *Klassendiagramm*. Abbildung 2.6 zeigt, wer an wen Botschaften schickt und welche Eigenschaften er haben soll und welche Methoden er beherrscht. In der Klassenkarte hatten wir nur den Kunden (Studenten), den Rechnerhändler und den Zusteller. Alle diese müssen mit Adressen umgehen. Damit wir nicht bei jeder Klasse Methoden zum Verarbeiten von Adressen angeben müssen, legen wir die neue Klasse **Anschrift** fest, die Zeichenfolgen (**String**) als Absender und Empfänger interpretieren kann. Und weil wir sie nun schon als eigene Klasse haben, verallgemeinern wir sie so, dass auch die Beschrif-

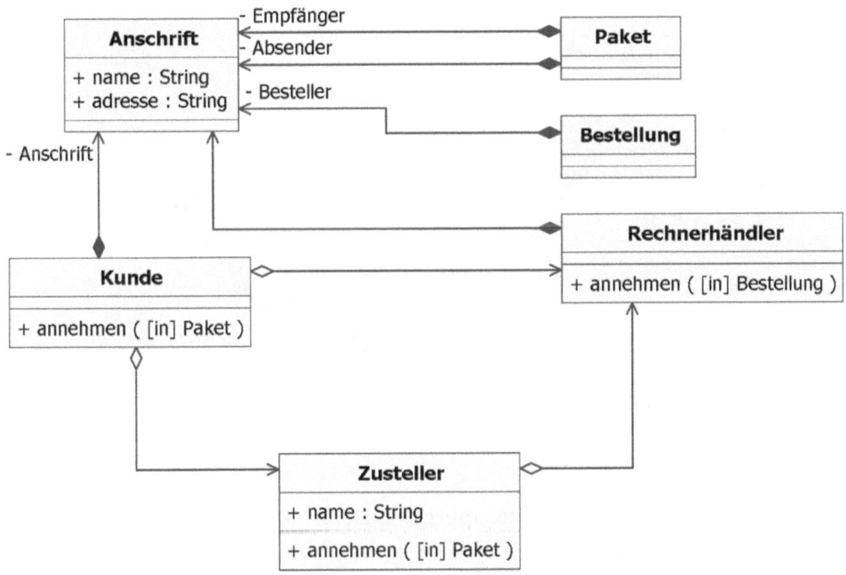

Abbildung 2.6. Klassendiagramm

tung des Pakets und des Bestellbriefes die (hier nicht aufgeführten) Methoden des Prüfens einer Adresse und eines Namens nutzen kann. Wir sehen also, dass Klassen eigentlich durch Methoden eingeführt werden: alles, was eine bestimmte Tätigkeit ausführen kann, ist eine Klasse. Dies entspricht dem Klassenbegriff und ist obendrein praktisch:

> Verwendung *einer* Modellierung eines Vorgangs an vielen Stellen statt mehrfacher Modellierung desselben (Stichwort: Wiederverwendung von Programmteilen);

> bei Veränderung des Vorgangs braucht die Modellierung (das Programm) nur an *einer* Stelle geändert zu werden und wirkt sich doch auf viele Stellen einheitlich aus. Denken Sie daran, wieviele Klassen bei der Einführung der neuen Postleitzahlen hätten geändert werden müssen, wenn wir nicht die Klasse **Anschrift** eingeführt hätten!

Die Verbindungen zwischen den Klassen sind als Assoziationen angegeben, allerdings noch nicht näher beschrieben.

Wir überlegen, was die Pfeile des Klassendiagramms eigentlich genau bedeuten sollen. Insbesondere beachten wir, welche unterschiedlichen Benutzer später mit der Software arbeiten werden und wie sich das auf die Modellierung auswirkt. Dies führt uns zum nächsten Diagramm. Das *Kollaborationsdiagramm* beschriftet die Kanten des Klassendiagramms. Es beschreibt genau-

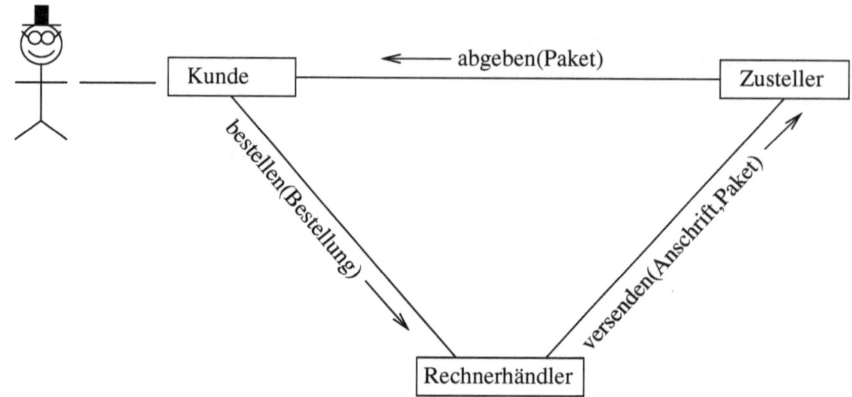

Abbildung 2.7. Kollaborationsdiagramm

er, was zwischen den Objekten kooperierender Klassen (**Kunde**, **Zusteller**, **Rechnerhändler**) ausgetauscht werden kann (Abb. 2.7).

Wir haben bisher nur betrachtet, was ausgetauscht und behandelt wird. Nun wollen wir die Kollaborationen als Ereignisse betrachten, die den Zustand der Welt verändern. Für jede Klasse zeichnen wir einen *endlichen Automaten*. Ein endlicher Automat hat eine Menge von Zuständen (darunter einen ausgezeichneten Anfangszustand sowie mindestens einen Endzustand) und eine Menge von Kanten, die Zustandsübergänge bezeichnen. Die Kanten sind also gerichtet, sie führen von einem Zustand in einen anderen. Handlungen sind typische Beispiele für Zustandsübergänge. Wenn in einem Zustand eine bestimmte Handlung ausgeführt wird oder eine bestimmte Eingabe empfangen wird, dann gelangt man in den Folgezustand. Dies muss nicht so einfach hintereinander geschehen wie es das Zustandsdiagramm zu unserem Beispiel zeigt (Abb. 2.8). Eine Handlung oder Eingabe kann auch von einem Zustand in denselben überführen. Vom selben Zustand aus können durch unterschiedliche Handlungen (oder Eingaben) unterschiedliche Folgezustände erreicht werden.

Mit dem Zustandsdiagramm ist noch nichts über die zeitliche Abfolge von Handlungen zwischen Klassen ausgesagt, sondern nur für jede einzelne Klasse eine Abfolge angegeben. Das *Sequenzdiagramm* zeigt die Abfolge von Handlungen im Zusammenhang für alle beteiligten Klassen (Abb. 2.9, S. 20). Dabei sehen wir, dass der Kunde den Rechnerhändler aktiviert, der wiederum den Zusteller aktiviert. Der Kunde wartet einfach bis das Paket ankommt. Man nennt dies *Aufruf mit Warten auf Erledigung*. Erkundigt er sich, wo der Rechner denn bleibt, so nennt man dies *Aufruf mit späterer Anfrage*. Außerdem gibt es den *Aufruf mit aktiver Rückmeldung*. Beispielsweise kann der

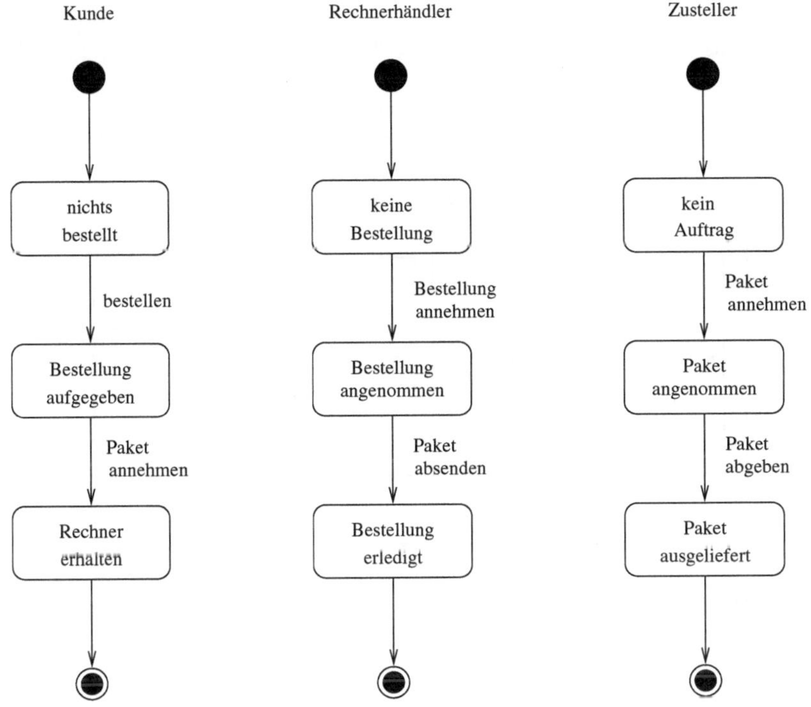

Abbildung 2.8. Zustandsdiagramm

Kunde dem Zusteller den Empfang bescheinigen. Die Rückmeldung muss also nicht an denselben gehen, dem der Auftrag erteilt wurde. In Abb. 2.9 werden die Aufträge mit ausgefüllten Pfeilspitzen, die Rückmeldungen mit einfachen Pfeilspitzen gekennzeichnet. Der Kunde meldet an den Zusteller zurück, der wiederum an den Rechnerhändler zurückmeldet.

2.3 Was wissen Sie jetzt?

Sie sollten jetzt wissen, was eine Klasse und was ein Objekt ist. Sie sollten die Vererbungshierarchie als vertikale Beziehung und Assoziationen als horizontale Beziehung kennen. Wie diese Begriffe eingesetzt werden, um einen Sachbereich zu modellieren, haben Sie anhand von Modellen, die unterschiedliche Aspekte betonen, sowie deren grafischer Darstellung gesehen. Gehen Sie alle Definitionen noch einmal durch. Besprechen Sie Behälterklassen und Klasseneigenschaften mit anderen. Nehmen Sie sich irgendeinen Ausschnitt Ihres Alltags und versuchen Sie, ihn objektorientiert zu modellieren. Zeichnen Sie mindestens eine Klassenkarte und ein Klassendiagramm dazu!

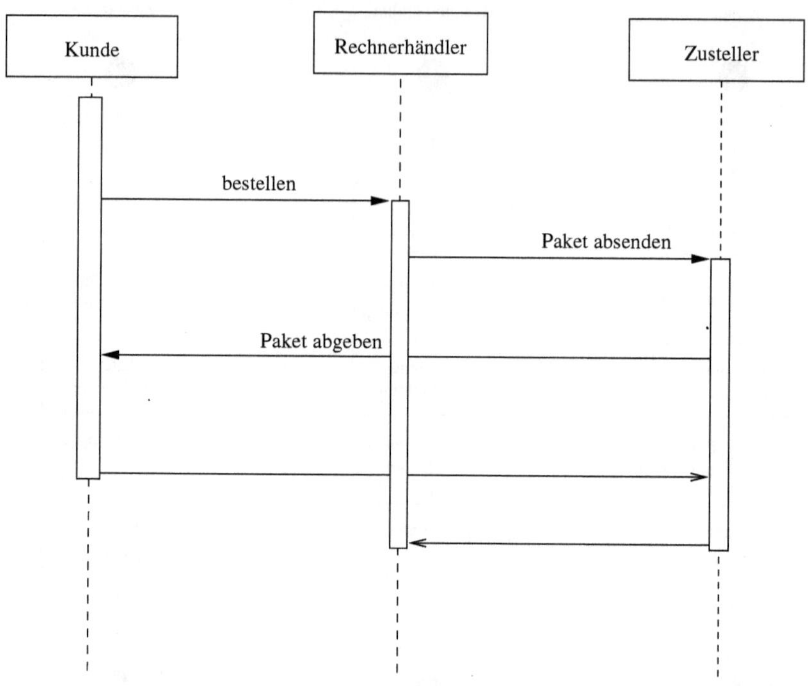

Abbildung 2.9. Sequenzdiagramm

Kapitel 3

Einführung in Java – erste Schritte

3

3 Einführung in Java – erste Schritte

Als Beispiel für die Realisierung von Modellen verwenden wir Java. In diesem Kapitel führen wir die wichtigen Bestandteile einer Programmiersprache anhand von Java ein. Zunächst hat jede Sprache einmal eine Syntax, die festlegt, in welcher Abfolge welche Bestandteile geschrieben werden dürfen (Abschnitt 3.1). Dann hat jede Programmiersprache Variablen und es geht darum, wie diese einen Wert bekommen (Abschnitt 3.2). Ebenso hat jede Programmiersprache Operatoren (Abschnitt 3.3), Kontrollstrukturen (Abschnitt 3.5) und löst das Problem der Sichtbarkeit von Variablen und ihren Werten für bestimmte Teile eines Programms (Abschnitt 3.8). In einer objektorientierten Programmiersprache formuliert man Methoden, mit denen man die Assoziationen des Modells realisiert (Abschnitt 3.4).

Java ist eine Programmiersprache mit den folgenden Eigenschaften:

objektorientiert, das bedeutet hier[1]:

beim Programmieren werden insbesondere Daten und diese Daten verändernde Methoden beachtet;

außer primitiven Datentypen sind alle Dinge in Java Klassen und Objekte;

eine Klasse ist die kleinste ablauffähige Einheit in Java;

alle Java-Programme sind Klassen.

plattformunabhängig, das bedeutet, die Sprache kann auf allen Rechnern und Betriebssystemen ausgeführt werden, weil sie in eine virtuelle Maschine übersetzt, für die die Plattformen eine Schnittstelle bereitstellen;

klares Typ-Konzept, siehe z.B. Abschnitt 3.2;

verteilt, das bedeutet hier die integrierte Netzwerkunterstützung und das Laden und Ausführen von Programmen über das Internet (siehe Abschnitt 10);

nebenläufig, das heißt gleichzeitige Bearbeitung mehrerer Aufgaben, wobei Prioritäten gesetzt werden können (siehe Abschnitt 9).

Plattformunabängigkeit und verteiltes Arbeiten können durch das Schaubild 3.1 illustriert werden.

Ein bestimmter Rechner mit einer Benutzerschnittstelle erlaubt es Ihnen, einen Editor aufzurufen, in dem Sie ein Java-Programm schreiben. Sie rufen nun den Java-Übersetzer auf mit dem Namen Ihres Programms und der

---

[1]Der Gedanke der Objektorientierung wurde in den 70er Jahren am Xerox Palo Alto Research Center entwickelt. Adele Goldberg entwickelte mit einigen Kollegen die Programmiersprache *Smalltalk,* die dieser Form der Programmierung Popularität verschaffte. Heute arbeitet sie an Werkzeugen, die Teamarbeit unterstützen.

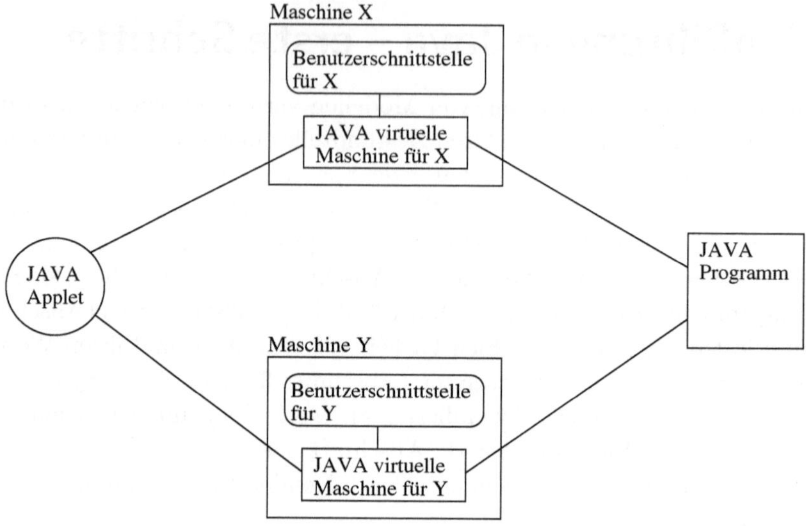

Abbildung 3.1. Architektur

Übersetzer zeigt Ihnen an, wo Sie die Syntax von Java nicht befolgt haben (siehe Abschnitt 3.1).[2]

javac *Programmbezeichner*.java

Sie ändern Ihr Programm und dann rufen Sie den Übersetzer wieder auf. Dies geht solange, bis das Programm syntaktisch korrekt ist. Dann wird es in den Bytecode von Javas virtueller Maschine (und eben nicht in den Maschinencode Ihres Rechners) übersetzt. Dieser Code kann auch von Ihrem Rechner verstanden werden.

Sie rufen Ihr Programm auf mit

java *Programmbezeichner*

und erhalten ein Ergebnis. Dies kann noch von dem abweichen, was Sie eigentlich mit dem Programm wollten. Man spricht dann von logischen Fehlern. Dies ist der Prozess, wenn Sie das Betriebssystem bzw. eine Fensterumgebung für das Übersetzen und Ausführen von Java-Programmen verwenden. Sie können aber auch Anwendungen, die andere programmiert haben, bei sich ablaufen lassen. Diese *kleinen Anwendungen*, genannt *applets*, bleiben als Programm (Quellcode) auf dem Rechner, auf dem sie bereitgestellt werden. Ein applet wird nicht auf den eigenen Rechner kopiert, sondern es wird nur der Bytecode für Javas virtuelle Maschine durch Ihren Rechner von dem

---

[2]Der Bau von Übersetzern ist ein Thema für sich, das hier ganz ausgelassen wird, siehe aber [12].

Entwicklungsrechner geladen und dann auf Ihrem Rechner ausgeführt. Als Benutzerschnittstelle verwenden Sie dann Ihren *Browser*.[3]

Einige nützliche Informationen kann man im World Wide Web (WWW) unter `http://java.sun.com/docs/index.html` oder `http://java.sun.com/j2se/1.5.0/docs/index.html` finden. Auch die angeführten Java-Bücher sind im WWW präsent. Literatur findet man über den angegeben Bereich `java.sun.com/books` oder auch bei den Verlagen.

3.1 Syntax für Klassen

Jede Sprache hat eine Syntax. Sie gibt an, in welcher Reihenfolge was für Zeichenfolgen vorkommen dürfen. Dabei wird zweistufig vorgegangen:

Lexikalische Ebene: Zunächst wird definiert, wie aus einzelnen Zeichen Wörter zusammengesetzt werden dürfen.

Syntaktische Ebene: Dann wird definiert, wie aus den Wörtern Sätze zusammengesetzt werden dürfen.

Programmiersprachen sind (formale) Sprachen. Auch Dateiformate sind Sprachen. Texte, die maschinell verarbeitet werden sollen, sind Sprachen. Zu jeder dieser Sprachen gibt es eine Syntax, die sie definiert.

Die Syntax wird beschrieben durch eine *Grammatik*. Die Grammatik kann für die Analyse oder Generierung von Zeichenfolgen (Wörtern oder Sätzen) verwendet werden. Bei der Analyse werden gegebene Zeichenfolgen, bestehend aus *terminalen Symbolen*, auf ihre Wohlgeformtheit bezüglich der Grammatik hin untersucht. Obendrein erfährt man bei der Analyse, welche Zeichenfolgen eine bestimmte Einheit ausmachen, d.h. welche Zeichenfolgen zu einem nicht-terminalen Symbol zusammengefasst sind. Bei der Generierung werden Folgen von terminalen Symbolen erzeugt. Auf lexikalischer Ebene sind die terminalen Symbole die Zeichen, auf syntaktischer Ebene sind es die Wörter.

Definition 3.1.1:   *Grammatik* Eine Grammatik besteht aus   3.1.1

einem Startsymbol S,

einem Alphabet A, das aus einer Menge von terminalen Symbolen T und einer Menge von nicht-terminalen Symbolen N besteht,

einer Menge von Produktionen.

---

[3]Ein *Browser* ist ein Programm, das Dokumente im Format `html` anzeigen und Klicks auf markierte Zeichenketten auswerten kann. Ist die markierte Zeichenkette eine Verbindung zu einem anderen Dokument (einer anderen Seite), so wird der Klick als Sprungbefehl zu dieser Seite behandelt.

Eine *Produktion* besteht aus einer linken und einer rechten Seite. Bei kontextfreien Grammatiken steht auf der linken Seite nur ein nicht-terminales Symbol. Auf der rechten Seite stehen mehrere Symbole aus A. Bei *kontextsensitiven* Grammatiken wird weniger als bei kontextfreien Grammatiken gefordert. Die linke Seite muss nur kürzer sein als die rechte. Damit kann man mehr und komplexere Sprachen beschreiben. Bei *regulären* Grammatiken wird mehr als bei kontextfreien Grammatiken gefordert. Die linke Seite ist ein nicht-terminales Symbol und die rechte Seite beginnt mit genau einem nicht-terminalen Symbol, dem terminale Symbole folgen dürfen. Damit kann man weniger und einfachere Sprachen beschreiben. Wir kommen hier mit einer kontextfreien Grammatik aus. Bei der Generierung wird das Symbol auf der linken Seite durch die Folge von Symbolen auf der rechten Seite ersetzt. Beginnend mit dem Startsymbol werden nun die Produktionen angewandt und die nicht-terminalen Symbole durch andere Symbole ersetzt. Terminale Symbole werden natürlich nicht ersetzt.

Ein einfaches Beispiel:

S : *Kopf Rumpf*

Kopf : `Uta`

Rumpf : `spielt Ball`

Rumpf : `tritt den Ball`

Hier sind $S, Kopf, Rumpf$ nicht-terminale Symbole, `Uta`, `spielt`, `tritt`, `Ball` und `den` sind terminale Symbole. Wir generieren mit der Grammatik:

S wird zu *Kopf Rumpf*,

Kopf Rumpf wird zu `Uta` *Rumpf*,

`Uta` *Rumpf* wird zu `Uta spielt Ball`

oder zu `Uta tritt den Ball`.

Mit der Grammatik kann man also zwei Sätze generieren: `Uta spielt Ball` und `Uta tritt den Ball`. Bei Programmen werden die wohlgeformten Sätze von der Programmiererin bzw. dem Programmierer erzeugt.

Bei der Analyse prüfen wir, ob ein Satz wohlgeformt ist. Haben wir den Satz `Uta tritt den Ball`, ersetzen wir Symbole der rechten Seite einer Produktion durch ihre linke Seite.

Kopf `tritt den Ball`

Kopf Rumpf

S

Nur, wenn wir durch umgekehrte Ersetzungen zu S gelangen können, ist der Satz wohlgeformt. Diese Prüfung nimmt bei Programmen der Übersetzer vor. Der Satz `Uta spielt mit dem Ball` ist bei der gegebenen Grammatik nicht wohlgeformt, weil `spielt mit dem Ball` auf keiner rechten Seite einer

Produktion vorkommt und deshalb *Kopf* `spielt mit dem Ball` nicht zu
Kopf Rumpf werden kann, was zu S führen würde.

Oft wird abkürzend für die Produktionen

$S : A\ B\ C$

$S : \quad B\ C$

$S : D\ E\ F$

einfach geschrieben:

$S : A_{opt}\ B\ C$

$\quad\ D\quad E\ F$

Hiermit erhält der Zeilenumbruch eine Bedeutung, nämlich die der alterna-
tiven Ersetzung. Wenn nun aber die rechte Seite zu lang wird, sodass ein
Zeilenumbruch *ohne* diese Bedeutung erfolgen soll, so wird rechtsbündig eingerückt.

Das Wichtige an einer Programmiersprache ist nicht die Anordnung von
Schlüsselwörtern und nicht-terminalen Symbolen, sondern was sie bedeuten. Die Syntax einer Programmiersprache ist gerade so gestaltet, dass alle
Folgen von terminalen Symbolen, die einem nicht-terminalen Symbol entsprechen, eine gemeinsame Bedeutung haben. Nicht-terminale Symbole und
Schlüsselwörter haben eine eindeutige Bedeutung. Die *Semantik* einer Programmiersprache führt die Bedeutung von Programmen in der Sprache auf
die Bedeutung der Schlüsselwörter und nicht-terminalen Symbole, die Programmteilen entsprechen, zurück bzw. setzt aus der Bedeutung der einzelnen
Teile die Bedeutung des Programms zusammen. Dabei ist die Bedeutung eines Programms stets *operational*, d.h. sie entspricht Operationen, die auch
tatsächlich ausgeführt werden. Ich beschreibe die Bedeutung hier umgangs-
sprachlich und illustriere sie durch Java-Programme.

Da Java vor allem Klassen behandelt, soll hier ein Ausschnitt der Grammatik
für Klassen angegeben werden (Tabelle 3.1).

Der *Modifikator (Modifier)* kann `public`, `abstract` oder `final` sein. Abstrakte Klassen werden in Abschnitt 3.7 behandelt. `final` bedeutet, dass die
Klasse keine Unterklassen besitzen darf. `public` bedeutet, dass die Klasse
von überall aus verwendet werden kann (siehe Abschnitt 3.8).

Das Schlüsselwort `class` zeigt an, dass es sich um ein Klasse handelt. Der
Name (*Identifier*) der Klasse wird eingeführt, damit man sich auf die Klasse
beziehen kann. Der Name einer Klasse beginnt stets mit einem Großbuchstaben.

Durch `extends` *ClassType* wird die Oberklasse angegeben, von der diese Klasse erbt. Schnittstellen (*Interfaces*) lernen wir später kennen (Abschnitt 3.7).

Nach diesen Präliminarien folgt das Wichtigste einer Klasse – der Klassen-
rumpf (*ClassBody*). Dies ist ein Block. Ein Block beginnt mit geschweifter

Tabelle 3.1. Klassendeklaration

$ClassDeclaration$:
    $Modifiers_{opt}$ **class** $Identifier$ $Super_{opt}$
                          $Interfaces_{opt}$ $ClassBody$
$Super$:
    extends $ClassType$
$Interfaces$:
    implements $InterfaceTypeList$
$InterfaceTypeList$:
    $InterfaceType$
    $InterfaceTypeList$, $InterfaceType$
$ClassBody$:
    { $ClassBodyDeclarations_{opt}$ }
$ClassBodyDeclarations$:
    $ClassBodyDeclaration$
    $ClassBodyDeclarations$ $ClassBodyDeclaration$
$ClassBodyDeclaration$:
    $ClassMemberDeclaration$
    $StaticInitializer$
    $ConstructorDeclaration$
$ClassMemberDeclaration$:
    $FieldDeclaration$
    $MethodDeclaration$
$StaticInitializer$:
    static $Block$

Klammer und endet mit geschweifter Klammer. Hier werden die Eigenschaften und Methoden der Klasse deklariert.

3.1   **Beispiel 3.1** In der Einleitung war von Utas blauem Ball die Rede. Dass er Uta gehört, soll bei Uta vermerkt werden. Allerdings können wir eine Klasse **Besitz** definieren und Bälle sind eine Unterklasse davon. Außerdem haben Bälle immer eine Farbe. Ihre Methode besteht darin, einen Tritt in eine Ortsveränderung umzusetzen. Wir notieren den Tritt als zwei Zahlen im Koordinatensystem, die angeben, um wieviel der Ball sich auf der x- und um wieviel er sich auf der y-Achse verschieben soll.

Die Methoden erläutern wir später (Abschnitt 3.4). Hier erst einmal der
Überblick über die Klasse **Ball**. Wir zeigen, dass die Klasse **Ball** gemäß
der Grammatik (Tabelle 3.1) wohlgeformt ist.

Programm 3.1

```java
public class Ball extends Besitz {
    float x, y;
    String farbe;

    public Ball (String pName, String pFarbe, float pX, float pY) {
        super (pName);
        farbe = pFarbe;
        x = pX;
        y = pY;
    }

    public void rolle (float dx, float dy) {
        x += dx;
        y += dy;
    }
}
```

Der Übersetzer von Java fertigt zu der Klasse **Ball** einen Syntaxbaum an. Der
Syntaxbaum zeigt, welche Ersetzungen von den terminalen Zeichen des Programms zu den nicht-terminalen Zeichen der Klassendeklaration bis hin zu
ClassDeclaration führen. Ein (unvollständiger) Syntaxbaum ist in Abb. 3.2
dargestellt.
Wir sehen in diesem Beispiel die Java-Darstellung für
   die Vererbungshierarchie durch *extends*,
   ihre Ausnutzung durch *super*,
   eine Eigenschaft, die jedes Objekt der Klasse hat durch *farbe*,
   eine Methode, wie Objekte einer Klasse erzeugt werden (Konstruktor)
   durch
   Ball(String pName, String pFarbe, float pX, float pY),
   eine Methode, die eine Botschaft von außen bearbeitet, durch
   rolle(float dx, float dy).

Die Produktion von *ClassBodyDeclaration* haben wir noch nicht illustriert.
Sie verweist auf *ConstructorDeclaration*. Die Syntax dazu zeigt Tabelle 3.2.
Die Methode *Konstruktor* (*Constructor*) beschreibt, wie ein neues Objekt
für eine Klasse angelegt wird. Ein Konstruktor heißt stets wie die Klasse,

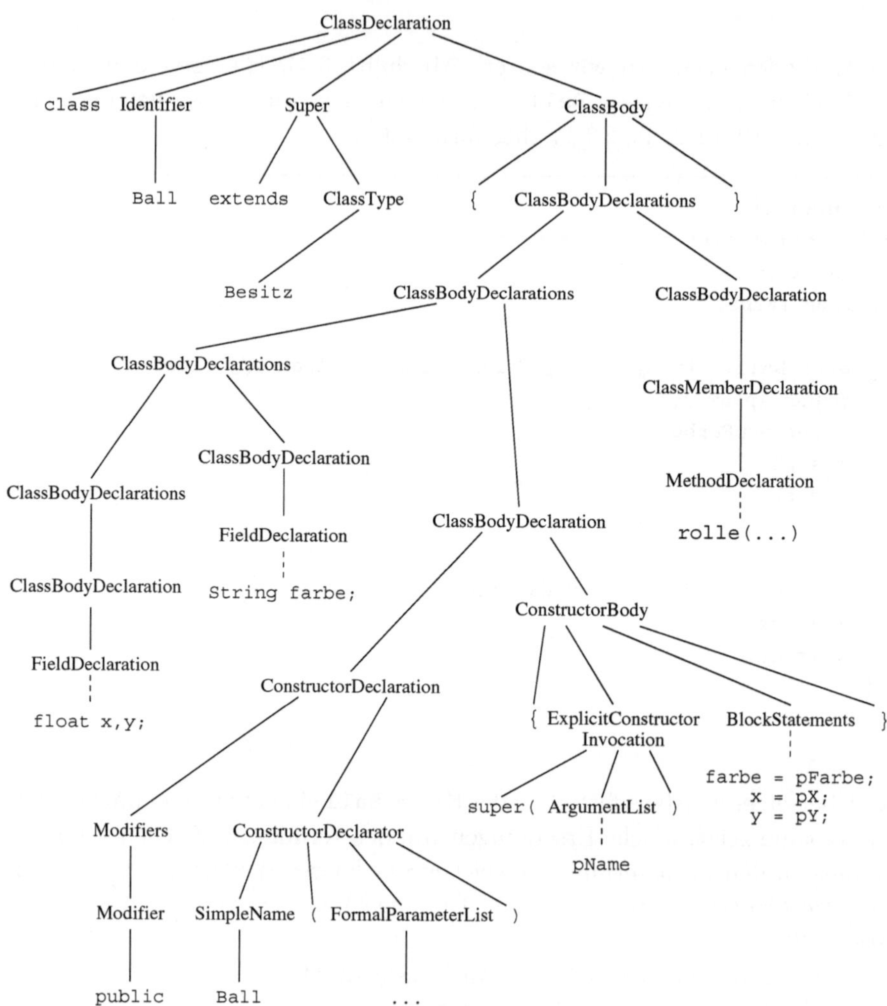

Abbildung 3.2. Unvollständiger Syntaxbaum für **Ball**

Tabelle 3.2. Konstruktordeklaration

$ConstructorDeclaration$:
$\qquad Modifiers_{opt}\ ConstructorDeclarator\ Throws_{opt}\ ConstructorBody$
$ConstructorDeclarator$:
$\qquad SimpleName\ (\ FormalParameterList_{opt}\ )$
$ConstructorBody$:
$\qquad \{\ ExplicitConstructorInvocation_{opt}\ BlockStatements_{opt}\ \}$
$ExplicitConstructorInvocation$:
$\qquad$ `this` $(\ ArgumentList_{opt}\ )$;
$\qquad$ `super` $(\ ArgumentList_{opt}\ )$;

zu der er ein Objekt anlegt. Der Konstruktor der Klasse **Ball** heißt also
Ball(...). Er hat eine Liste von Argumenten in Klammern (*FormalPa-rameterList*). Es folgt ein Block, der für ein neues Objekt bei der Erzeu-gung ausgeführt wird. Das erste darin ist der Aufruf des Konstruktors der
Oberklasse durch *super*(*pName*). Da jedes Ding einen Namen hat, sorgt der
Konstruktor von **Besitz** dafür, dass ein Name vergeben wird. Die Farbe,
beschrieben durch irgendeine Kette von Buchstaben (**String**), und die Posi-tion, beschrieben durch x- und y-Koordinaten, sind hingegen Eigenschaften
des Balls und nicht jedes Gegenstandes. Die Werte der Merkmale werden
dann angegeben, wenn ein neues Objekt tatsächlich erzeugt wird. Hier geht
es erst einmal darum, zu deklarieren, was für die Erzeugung getan werden
soll – noch nicht darum, es wirklich zu tun!
Wie sieht die Klasse **Besitz** aus?

Programm 3.2
```java
public class Besitz {
  Mensch besitzer;
  String name;

  public Besitz (String pName) {
    name = pName;
  }

  public void gehoere (Mensch pBesitzer) {
    besitzer = pBesitzer;
  }
}
```

Zwei Variablen werden deklariert, eine für den Besitzer und eine für den Namen (*FieldDeclaration*). Der Konstruktor ist die Methode **Besitz(String pName)**. Es ist keine Oberklasse angegeben. Damit wird **Besitz** direkt unter die allgemeinste Klasse von Java gehängt, die den leicht irreführenden Namen **Object** trägt. Alle Klassen in Java erben von dieser Klasse.

Wenn wir auch noch nicht die einzelnen Bestandteile einer Klassendeklaration kennen, so wissen wir jetzt immerhin, wie sie aufgebaut ist. Oben wurde gesagt, dass eine Klasse bei Java die kleinste ablauffähige Einheit ist. Bis jetzt wird aber noch gar nichts ausgeführt! Dazu braucht es eine Klasse mit einer Methode namens **main**. Diese Methode muss als *public* (siehe Abschnitt 3.8) und *static* deklariert sein (siehe Abschnitt 3.4.1).

Sie muss als Parameter **String[] args** haben (siehe Abschnitt 3.2). Die Ausführung eines Java-Programms beginnt mit dieser Methode. Ein Java-Programm ist eine Menge von Klassen, von denen genau eine eine **main**-Methode hat.

Programm 3.3

```
public class BallBeispiel {
  public static void main (String[] args) {
    Ball ball;
    ball = new Ball ("ball1", "blau", 1, 1);
  }
}
```

Die Klasse **BallBeispiel** hat eine Methode **main(String[] args)**, die nichts anderes tut, als ein Objekt der Klasse **Ball** zu erzeugen. Wie das geschieht, ist in der Konstruktormethode von **Ball** angegeben. Dass es geschieht, dafür sorgt

```
ball = new Ball ("ball1","blau",1,1);
```

Es gibt dann ein Objekt der Klasse **Ball** mit dem Namen **ball1**. Nach Beendigung des Programms gibt es dieses Objekt nicht mehr. Dass es vorhanden war, sieht man nicht, weil die Klassen nichts an den Benutzer melden. Das kommt noch!

❯ 3.1.1 Die Behälterklasse **ArrayList**

Sehr viele Klassen sind in Java bereits vordefiniert. Als Klasse, deren Objekte eine Sammlung von Teilen sind, gibt es die Felder (siehe Abschnitt 3.6) und verschiedene Behälterklassen, darunter die Klasse **ArrayList**. Während Felder eine feste Größe haben, braucht man bei **ArrayList** nicht zu wissen, aus wie vielen Teilen ein Objekt bestehen wird. Die Methode **add(Objekt o)** fügt dem Objekt ein neues Teil hinzu. Die Methode **remove(Object o)** entfernt ein Teil aus dem Objekt. Die Klasse **ArrayList** verhält sich also wie ein Behälter, in den beliebig viele Teile hineingeworfen und wieder herausgenommen werden können.

Beispiel 3.2 Jedes Objekt der Klasse **Besitz** „weiß", wem es gehört. Wenn nun ein Mensch alles, was er besitzt, versichern möchte, so bildet man die Behälterklasse **Hausrat**. Ein Objekt dieser Klasse besteht aus allen Objekten der Klasse **Besitz**, die diesem Menschen gehören. Wenn der Mensch etwas Neues bekommt, so wird diesem Objekt der Klasse **Besitz** mitgeteilt, dass es nun diesem Menschen gehört, und das Objekt der Klasse **Hausrat** wird aufgefordert, den neuen Besitz aufzunehmen.

3.2

Programm 3.4

```java
import java.util.ArrayList;

public class Hausrat {
   ArrayList gegenstaende = new ArrayList ();

   public void aufnehmen (Besitz geschenk, Mensch mensch) {
      geschenk.gehoere (mensch);
      gegenstaende.add (geschenk);
   }
}
```

Da Java Klassen von überall aus dem Internet laden kann, gibt es *Pakete*. Jede Klasse ist Teil eines Pakets. Das Paket ist der Ort, an dem die Klasse deklariert ist, also der Rechnerbereich, z.B. Ihr Rechnerbereich und dort das Verzeichnis, in dem Sie Ihre Java-Programme ablegen. In Unix wird Ihr Verzeichnis vielleicht so beschrieben: `meyer/uebungen`. In Java heißt das Paket `meyer.uebungen`. Um eine weltweit eindeutigen Paketnamen zu erreichen schreibt man üblicherweise das Land, die Institution, die Abteilung und dann das Verzeichnis, in dem die Java-Programme sind. Die bereits von den Entwicklern der Sprache deklarierten Klassen sind in Paketen des Bereichs `java` gespeichert. Der Sprachkern von Java ist im Paket `java.lang`.

❯ 3.1.2 Was wissen Sie jetzt?

Sie wissen, dass man die Syntax einer Sprache durch eine Grammatik festlegt. Grammatiken sind praktisch, weil man mit ihnen Sätze in einem festgelegten Format generieren kann und man bei der Analyse zu Sätzen einer

Sprache die nicht-terminalen Symbole erhält. Diese nicht-terminalen Symbole bedeuten etwas. Überlegen Sie sich einmal zu Ihren Adressdaten ein Format: bestimmen Sie die nicht-terminalen Symbole auf der untersten Ebene (z.B. *Nachname, Vorname, Stadt*), wählen Sie geeignete nicht-terminale Symbole auf einer abstrakteren Ebene bis hin zu *Adressen* und schreiben die Produktionen. Wenn Sie Ihre Adressdaten speichern wollen, soll nicht viel Platz verbraucht werden. Es sollen also nicht viele Schlüsselwörter vorkommen. Sie brauchen aber mindestens am Ende eines Eintrags eine Markierung dafür, ein bestimmtes Schlüsselwort. Bedenken Sie, dass Sie bei einigen Menschen eine Mobiltelefonnummer kennen, bei anderen aber nicht. Wie soll bei der Analyse ein Leerzeichen behandelt werden? Wie können verschiedene Leerzeichen, etwa das für die Mobiltelefonnummer und das für eine Postleitzahl, die Sie nicht kennen, unterschieden werden? Vielleicht ist es praktisch, die einzelnen Bestandteile einer Adresse durch ein Schlüsselwort zu trennen.

Sie haben die Schreibweise für Klassendeklarationen in Form einer Grammatik kennengelernt. Überzeugen Sie sich anhand der Grammatik, dass die Beispiele für Java-Klassen der Java-Syntax entsprechen! Versuchen Sie, anhand der Klassen-Syntax wohlgeformte Sätze der Sprache Java zu schreiben. Sie wissen allerdings bei den meisten Sätzen noch nicht, was sie bedeuten. Aber einiges wissen Sie doch:

Sie haben gesehen, dass man mit *extends* die Oberklasse angeben kann und so die Vererbungshierarchie festlegt. Die Wurzel der Vererbungshierarchie ist die vordefinierte Klasse **Object**.

Eine Konstruktordeklaration legt fest, wie eine Instanz (ein Objekt) einer Klasse erzeugt wird. Es ist eine Methode mit dem Namen der Klasse. Mit *new* wird diese Methode aufgerufen und ein Objekt der Klasse erzeugt.

Enthält eine Datei mit Deklarationen von Klassen eine Klasse mit der Methode **main(String[] args)**, so ist es ein Programm. Die Datei heißt wie die Klasse, die die **main**-Methode enthält.

Eine Klassendeklaration legt fest, wie Objekte der Klasse aussehen. Sie kann somit zwischen solchen Objekten unterscheiden, die Instanzen von ihr sind, und solchen, die nicht Instanzen von ihr sind.

3.2 Variablen und Typen

"The name of the song is called 'Haddock's Eyes'."
„Oh, that's the name of the song, is it?" Alice said, trying to feel interested.
„No, you don't understand", the Knight said, looking a little vexed. „That's what the name is called. The name really is 'The Aged Aged Man'."

„Then I ought to have said ' That's what the song is called'?" Alice corrected
herself.
„No, you oughtn't: that's quite another thing! The song is called 'Ways and
Means': but that's only what it's called, you know!"
„Well, what is the song, then?" said Alice who was by this time comletely
bewildered.
„I was coming to that", the Knight said. „The song really is 'A-sitting On A
Gate': and the tune's my own invention."

Lewis Carroll, aus: Through the Looking-Glass, chapter 8.

Java hat ein klares Typ-Konzept. Dabei ist ein *Typ* nichts anderes als eine
Klasse. Das klare Konzept besteht darin, dass (fast) alles in Java einer Klasse
zugeordnet ist: jedes Objekt, jede Variable, jede Konstante ist von einem Typ,
d.h. gehört zu einer Klasse. Andersherum ausgedrückt: die Klasse gibt den
Wertebereich der Variablen an.

Definition 3.2.1:   *Variable* Eine Variable ist ein Tripel (Name, Adresse, Wert).
Der Name identifiziert die Variable. Die Adresse ist der Ort im Speicher, wo
die Variable steht. Der Inhalt dieses Speicherplatzes ist der Wert der Variablen.

3.2.1

Definition 3.2.2:   *Konstante* Eine Konstante ist eine Variable, deren Wert
unveränderlich ist.

3.2.2

In Java wird der Name geschrieben, wenn der Wert gemeint ist.

3.2.1 Variablendeklaration

Eine Variablendeklaration legt drei wichtige Dinge fest:

> Was für Werte kann die Variable annehmen? Welchen Typ hat sie? Der
> Typ wird meist durch eine Klasse angegeben, deren Objekte mögliche
> Werte der Variablen sind.

> Wessen Eigenschaften beschreibt die Variable? Die Variablendeklaration
> findet in der Deklaration einer Klasse statt. Meist beschreibt die Variable
> eine Eigenschaft, die jedes Objekt der Klasse haben soll.

> Wie heißt die Variable? Wie kann sie von allen anderen Variablen unter-
> schieden werden?

Intern wird dem Namen einer Variable eine Adresse zugeordnet. Bei der Deklaration einer Variablen wird soviel Speicherplatz reserviert, wie es der Typ
der Variablen angibt: für einen einfachen Datentyp die erforderlichen Bytes,

Tabelle 3.3. Variablendeklaration

$FieldDeclaration$:
    $Modifiers_{opt}\ Type\ VariableDeclarators$;
$VariableDeclarators$:
    $VariableDeclarator$
    $VariableDeclarators$, $VariableDeclarator$
$VariableDeclarator$:
    $VariableDeclaratorId$
    $VariableDeclaratorId = VariableInitializer$
$VariableDeclaratorId$:
    $Identifier$
    $VariableDeclaratorId$ [ ]
$VariableInitializer$:
    $Expression$
    $ArrayInitializer$

für alle anderen ein Platz, an dem die Referenz auf ein Objekt gespeichert werden kann. Dieser Speicherplatz, dessen Inhalt veränderlich ist, wird an den Namen der Variablen gebunden.

Im Programm wird jeder Variablen als Typ eine Klasse zugeordnet. Dies bedeutet, dass ihr Wert ein Objekt der betreffenden Klasse sein muss. Wie sieht diese Zuordnung in Java aus? Sie geschieht mithilfe von Deklarationen, die syntaktisch für das nicht-terminale Symbol *FieldDeclaration* eingesetzt werden können. Die Syntax zeigt Tabelle 3.3.

Variablen können wie Klassen modifiziert werden. Der Modifikator *(Modifier)* kann drei Aspekte betreffen: die Sichtbarkeit wird durch `private`, `public` oder `protected` angegeben (siehe Abschnitt 3.8); ob die Variable ihren Wert nicht verändern darf oder doch wird durch `final` oder das Fehlen des Modifikators `final` ausgedrückt; ob es sich um eine normale Eigenschaft von Objekten handelt oder um eine Klasseneigenschaft (siehe Abschnitt 2.1) drückt das Fehlen oder Vorhandensein des Schlüsselwortes `static` aus. Eine Klasseneigenschaft gibt es nur einmal, egal wieviele Objekte einer Klasse es gibt. Eine Objekteigenschaft bekommt jedes Objekt der Klasse. Sobald ein neues Objekt einer Klasse erzeugt wird, wird für jede Variable ohne Modifikator `static`, die in dieser Klasse oder in einer Oberklasse deklariert ist, eine neue Variable als Eigenschaft dieses Objektes erzeugt. Deklarieren wir für Menschen die Variable *hausrat* und wird ein neues Objekt *Uta* der Klasse **Mensch** erzeugt, dann wird auch eine Variable *Uta.hausrat* angelegt. Innerhalb der Klassendeklaration schreiben wir einfach *hausrat*.

Der Name einer Variablen *VariableDeclaratorId* ist ein mit einem kleingeschriebenen Buchstaben beginnendes Wort, das _ und Zahlen enthalten darf, aber nicht mit einer Zahl anfangen darf. Es kann auch ein Name gefolgt von eckigen Klammern sein (siehe Abschnitt 3.6). Ein Name muss eindeutig sein. Dies mag man bei dem selbst geschriebenen Programm noch garantieren können. Wenn man aber Klassen verwendet, die andere geschrieben haben, so könnten dort dieselben Namen vorkommen, die man selbst gerade verwenden möchte. Deshalb ist ein Name eigentlich viel länger als man es meist sieht. Vorangestellt wird vom Java-Übersetzer das Paket, in dem der Name eingeführt wird.

Der Typ *Type* einer Variable ist eine Klasse, die entweder vordefiniert oder im Programm deklariert wird.

Einige Beispiele haben wir bereits gesehen, z.B.:

```
Mensch besitzer;
String name;
```

Mensch und **String** sind Klassen. Diese Klassen müssen dem System bekannt sein, damit es prüfen kann, ob der Wert der betreffenden Variablen ein Objekt der angegebenen Klasse sein kann. Einige Klassen sind vordefiniert in Java, so dass wir sie direkt zur Variablendeklaration verwenden können. **String** ist so eine Klasse. **Mensch** müssen wir selbst definieren, damit die Variable **besitzer** einen Wert bekommen kann, der ein Objekt dieser Klasse ist. Wenn wir **Mensch** definieren als die Klasse derjenigen Objekte, die einen Namen, ein Geschlecht und Hausrat haben, so muss auch **besitzer** einen Namen, ein Geschlecht und Hausrat haben.

Mit dem Gleichheitszeichen kann eine Variable einen Anfangswert bekommen (zweite Produktion für *VariableDeclarator*). Dieser Anfangswert kann einfach eine bereits bekannte Variable (und das bedeutet hier: ihr Wert) sein oder eine Berechnung, die einen Wert ergibt (siehe Abschnitt 3.2.3).

❯ 3.2.2 Einfache Datentypen

Zahlen, Wahrheitswerte und Buchstaben sind keine Einzeldinge. Sie sind, egal wie oft wir sie verwenden, Unikate. Daher können sie keine Klassen sein. Sie sollen aber genau wie Klassen den Wertebereich von Variablen angeben, also Datentypen sein. In Java heißen sie einfache Datentypen (die „komplexen" Datentypen sind die Klassen). Einfache Datentypen werden in Java direkt umgesetzt. Sie sind als einzige keine Klassen und werden daher auch nicht mit Großbuchstaben beginnend geschrieben.

Typ	Inhalt	Standardwert	Größe
boolean	true, false	false	1 Bit
char	Unicode-Zeichen	u0000	16 Bit
byte	Integer mit Vorzeichen	0	8 Bit
short	Integer mit Vorzeichen	0	16 Bit
int	Integer mit Vorzeichen	0	32 Bit
long	Integer mit Vorzeichen	0	64 Bit
float	Fließkommazahl	0.0	32 Bit
double	Fließkommazahl	0.0	64 Bit

String ist kein einfacher Datentyp sondern eine Klasse. Allerdings kommt es so häufig vor, dass eine vereinfachte Schreibweise eingeführt wurde. Man darf ein Objekt der Klasse **String** einfach zwischen Anführungszeichen setzen. Der Java-Übersetzer erzeugt automatisch ein passendes Objekt.

❯ 3.2.3 Wertzuweisungen

Die Werte von Variablen sind veränderlich. Eine Variable erhält einen (neuen) Wert durch eine Wertzuweisung. Eine Wertzuweisung kann durch einen Zuweisungsausdruck oder durch Parameterübergabe erfolgen.

Wir schreiben in Java einen Zuweisungsausdruck mit dem Gleichheitszeichen, das hier besser „Gleichsetzungszeichen" hieße.

Es gibt in Java die folgenden Zuweisungen:

Einfache Zuweisung:

$v = 5;$

bedeutet, dass v den Wert 5 bekommt.

$s = \text{„}Zahn\text{"};$

bedeutet, dass s den Wert „Zahn" bekommt.

Mehrfache Zuweisung:

$v = w = 5;$

bedeutet, dass w den Wert 5 bekommt und dann v den Wert von w, also 5. Zuweisungen werden immer von rechts nach links durchgeführt.

$s = t = \text{„}Zahn\text{"};$

bedeutet, dass t als Wert „Zahn" bekommt und dann s den Wert von t, also „Zahn".

Denkt man an das Tripel *Name, Adresse, Wert*, das eine Variable ausmacht, so bedeutet eine Wertzuweisung, dass in dem Speicherplatz, der durch die Adresse angegeben wird, ein neuer Wert steht. Dazu verwendet Java zwei Möglichkeiten.

Definition 3.2.3: *Referenzzuweisung* Der Wert einer Variablen ist selbst wiederum eine Adresse, in der der eigentliche Wert steht. Soll eine Variable v den Wert einer anderen Variable w erhalten, so wird die Adresse, die bei w als Wert angegeben ist, kopiert und die Kopie der Adresse als Wert von v eingetragen. Dies macht insbesondere Sinn, wenn der Wert umfangreich ist. Java verwendet die Referenzzuweisung, wenn Objekte oder Felder der Wert einer Variablen sind (und nicht ein einfacher Datentyp).

3.2.3

Beispiel 3.3: *Referenzzuweisung* Nehmen wir an, eine Variable hat den Namen v, als Adresse für ihren Wert $a175$ und unter der Adresse $a175$ steht noch nichts. v soll den Wert einer anderen Variable w bekommen. Die Variable w hat als Adresse für ihren Wert $a100$. Der Wert von w sei ein Objekt, z.B. Utas blauer Ball. Dies Objekt ist im Speicher unter der Adresse $a200$ zu finden. Im Speicherplatz $a100$ steht also „$a200$". Nun soll v den Wert von w bekommen. Dazu wird die Adresse, die unter $a100$ zu finden ist, also $a200$, kopiert und die Kopie unter der Adresse $a175$ eingetragen. Die Beschreibung von Utas blauem Ball bleibt unverändert ab $a200$ stehen. Falls sich die Beschreibung von Utas blauem Ball ändert, so auch die Werte von v und w.

3.3

Name	Adresse	Wert
vorher:		
v	$a175$	-
w	$a100$	$a200$
nachher:		
v	$a175$	$a200$
w	$a100$	$a200$

Definition 3.2.4: *Wertzuweisung direkt* Der Wert einer Variablen ist direkt unter der der Variablen zugeordneten Adresse eingetragen. Die Variable w übergibt direkt ihren eigentlichen Wert. Java verwendet die direkte Wertzuweisung bei Variablen, deren Wert von einfachem Datentyp ist.

3.2.4

Soll wieder die Variable v den Wert der Variablen w erhalten, wobei diesmal v und w vom einfachen Typ `double` sind, dann sieht die Wertzuweisung so aus:

Name	Adresse	Wert
	vorher:	
v	$a175$	-
w	$a100$	0,324
	nachher:	
v	$a175$	0,324
w	$a100$	0,324

Falls sich der Wert von w ändert, so bleibt der von v unverändert. Eine weitere Form, wie Variablen einen Wert erhalten sehen wir in Abschnitt 3.4.

❯ 3.2.4 Was wissen Sie jetzt?

Sie haben einen Vorteil der Sprache Java kennengelernt, nämlich das Typ-Konzept, das darin besteht, dass jede Variable einen vorgegebenen Wertebereich hat. Dieser Wertebereich wird durch eine Klasse angegeben, besteht also aus allen Objekten dieser Klasse, oder durch einen einfachen Datentyp. Ein einfacher Datentyp bezeichnet Unikate: eine Zahl gibt es nur einmal, egal wie oft sie verwendet wird.

Sie wissen, was eine Variable ist und kennen den Unterschied zwischen direkter Wertzuweisung und Referenzzuweiseung. In Java verändert eine Variable ihre Werte meist mittels einer Referenzzuweisung, nur bei einfachen Datentypen mittels einer direkten Wertzuweisung.

3.3 Operatoren

Für einfache Datentypen gibt es Operatoren. Alle anderen Aktionen müssen durch Methoden ausgeführt werden. Als elementare Operationen verwenden wir hier zur Illustration die Grundrechenarten und das Aneinanderhängen von Zeichen. Grundrechenarten sind für Werte von einem Zahlentyp (alle einfachen Datentypen bis auf `boolean` und `char`) definiert. Das Aneinanderhängen von Zeichen oder Zeichenfolgen heißt *Konkatenation* und ist für Objekte vom Typ `char` und **String** definiert. Die Konkatenation wird durch das Zeichen + angegeben. Sie kann aber nicht mit der Addition verwechselt werden, weil für Werte vom Typ `char` oder Objekte vom Typ **String** die Addition nicht vorgesehen ist. Nehmen wir an, die Variablen v, w, x seien von einem Zahlentyp und die Variablen s, t, u vom Typ **String**.

Infixoperatoren:

$$v = 2 + 3;$$

bedeutet, dass v den Wert 5 bekommt. Analog sind die anderen Grundrechenarten in der Infixschreibweise verwendbar $(-, *, /)$. Bei Integer-

Zahlen gibt es anstelle der normalen Division die Division mit Rest
(/ liefert das ganzzahlige Ergebnis und % den Rest).

$v = v + 3;$

bedeutet, dass der Wert von v um 3 erhöht wird. Eine abkürzende
Schreibweise ist

$v+ = 3;$

Analog können auch die anderen Grundrechenarten abgekürzt geschrieben werden.

$s = {}_\text{„}Zahn\text{“};$

$t = {}_\text{„}rad\text{“};$

$u = s + t;$

bedeutet, dass der Wert von t, „rad", an den Wert von s, „Zahn",
gehängt wird. Das Ergebnis, „Zahnrad", wird der Variablen u als Wert
zugewiesen.

Präfixoperatoren:

$+ + v$ bzw. $- - v$

bedeutet, dass v um 1 erhöht bzw. vermindert wird.

Postfixoperatoren:

$v + +$ bzw. $v - -$

bedeutet, dass v um 1 erhöht bzw. vermindert wird. Allerdings wird im
Gegensatz zu Präfixoperatoren als Wert noch der ursprüngliche Wert
von v abgegeben. Sei v z.B. 4.

$w = v + +;$

Jetzt hat w den Wert 4, v den Wert 5. Folgt nun

$x = v;$

so hat x den Wert 5.

Variablen vom Typ `boolean` werden meist eingesetzt, um Bedingungen zu
formulieren. Eine Bedingung ist entweder wahr oder falsch, ihr Ergebnis ist
folglich vom Typ `boolean`. Bedingungen werden nur für Zahlen angegeben.
Es gibt aber auch logische Operatoren, die verschiedene Variablen vom Typ
`boolean` verknüpfen und deren Ergebnis wiederum vom Typ `boolean` ist.
  Bedingungen:

$==$ bedeutet die Gleichheit,

sei z.B. $v = 2 + 3$ und $w = 5$, so ist bei

$b = (v == w);$

der Wert der Variable b vom Typ `boolean` `true`, also wahr.

!= bedeutet die Ungleichheit,
so ist z.B.
$b = (v! = w)$;
der Wert von b nun **false**, also unwahr, wenn v und w den Wert 5 haben.
$>$ und $<$ bedeuten größer und kleiner.
Sei b vom Typ **boolean** und *alter* vom Typ **int**:
$b = (alter > 18)$;
b hat den Wert **true**, wenn der Wert von *alter* größer als 18 ist. Ist *alter* genau 18, so ist b **false** – natürlich ist b auch **false**, wenn *alter* kleiner als 18 ist.
$>=$ und $<=$ bedeuten größer oder gleich bzw. kleiner oder gleich.
$b = (v >= 18)$;
Jetzt ist b **true**, falls *alter* 18 oder größer als 18 ist. Wir könnten b also gut *volljaehrig* nennen.

Logische Operatoren:
$c \& d$ bedeutet das logische *und*, das genau dann wahr ist, wenn sowohl c als auch d den Wert **true** haben.
$c \,|\, d$ bedeutet das logische *oder*, das wahr ist, wenn c wahr ist, wenn c und d wahr sind oder wenn d wahr ist.
$c \,\hat{}\, d$ bedeutet das *ausschließende oder*, das wahr ist, wenn c wahr und d falsch ist oder wenn d wahr und c falsch ist.
$!c$ ist wahr, wenn c falsch ist.

Man schreibt die Bedeutung logischer Operatoren meist in Form von Wahrheitstafeln auf. Außen stehen die Variablen und der logische Operator, innen stehen die Belegungen der Variablen und der sich daraus ergebende Wahrheitswert als Ergebnis des Operators.

a	! a
f	t
t	f

a	b	a & b
f	f	f
f	t	f
t	f	f
t	t	t

a	b	a | b
f	f	f
f	t	t
t	f	t
t	t	t

a	b	a^b
f	f	f
f	t	t
t	f	t
t	t	f

Bedingungen und logische Operatoren können natürlich auch zusammen vorkommen. Dann wird stets zuerst die Bedingung ausgewertet, bevor die logische Operation ausgeführt wird!

```
boolean schulfrei;
int temperatur;
schulfrei = temperatur > 39 | 15 >= temperatur;
```

Hier wird der Vergleich einer Temperatur mit einem oberen und einem unteren Schwellwert mit | verknüpft. Die Variable *schulfrei* ist `true`, wenn die Temperatur mehr als 39 oder höchstens 15 Grad beträgt. Sie wäre auch wahr, wenn die Temperatur sowohl mehr als 39 als auch weniger als 16 Grad beträgt – das kommt nur nicht vor.

Die Auswertungsreihenfolge kann auch durch gedoppelte Operatorzeichen gesteuert werden.

c && d bedeutet, dass d nur ausgewertet wird, wenn c bereits wahr ist. Analog wird bei $c \| d$ der Ausdruck d nur ausgewertet, wenn c falsch ist. Bei den einfachen Zeichen werden stets beide Seiten ausgewertet.

❯ 3.3.1 Was wissen Sie jetzt?

Sie sollten nun wissen, wie man in Java die Grundrechenarten durchführt, wie Zeichenketten konkateniert werden und wie Variablen vom Typ `boolean` verwendet werden. Mit den Operatoren haben Sie die einfachsten Handlungen kennengelernt.

3.4 Methoden

3.4

Endlich, endlich kommen wir zum Kernstück der Programmierung, den Methoden. Die Klassen wurden ja nur unter dem Gesichtspunkt der Methoden gebildet. Die Variablen sind eigentlich nur zum Gebrauch in Methoden da. Wir haben oben bei den Variablen nur angegeben, dass Klassen ihren Wertebereich angeben. Jetzt gehen wir weiter: die Klassen geben durch ihre Methoden auch an, welche Handlungen ein Objekt – auf das eine Variable verweist – ausführen kann. Sehen wir uns also an, in welcher Form Methoden aufgeschrieben werden und wie sie die Verarbeitung von Botschaften realisieren. Schließlich begegnen wir dem Gedanken der Referenz wieder, wenn wir sehen, wie Variable ihre Werte an Methoden übertragen. Und dann sehen Sie endlich ein komplettes Programm, das Ball-Beispiel aus der Einführung, und können selbst einfache Programme in Java schreiben.

❯ 3.4.1 Methodendeklaration

Eine Methode beginnt mit Modifikationen, die wir schon im Abschnitt 3.1 gesehen haben, aber erst in Abschnitt 3.8 verstehen werden. *public* ist der Modifikator, den wir hier verwenden: die Methode kann von überall her gesehen

Tabelle 3.4. Methodendeklaration

$MethodDeclaration$:
        $MethodHeader\ MethodBody$
$MethodHeader$:
        $Modifiers_{opt}\ Type\ MethodDeclarator\ Throws_{opt}$
        $Modifiers_{opt}$ `void` $MethodDeclarator\ Throws_{opt}$
$MethodDeclarator$:
        $Identifier$ ($FormalParameterList_{opt}$)
        $MethodDeclarator$ [ ]
$FormalParameterList$:
        $FormalParameter$
        $FormalParameterList$, $FormalParameter$
$FormalParameter$:
        $Type\ VariableDeclaratorId$
$Throws$:
        `throws` $ClassTypeList$
$ClassTypeList$:
        $ClassType$
        $ClassTypeList$, $ClassType$
$MethodBody$:
        $Block$

        ;

werden. Auch bei Methoden – wie bei Variablen – gibt es das Schlüsselwort `static`, das angibt, dass es um eine Methode der Klasse und nicht ihrer Objekte geht. Eine als `static` bezeichnete Methode wird unabhängig von einem Objekt aufgerufen. Sie wird also nicht von einem Objekt als dessen Tätigkeit ausgeführt, sondern „einfach so".

Wenn die Methode einen Wert zurückliefert, muss natürlich klar sein, aus welchem Wertebereich dieser Wert stammen darf. Es muss also der Typ angegeben werden. In der Methode wird mit `return` $Variablenname$ ausgesagt, wessen Wert abgeliefert werden soll. Der Wert muss vom angegebenen Typ sein. Er wird abgeliefert an das Objekt, das die Methode aufgerufen hat. Diese Abgabe eines Wertes ist gar nicht so häufig. Meist liefert eine Methode nichts zurück, sondern verändert ein Objekt oder ruft eine andere Methode auf, die ein Objekt verändert, oder gibt eine Meldung an den Benutzer aus oder zeichnet ein Bild – all dies wird als *Seiteneffekt* bezeichnet. Wenn eine Methode nur über Seiteneffekte wirksam ist, so erhält sie statt des Typs das Schlüsselwort `void` als erste notwendige (und bei i vorhandenen optionalen Modifikationen als $i + 1$te) Angabe.

Eine Methode wird stets mit ihrem Namen und ihren Parametern bezeichnet. Folglich sind gleichnamige Methoden mit unterschiedlich vielen Parametern oder mit Parametern unterschiedlichen Typs verschiedene Methoden.
Solche Methoden nennt man *überladen*.[4] Eine Methode hat einen Namen
(*Identifier*) und in Klammern ihre Parameter. Ein Parameter ist eine Variable. Da Variable nur Werte aus einem vorher bestimmten Wertebereich
annehmen können, muss wieder der Typ der Variablen (eine Klasse oder ein
einfacher Datentyp) dem Variablennamen vorangestellt werden. Wenn gar
keine Parameter gebraucht werden, bleiben die Klammern dennoch stehen,
woran man Methoden leicht als solche erkennt. Beispiel:

```
public void drucke (){
    System.out.println (name + "hat "+ hausrat.toString ());
}
```

Bei einigen Methoden ist absehbar, dass zur Laufzeit Fehler vorkommen
können. Man kann dann dem Übersetzer im Programm mitteilen, dass man
mit einem Fehler oder einer Ausnahme rechnet und erzeugt ein Objekt einer der im Paket `java.lang` definierten Fehlerklassen. Dies tut man mit dem
Schlüsselwort *throws* und der Angabe der Fehlerklasse. Mit Methoden dieser
Klassen lassen sich Fehlermeldungen aus dem Programm heraus konstruieren. Das Programm wird übersetzt und wenn möglich ausgeführt. Es gibt
selbst seine Fehlermeldung aus, deren Erstellung Teil des Programms ist.
Ausführlich besprechen wir dies in Abschnitt 3.10.
Der Code, der dann tatsächlich etwas tut, ist ein Block. Ein *Block* ist eine Folge von Anweisungen, die in geschweifte Klammern eingefasst ist. Die
Anweisungen verwenden die Parameter der Methode oder Variablen, die Eigenschaften von Objekten derjenigen Klasse bezeichnen, für die die Methode definiert wurde. Mit Methoden können wir Eigenschaften von Objekten
verändern.

3.4.2 Realisierung von Assoziationen

Die einfachste Assoziation, die wir in Abschnitt 2.1 kennengelernt haben, ist
die 1 − 1-Assoziation.

---

[4]Über diese eigentlich selbstverständliche Eigenschaft von Java wird sehr viel
Aufhebens gemacht. Kümmern Sie sich nicht darum! Wenn Sie zur Identifikation
einer Methode stets ihren Namen und die Parameter verwenden, können Sie nicht
fehl gehen!

Programm 3.5

```java
public class Besitz {
  Mensch besitzer;
  String name;

  public Besitz (String pName) {
    name = pName;
  }

  public void gehoere (Mensch pBesitzer) {
    besitzer = pBesitzer;
  }
}
```

Jeder Gegenstand der Klasse **Besitz** hat zwei Eigenschaften: einen Besitzer zu haben, wobei nur Menschen Besitzer sein können, und einen Namen, der eine Zeichenkette ist. Der Konstruktor **Besitz(String pName)** legt für jeden Gegenstand einen Namen an. Es gibt also obligatorische Eigenschaften (hier: Name), die jedes Objekt einer Klasse hat, und fakultative Eigenschaften, die nicht immer vorhanden sein müssen (hier: der Besitzer). Wir teilen dem Gegenstand den Besitzer durch die Methode **gehoere(Mensch pBesitzer)** mit. Der Gegenstand kann einen Verweis auf den Besitzer empfangen und trägt ihn bei sich ein: „ich gehoere *pBesitzer*". Damit hat der Gegenstand nun auch die Eigenschaft, jemandem zu gehören; die Variable, die diese Eigenschaft ausdrückt, hat einen Wert bekommen. Die Methode **gehoere(Mensch pBesitzer)** arbeitet also mit einem Seiteneffekt, gibt keinen Wert zurück (*void*). Hier sehen wir eine Assoziation, nämlich die zwischen einem Gegenstand und seinem Besitzer. Da ein Gegenstand normalerweise genau einen Besitzer hat, kann die Assoziation durch die Methode **gehoere(Mensch pBesitzer)** leicht aufgebaut werden.

Komplizierter ist die $1 - m$-Assoziation. Ein Mensch hat viele Gegenstände. Wir fassen diese in der Behälterklasse **Hausrat** zusammen. Wenn wir so aufwändige Tätigkeiten wie Geld verdienen und Gegenstände herstellen erst einmal weglassen, dann ist die Methode recht einfach, wie ein Mensch einen neuen Gegenstand bekommt: man empfängt ihn einfach und erweitert den Hausrat.

Programm 3.6

```java
public class Mensch {
  public String name;
  Hausrat hausrat;
```

```
public Mensch (String pName) {
  name = pName;
  hausrat = new Hausrat ();
}

public void empfang (Besitz pGeschenk) {
  hausrat.aufnehmen (pGeschenk, this );
}
}
```

Der Konstruktor legt für jeden Menschen einen Namen und ein Objekt der Behälterklasse **Hausrat** an. Alles, was dann die Methode **empfang(Besitz pGeschenk)** noch tun muss, ist, eine Nachricht an das Objekt der Klasse **Hausrat** zu schicken und damit den neuen Besitz zu bezeichnen. Dies geschieht durch den Aufruf der Methode **aufnehmen(Besitz geschenk, Mensch mensch)** von **Hausrat** mit dem neuen Gegenstand als Parameter. Sich selbst bezeichnet der Mensch in der Methode **aufnehmen(Besitz besitz, Mensch mensch)** durch das Schlüsselwort *this*, das in einem Objekt auf sich selbst zeigt.

Was macht nun der **Hausrat**? Er verwendet die Behälterklasse **ArrayList**. Seine Methode **aufnehmen(Besitz besitz, Mensch mensch)** hat als Parameter einen Gegenstand und einen Menschen. Der Gegenstand bekommt die Nachricht, nunmehr dem Menschen zu gehören. Das Objekt, das der Wert der Variablen *geschenk* ist, ist vom Typ **Besitz** und verfügt also über die Methode **gehoere(Mensch pBesitzer)**. Diese Methode realisiert „die andere Seite" der Relation zwischen Mensch und Besitz. Wir haben die eine Seite, die Assoziation von Mensch zu Besitz bereits in der Klasse **Mensch** realisiert. Genau in der Methode von **Mensch**, die dies tut, wird auch die Assoziation von Besitz zu Mensch aufgerufen, die bei **Hausrat** realisiert wird. Obwohl wir leider die Assoziationen in zwei Eigenschaften aufteilen müssen, haben wir wenigstens sichergestellt, dass bei Einrichten der Assoziation von Mensch zu Besitz auch gleich das Einrichten der Assoziation von Besitz zu Mensch aufgerufen wird. Dies drückt den Zusammenhang zwischen den beiden Assoziationen aus und macht das Programm leichter wartbar.

Der Hausrat delegiert die Aufnahme eines Besitzes an die Klasse **ArrayList** indem sie die Methode **add(Object o)** dieser Klasse mit dem Gegenstand als Parameter aufruft.

Programm 3.7

```
import java.util.ArrayList;

public class Hausrat {
  ArrayList gegenstaende = new ArrayList ();

  public void aufnehmen (Besitz geschenk, Mensch mensch) {
    geschenk.gehoere (mensch);
    gegenstaende.add (geschenk);
  }
}
```

Es unterstreicht den objektorientierten Charakter, dass das Objekt, dessen Methode ausgeführt werden soll, dem Methodennamen vorangestellt wird. Wir haben jetzt durch drei Assoziationen – nämlich den *besitzer* bei der Klasse **Besitz** und den *hausrat* bei der Klasse **Mensch** und das Element vom Typ **Besitz** bei der Klasse **Hausrat** – die Relation zwischen **Mensch** und **Besitz** ausgedrückt. Die Methoden sind so organisiert, dass der Mensch dem Hausrat eine Botschaft schickt und dieser dem Besitz, damit der neue Gegenstand im Besitz des Menschen auch sofort seinen Besitzer kennt und in der Kollektion *hausrat* verzeichnet ist.

❯ 3.4.3 Parameterübergabe

Methoden von Objekten können die Variablen verwenden, die Eigenschaften der Objekte bezeichnen. Diese brauchen nicht als Parameter übergeben zu werden. Die Eigenschaft (die Variable) ist bei jedem Objekt der betreffenden Klasse vorhanden und bekannt. Methoden können aber auch Parameter haben. Bei der Methodendeklaration wird für jeden Parameter der Typ und der Name der Variablen angegeben. Diese Variablen sind nur innerhalb der Methode bekannt. Ist die Methode abgearbeitet, sind die Variablen „vergessen".

Beim Aufruf der Methode wird als Parameter ein konkreter Wert oder eine Variable angegeben, mit deren Wert die Methode nun arbeiten soll. Diese Variable muss natürlich einen Typ haben, der dem in der Methodendeklaration für den Parameter angegebenen Typ entspricht. Wir wissen ja (Abschnitt 3.2.3), dass Variablen, deren Werte Objekte sind, ihre Werte mittels der Referenzzuweisung erhalten. Betrachten wir nun einen Parameter mit einer Klasse als Typ. Der Parameter ist eine Variable, der beim Methodenaufruf ein Wert zugewiesen werden soll. Analog zur Zuweisung geschieht dies in Java auf zweierlei Weise.

Definition 3.4.1:   *Referenzübergabe* Sei in der Methodendeklaration ein Parameter v angegeben, dessen Typ kein einfacher Datentyp ist, sei im Methodenaufruf an entsprechender Stelle der Parameterliste eine Variable w angegeben, so wird die Adresse, die als Wert von w bekannt ist, kopiert und als Wert von v innerhalb der Methode eingetragen. Diese Parameterübergabe heißt Referenzübergabe (engl. *call by reference*).

3.4.1

Beispielsweise hatten wir in der Methodendeklaration **gehoere(Mensch pBesitzer)** in der Klasse **Besitz** den Parameter *pBesitzer*, der nur Werte annehmen kann, die Objekt der Klasse **Mensch** sind. Beim Aufruf der Methode innerhalb der Methode **aufnehmen(Besitz besitz, Mensch mensch)** von **Hausrat** wird als Parameter *mensch* angegeben. Der Wert von *mensch* ist die Adresse, an der beispielsweise Uta beschrieben ist. Die Adresse der Beschreibung von Uta wird nun kopiert und als Wert von *pBesitzer* eingetragen. Dies ist die Referenzübergabe. Die Methode **gehoere(Mensch pBesitzer)** tut nichts anderes, als der Variablen *besitzer* eines Gegenstandes den Wert zuzuweisen, den der Parameter hat. Also wird die Adresse der Beschreibung von Uta nun auch noch als Wert von *besitzer* eingetragen. Dies ist die Referenzzuweisung.

Noch ausführlicher: Nehmen wir also an, wir hätten ab der Adresse 32 ein Objekt *ball* beschrieben und ab der Adresse 512 Uta, Adresse 640 sei der Anfang der *ArrayList* für *gegenstaende*:

Adresse	32	Adresse	512	Adresse 640
name:	„ball1"	name:	„Uta"	[]
farbe:	„blau"	geschlecht:	true	
besitzer:		hausrat:	Adr. 640	

Das Objekt, das ab Adresse 512 beschrieben ist, ruft nun die Methode **aufnehmen(Besitz besitz, Mensch mensch)** auf mit (*ball*, *this*). Zu diesem Zeitpunkt sei der Wert von *ball* die Adresse 32. Jetzt erhalten die Parameter von **aufnehmen(Besitz geschenk, Mensch mensch)** per Referenzübergabe ihren Wert: *geschenk* bekommt die Kopie der Adresse von *ball* (32) und *mensch* die Kopie der Adresse 512.

In der Methode **aufnehmen(Besitz besitz, Mensch mensch)** wird nun die Methode **gehoere(Mensch)** des Objektes *geschenk*, also des ab Adresse 32 beschriebenen Balls, aufgerufen. Der Parameter des Aufrufs ist *mensch*. Diese Variable hat als Wert die Adresse 512. Der Parameter der Deklaration ist *pBesitzer*. Der Wert von *mensch* ist die Referenz auf Uta (Adresse 512) und wird in Kopie an *pBesitzer* übergeben.

Mit der Methode **gehoere(Mensch pBesitzer)** verändert ein Gegenstand seine Eigenschaft *besitzer* durch eine Referenzzuweisung. Nach so viel Durchreichen eines Wertes – die Adresse 512 wurde von *this* and *mensch* an *pBesitzer* an *besitzer* gereicht – nun ein Effekt: *ball* hat als *besitzer* nun das ab Adresse 512 beschriebene Objekt. Der Wert, Adresse 512, wurde vom Objekt Uta an das Objekt *hausrat* und von da an das Objekt *ball* übergeben.

Adresse	32	Adresse	512	Adresse 640
name:	„ball1"	name:	„Uta"	[Adr. 32]
farbe:	„blau"	geschlecht:	true	
besitzer:	Adr. 512	hausrat:	Adr. 640	

Wenn Parameter keine Objekte als Wert haben, sondern von einfachem Datentyp sind, wird der Wert direkt übergeben.

3.4.2   **Definition 3.4.2:**   *Wertübergabe* Sei in der Methodendeklaration ein Parameter v angegeben, dessen Typ ein einfacher Datentyp ist, sei im Methodenaufruf an entsprechender Stelle der Parameterliste eine Variable w angegeben, so wird der Wert von w kopiert und als Wert von v innerhalb der Methode eingetragen. Diese Parameterübergabe heißt Wertübergabe (engl. *call by value*).

Da bei der Wertübergabe kein Bezug zwischen den Variablen v und w hergestellt wird, sondern nur der Wert von w als Wert von v eingetragen wird, gibt es keine Referenz von v auf w. Folglich kann w nicht durch v verändert werden. In [6] steht das Beispiel:

Programm 3.8

```java
public class Zaehler {
   public void erhoehe1 (int pX) {
      ++pX;
      System.out.println ("waehrend "+ pX);
   }
}

class WertBeispiel {
   public static void main (String[] argv) {
      int x = 3;
      Zaehler z = new Zaehler ();

      System.out.println ("vorher "+ x);
```

```
      z.erhoehe1 (x);
      System.out.println ("nachher "+ x);
   }
}
```

Es liefert die Ausgabe:

vorher 3

waehrend 4

nachher 3

x ist eine Variable, die an einem Speicherplatz (z.B. Adresse 16) steht, den
Namen x hat und als Wert gleich bei der Deklaration 3 erhält. Die Methode
erhoehe1(int pX), mit der ein Zähler eine Zahl um 1 erhöht, ist mit dem
Parameter pX deklariert. Die Variable mit dem Namen pX stehe an der
Adresse 128. Die Wertübergabe beim Methodenaufruf trägt als Wert von
pX nun *nicht* die Adresse 16 ein, sondern 3. Nun wird der Wert von pX
inkrementiert. An der Adresse 128 steht nun also 4. An Adresse 16 wird
nichts verändert, x ist also immer noch gleich 3.
Nehmen wir hingegen ein Objekt, das die Zahl als eine Eigenschaft besitzt,
nutzen wir die Referenzübergabe aus und haben daher einen Seiteneffekt.

Programm 3.9
```java
public class Zaehler2 {
   public void erhoehe1 (Geld pGeld) {
      ++pGeld.betrag;
      pGeld.drucke ("waehrend ");
   }
}

class Geld {
   int betrag;
   String waehrung;

   public Geld (int pBetrag, String pWaehrung) {
      betrag = pBetrag;
      waehrung = pWaehrung;
   }

   public void drucke (String pTxt) {
      System.out.println (pTxt + betrag + waehrung);
   }
}
```

```
class WertBeispiel2 {
  public static void main (String[] argv) {
    Zaehler2 z;
    Geld y;
    y = new Geld (3, "Euro");
    z = new Zaehler2 ();
    y.drucke ("vorher ");
    z.erhoehe1 (y);
    y.drucke ("nachher ");
  }
}
```

Dies Programm liefert die Ausgabe:

```
vorher 3Euro
waehrend 4Euro
nachher 4Euro
```

❱ 3.4.4 Das vollständige Ballbeispiel

Die im Verzeichnis `de/informatikkompakt/ballbeispiel/` stehende Datei
`BallBeispiel.java`, die das in der Einführung verwendete Beispiel von Uta
und dem Ball in Java darstellt, sieht nun so aus:

Programm 3.10

```
package de.informatikkompakt.ballbeispiel;                        // 1
import java.util.ArrayList;                                       // 2
import de.informatikkompakt.tools.IO;                             // 3

class Mensch {                                                    // 4
  public String name;                                            // 5
  Hausrat hausrat;                                               // 6

  public Mensch () {                                             // 7
    name = IO.readString ("Bitte einen Vornamen eingeben:");     // 8
    hausrat = new Hausrat ();                                    // 9
  }                                                              // 10

  public void tritt (Ball ball) {                                // 11
    float dx, dy;                                                // 12
    dx = IO.readFloat ("Wie tritt "+ name + "den Ball? DX");     // 13
    dy = IO.readFloat ("Wie tritt "+ name + "den Ball? DY");     // 14
```

```java
    ball.rolle (dx, dy);                                  // 15
  }                                                       // 16

  public void empfang () {                                // 17
    Besitz geschenk;                                      // 18
    String geschenkName;                                  // 19
    geschenkName = IO.readString ("Was ist das Geschenk?");  // 20
    geschenk = new Besitz (geschenkName);                 // 21
    hausrat.aufnehmen (geschenk, this );                  // 22
  }                                                       // 23

  public void empfang (Besitz besitz) {                   // 24
    hausrat.aufnehmen (besitz, this );                    // 25
  }                                                       // 26

  public void drucke () {                                 // 27
    System.out.println (name + "hat "+ hausrat.toString ());  // 28
  }                                                       // 29
}                                                         // 30

class Hausrat {                                           // 31
  ArrayList gegenstaende = new ArrayList ();              // 32

  public void aufnehmen (Besitz geschenk, Mensch mensch) {  // 33
    geschenk.gehoere (mensch);                            // 34
    gegenstaende.add (geschenk);                          // 35
  }                                                       // 36

  public String toString () {                             // 37
    return gegenstaende.toString ();                      // 38
  }                                                       // 39
}                                                         // 40

class Besitz {                                            // 41
  Mensch besitzer;                                        // 42
  String name;                                            // 43

  public Besitz (String pName) {                          // 44
    name = pName;                                         // 45
  }                                                       // 46

  public void gehoere (Mensch pMensch) {                  // 47
    besitzer = pMensch;                                   // 48
  }                                                       // 49
```

```java
  public String toString () {                                     // 50
    return name;                                                  // 51
  }                                                               // 52
}                                                                 // 53

class Ball extends Besitz {                                       // 54
  float x, y;                                                     // 55
  String farbe;                                                   // 56

  public Ball (String pName) {                                    // 57
    super (pName);                                                // 58
    farbe = IO.readString ("Welche Farbe hat der Ball? ");        // 59
    x = IO.readFloat ("Wo ist er auf der X-Achse? ");             // 60
    y = IO.readFloat ("Wo ist er auf der Y-Achse? ");             // 61
  }                                                               // 62

  public void rolle (float dx, float dy) {                        // 63
    x += dx;                                                      // 64
    y += dy;                                                      // 65
  }                                                               // 66

  public void drucke () {                                         // 67
    System.out.print (name + ", "+ farbe + "ist in Position: ");  // 68
    System.out.println (x + ""+ y);                               // 69
  }                                                               // 70

  public String toString () {                                     // 71
    return name + "("+ farbe + ", "+ x + ", "+ y + ")";           // 72
  }                                                               // 73
}                                                                 // 74

class BallBeispiel {                                              // 75
  public static void main (String argv[]) {                       // 76
    Mensch mensch;                                                // 77
    Ball ball;                                                    // 78
    mensch = new Mensch ();                                       // 79
    System.out.println (mensch.name + "bekommt einen Ball!");     // 80
    ball = new Ball ("ball");                                     // 81
    mensch.empfang (ball);                                        // 82
    String frage = "Soll "+ mensch.name + "den Ball treten?";     // 83
    while (IO.readString (frage).equals("ja")) {                  // 84
      mensch.tritt (ball);                                        // 85
      ball.drucke ();                                             // 86
```

```
    }                                                          // 87
    frage = "Soll "+ mensch.name + "ein Geschenk bekommen?";   // 88
    while (IO.readString (frage).equals("ja")) {               // 89
      mensch.empfang ();                                       // 90
      mensch.drucke ();                                        // 91
    }                                                          // 92
  }                                                            // 93
}
```

Die Klasse **Mensch** haben wir mit ihren Methoden **Mensch(String pName)**
(Konstruktor) und **empfang(Besitz pGeschenk)** schon kennengelernt. Allerdings sieht sie nun doch anders aus, weil wir den Konstruktor nicht mit
Parametern aufrufen. Wir wollen der Benutzerin die Möglichkeit geben, einen
Namen für ein neues Objekt der Klasse **Mensch** anzugeben. Wir wollen diese
Ausprägungen von Eigenschaften also nicht innerhalb des Programms festlegen, sondern von außen erhalten. Dazu verwenden wir die Klasse **IO** aus dem
Paket **de.informatikkompakt.tools**. Später werden wir sehen, wie die Methoden für das Lesen von Benutzereingaben funktionieren (Abschnitt 8.1).
Im Moment nehmen wir einfach hin, dass es zwei Methoden gibt, die eine
Zeichenkette (String) auf den Bildschirm schreiben und dann etwas, was die
Benutzerin tippt, als Wert zurückliefert. Die Methode **readString(String
s)** liest eine Zeichenkette ein. So erhält in Zeile 8 die Variable *name* den
Wert, den die Benutzerin angegeben hat. Die Eigenschaft des neuen Objektes der Klasse **Mensch** erhält so ihre Ausprägung. Das Anlegen des Hausrats erfordert keine Eingabe durch die Benutzerin. Es wird ein Objekt der
Behälterklasse **Hausrat** erzeugt, das noch kein Element enthält. Die Methode **readFloat(String s)** liest eine Zahl vom Typ **float** ein. So werden in
Zeile 13 und 14 Zahlen, die die Benutzerin angegeben hat, den Variablen dx
und dy zugewiesen. Analog erhalten in Zeile 60 und 61 die Variablen x und
y durch die Eingaben vom Bildschirm ihre Werte.
Die Methode **tritt(Ball ball)** realisiert eine Botschaft an den Ball. Wir
stellen uns vereinfachend vor, dass sich der Ball in einem Koordinatensystem
an einer Position befindet. Der Tritt wird als eine Verschiebung der Position
des Balles modelliert. Ein Objekt der Klasse **Mensch** teilt dem Ball mit,
um wieviel er sich in Richtung der X-Achse (dx) und um wieviel er sich in
Richtung der Y-Achse (dy) verschieben soll (Zeile 15).
Es gibt nun zwei Methoden mit dem Namen **empfang**. Da sie unterschiedliche Parameter haben, nämlich einmal keinen und einmal einen Besitz, sind
es zwei Methoden. Die Methode ohne Parameter verwenden wir, wenn der
neue Besitz von der Benutzerin angegeben wird. Es wird ein neues Objekt der
Klasse **Besitz** erzeugt (Zeile 21), das den Namen (*geschenkN*) hat, den die

Benutzerin eingetippt hat. Danach wird die Methode **aufnehmen(Besitz besitz, Mensch mensch)** aufgerufen. Die Methode mit Parameter setzt voraus, dass das Objekt vom Typ **Besitz** bereits erzeugt ist und nun die Referenz auf dies Objekt übergeben wird. Dabei reicht **empfang(Besitz besitz)** lediglich diese Referenz an **aufnehmen(Besitz geschenk, Mensch mensch)** von **Hausrat** weiter. Wir sehen hier zwei Beispiele für die Referenzübergabe hintereinander.

Jede Klasse hat eine Methode, in der beschrieben wird, wie ihre Objekte sich drucken. Diese Methode besteht in einem Aufruf der von Java bereitgestellten Methode **println(String s)** (print line), deren Parameter ein **String** ist. In Zeile 27 ist die Methode, sich zu drucken, für Menschen angegeben. Die Variable *name* kann einfach ausgedruckt werden, weil sie ja vom Typ **String** ist. Das Wort *hat* wird durch Anführungszeichen zu einem Objekt der Klasse **String** gemacht. Der Hausrat hingegen ist ja nicht von diesem Typ und muss daher erst in ein Objekt des Typs **String** umgewandelt werden. Alle in Java definierten Klassen sollten eine Methode **toString()** haben, die angibt, wie ein Objekt der Klasse als Zeichenkette dargestellt wird. Die Klasse **Hausrat** delegiert das Hinzufügen von Objekten an die Klasse **ArrayList**. Zum Ausdruck der Elemente einer **ArrayList** ist es sinnvoll, dass alle Objekte im Behälter auch eine Darstellung als **String** haben, die mit der Methode **toString()** erreicht wird. Deshalb wird in Zeile 50 für den Besitz eine solche Methode definiert: ein Besitz wird als Zeichenkette durch seinen Namen (der ohnehin eine Zeichenkette ist) dargestellt.

Die Klasse **Hausrat** ist so geblieben, wie bereits vorgestellt. Ihre Methode **aufnehmen(Besitz geschenk, Mensch mensch)** benötigt keine Eingaben vom Bildschirm und wird nur von der Methode **empfang()** von **Mensch** aufgerufen.

Die Klasse **Besitz** hat lediglich die Methode **toString()** dazubekommen. Das haben wir gerade besprochen.

Die Klasse **Ball** ist eine Unterklasse von **Besitz**. Die Vererbung ist im Sinne von **Ball ist ein Besitz**. **Ball** hat folglich die Eigenschaft, einen Namen zu haben. Bei der Konstruktion eines neuen Balls wird der Konstruktor der Oberklasse (**Besitz**) aufgerufen (Zeile 58), der ja als einzigen Parameter *pName* hat. Der Parameter von **Besitz(String pName)** erhält nun den Wert, der bei Aufruf des Konstruktors **Ball(String pName)** an erster Stelle der Parameterliste übergeben wird. Obendrein bekommt ein neuer Ball eine Position und eine Farbe (Zeilen 59–61).

Die Methode **rolle(float dx, float dy)** von **Ball** empfängt die Nachricht einer Positionsänderung und verschiebt durch zwei einfache Additionen die Koordinaten. In der Nachricht stehen nicht die gegenwärtigen Koordinaten, sondern lediglich die Verschiebungen. Die gegenwärtige Position ist durch die Eigenschaften x, y des Objekts angegeben und innerhalb des Objekts stets zugreifbar. Da in der Methode diese Eigenschaften verändert werden, ist die neue Position auch nach Verlassen der Methode noch zu sehen. In Zeile 85 tritt das Objekt, auf das die Variable *mensch* zeigt, den Ball, wodurch die Methode `rolle(float dx, float dy)` aufgerufen wird. In Zeile 86 druckt sich der Ball aus und wir können auf dem Bildschirm die Positionsänderung sehen. Wie schon `tritt(Ball ball)` ist auch `rolle(float dx, float dy)` grob vereinfacht. Wir müssen in der Programmdokumentation festhalten, dass wir nur eine zweidimensionale Fläche modellieren, auf der der Ball aufliegt und daß der Tritt nur als Schub auf dieser Fläche, ohne Bezug zum Ball dargestellt ist. Auch müssen wir uns merken, dass diese Methoden so weltfremd sind, dass wir sie nicht zur Simulation oder gar tatsächlichem Kicken (von Robotern, z.B. im RoboCup) einsetzen können. Die Granularität, die wir hier gewählt haben, macht gerade die Realisierung von Assoziationen in Java und die Verwendung der Vererbung deutlich.

Die Klasse mit der *main*-Methode ist `BallBeispiel`. Hier wird als erstes, in Zeile 79, der Konstruktor `Mensch()` aufgerufen. Die Variable *mensch* zeigt auf das neue Objekt der Klasse `Mensch`. Der Konstruktor fragt die Benutzerin nach einem Vornamen und nach dem Geschlecht des neuen Objektes. Deshalb kann in Zeile 80 der Name dieses Menschen ausgedruckt werden. Innerhalb der Klasse `Mensch` haben wir den Namen kurz als *name* geschrieben. Hier schreiben wir *mensch.name*, denn `BallBeispiel` hat ja nicht die Eigenschaft Name und außerhalb von `BallBeispiel` haben mehrere Klassen die Variable *name*. Die nächste wichtige Handlung ist die Konstruktion eines Balles in Zeile 81. Wir legen den Namen vom Programm aus fest, weil eine Frage nach seinem Namen die Benutzerin irritieren könnte („mein Ball heißt Willi"?). Dieses Objekt *ball* bekommt *mensch* durch die Methode `mensch.empfang(ball)` (Zeile 82). Jetzt folgen zwei Schleifen. Die Bedeutung von `while` ist in Abschnitt 3.5 beschrieben. Hier fasse ich das Verhalten zusammen. Die erste Schleife von Zeile 84–87 ruft die Methode `mensch.tritt(ball)` auf, solange die Benutzerin auf die Frage, ob *mensch* den Ball treten soll, mit „ja" antwortet. Wenn der Ball getreten wurde und gerollt ist, druckt er sich aus. Die zweite Schleife von Zeile 89–92 ruft die Methoden `mensch.empfang()` und `mensch.drucke()` auf, solange die Benutzerin auf die Frage, ob *mensch* ein Geschenk bekommen soll, mit „ja" antwortet.

Wir rufen unser Programm auf mit

```
java ballbeispiel.Ballbeispiel
```

und sehen auf dem Bildschirm

```
Bitte einen Vornamen eingeben:
```

Sagen wir ruhig: *Uta*

```
Welche Farbe soll der Ball haben?
```
blau
```
Wo ist er auf der X-Achse?
```
1.0
```
Wo ist er auf der Y-Achse?
```
1.2
```
Soll Uta den Ball treten?
```
ja
```
Wie tritt Uta den Ball? DX
```
3.0
```
Wie tritt Uta den Ball? DY
```
0.8
```
ball, blau ist in Position: 4.0 2.0
Soll Uta den Ball treten?
```
nein
```
Soll Uta ein Geschenk bekommen? (ja, nein)
```
nein

Natürlich können Sie durch eigene, andere Eingaben ein anderes Verhalten des Programms erzielen.

❯ 3.4.5 Programmzustände

Im Abschnitt 2.1 wurden Uta und ihr Ball eingeführt. Das war es, *was* wir modellieren wollten. Nun haben wir Sprachkonstrukte von Java angewandt und damit festgelegt, *wie* wir die Sachverhalte programmieren. Die Frage *warum* soll hier informell im Sinne der Effektivität beantwortet werden. Dazu betrachten wir die Objekte und Variablen, die in dem Programm vorkommen. Objekte sind: *mensch, besitz, ball* und *hausrat*. Ihre Variablen sind:

in **Mensch**: *mensch.name, mensch.hausrat*;

in **Besitz**: *besitz.besitzer, besitz.name*;

in **Ball**: *ball.x, ball.y, ball.farbe*;

in **BallBeispiel**: *mensch, ball*.

Jede dieser Variablen hat einen Typ, also einen Wertebereich. Der (theoretische) *Zustandsraum* des Programms besteht aus allen Kombinationen von Werten aller Variablen.

3.4.3   **Definition 3.4.3:**   *Programmzustand* Ein Programmzustand besteht aus der Belegung aller Variablen mit einem Wert.

Beispielsweise ist z_3 ein Zustand unseres Programms:

$z_3 = mensch.name\ :"Uta",$

$mensch.hausrat : [ball],$

$besitz.besitzer : Uta,$

$besitz.name :"ball",$

$ball.x : 1.0,$

$ball.y : 1.2,$

$ball.farbe : blau.$

Dieser Programmzustand besteht nach Zeile 61, wenn die oben aufgeführten Benutzereingaben erfolgt sind. Wir können die `main`-Methode als die Folge von Anweisungen betrachten, die von einem Anfangszustand zu einem Endzustand führt. Wir können die Zustände Schritt um Schritt verfolgen und uns so die Arbeitsweise des Programms auch ohne Interpreter klar machen. Allerdings kennen wir die Zustände nicht genau, da sie von Eingaben der Benutzerin zur Laufzeit abhängen. Immerhin können wir durch das Typ-Konzept die Wertebereiche der Variablen angeben. Manchmal können wir aber auch noch mehr aussagen. So, wie die Methode **tritt(Ball ball)** deklariert ist, kann die Position in allen vier Feldern eines zweidimensionalen Koordinatensystems liegen. Hätten wir die Methode nur für positive Zahlen definiert, käme der Ball nie zurück. Wir könnten dann über die Klasse der Variablen $ball.x$ und $ball.y$ hinaus die Zusicherung machen, dass für jeden Anfangswert i dieser Variablen gilt: $i \leq ball.x$ bzw. $i \leq ball.y$.

Aussagen über Programmzustände heißen *Zusicherungen* (engl. assertion). Sie werden als logische Formeln mit dem Zustand (den Variablen) als Argument geschrieben: $P(z)$. Verschiedene Zusicherungen können in logischen Beziehungen stehen. So impliziert z.B. die Aussage $P(j) = j > 5$ die Aussage $Q(j) = j > 4$, geschrieben als $P \rightarrow Q$. Wir können für wertverändernde Operationen (Wertzuweisungen, Operatoren, Methoden inklusive der Konstruktion eines Objektes) die Zusicherungen vor und nach Ausführung der Operation angeben. Beispielsweise sieht für die direkte Wertzuweisung

$k = 7;$

die Vorbedingung $P(k)$ so aus: k *beliebig*. Die Nachbedingung $Q(k)$ sieht so aus: $k = 7$. So fein muss die Modellierung nicht sein. Man kann auch Blöcke oder sogar eine gesamte **main(String[] args)**-Methode als die Operation behandeln, die eine Vor- und eine Nachbedingung hat.

Die Zusicherungen interessieren uns aus zwei Gründen (siehe [11, S. 34f]):

Zustandsverfolgung: Welche Zusicherungen $Q(z_n)$ gelten über den Zustand z_n, wenn wir wissen, dass $P(z_0)$ gilt? Wie verändert also unser Programm den Ausgangszustand z_0 in n Schritten? Oder, anders herum, bei welchem Anfangszustand, beschrieben durch $P(z_0)$ ist garantiert, dass nach n Schritten $Q(z_n)$ gilt?

Verifikation: Haben wir $P(z_0)$ als Charakterisierung des Anfangszustands und $Q(z_n)$ als Charakterisierung des Zielzustands, dann ist P, Q eine

Spezifikation. Hat das Programm, um dessen Zustände es geht, eine Folge von n Schritten, so dass $P(z_0)$ und $Q(z_n)$ gelten, und das Programm terminiert im Zustand z_n, dann ist das Programm spezifikationstreu oder *korrekt*. Die Nachprüfung der Korrektheit heißt *Verifikation*.

❯ 3.4.6 Was wissen Sie jetzt?

Sie wissen nun, wie man Methoden deklariert und aufruft. Insbesondere haben Sie dabei festgestellt, dass das Ergebnis, das eine Methode beim Aufruf an die aufrufende Stelle des Programms zurückliefert, von einem Typ sein muss, der bei der Methodendeklaration angegeben wird. Die meisten Methoden erbringen Resultate jedoch indirekt, indem sie Objekte verändern. Dann wird das Schlüsselwort *void* bei der Methodendeklaration angegeben.

Sie können nun eine Assoziation, die Sie sich bei der objektorientierten Modellierung ausgedacht haben, in Java-Anweisungen umsetzen: die $1-1$-Assoziation als Eigenschaft eines Objektes, notiert durch eine Variable; die $1-m$-Assoziation mithilfe einer Behälterklasse. Überlegen Sie, wie beim vollständigen Ballbeispiel die Diagramme ausgesehen haben. Damit trainieren Sie Ihre Fähigkeit, zu modellieren.

Beim Methodenaufruf wurde die Referenz- und die Wertübergabe besprochen.

Probieren Sie, die Datei `BallBeispiel.java` so zu verstehen, als wären Sie der Übersetzer, also `javac`. Damit überprüfen Sie Ihr syntaktisches Verständnis von Java.

Probieren Sie, die Bindung der Variablen im Verlaufe des Programms bei verschiedenen Eingaben nachzuvollziehen. Dies ist die erste Annäherung an die (operationale) Semantik des Programms. Überlegen Sie sich Zustände, die das Programm bei seiner Ausführung einnimmt. Beschreiben Sie die Zustände durch Zusicherungen. Beschreiben Sie Operationen durch Vor- und Nachbedingungen.

3.5 Kontrollstrukturen

Kontrollstrukturen regeln den dynamischen Ablauf der Anweisungen eines Programms. Gerade die Einführung von Schleifen wird ja der *Mutter der Informatik*, Lady Ada Lovelace, zugute gehalten.[5]

---

[5] Lady Ada Lovelace (1815–1852) hatte als Hauslehrer den Cambridge-Professor William Fend, so dass sie eine fundierte Ausbildung in Mathematik und Astronomie erhielt. 1833 lernte sie Charles Babbage kennen und war fasziniert von seiner mechanischen Rechenmaschine. Sie übersetzte die Arbeit eines italienischen Militäringenieurs über eine Rechenmaschine und schrieb einen drei Mal so langen Kommentar

Bei einer Schleife kann immer dieselbe Folge von Anweisungen nacheinander für eine Menge von Objekten oder einfachen Daten ausgeführt werden. Wir brauchen dazu

einen Anfang, meist durch den Anfangswert einer Laufvariable (d.i. ein Zähler) gegeben,

eine Abbruchsbedingung,

den nächsten Wert der Laufvariable.

In Java werden Schleifen durch die Schlüsselwörter *for* und *while* angezeigt. *for* benötigt einen Zähler, dessen Anfangwert anzugeben ist. Die Abbruchsbedingung wird ebenfalls durch den Zähler ausgedrückt. Das nächste zu bearbeitende Objekt (oder die nächste Zahl, Buchstabe, ...) bekommt man ebenfalls über den Zähler.

```
for (i=1; 10 > i; i++)
   System.out.println(i*i);
```

In dem kleinen Beispiel ist i die Laufvariable, die um 1 inkrementiert wird, solange sie kleiner 10 ist. Die Ausgabe von i^2 ist der Block, der 9 mal durchgeführt wird, jeweils für einen neuen Wert von i. Wir könnten auch schreiben:

```
while (10 > i){
   System.out.println(i*i);
   i++;
}
```

Die Abbruchbedingung ist eine logische Bedingung wie in Abschnitt 3.3 beschrieben. Ihr Wert ist vom Typ **boolean**. Der Wert von i wird nun nicht von 1 ausgehend hochgezählt, sondern außerhalb der Schleife bestimmt. Man kann mit beliebigen Werten (des richtigen Typs) in die *while*-Schleife kommen. Wenn und solange der Wert von i kleiner als 10 ist, wird das Quadrat gebildet und i inkrementiert.

Im Ballbeispiel haben wir zwei *while*-Schleifen gesehen. Die Abbruchbedingungen waren Eingaben, die nicht gleich dem **String** „ja" sind. Die Gleichheit von zwei Zeichenketten wird von der Methode **equals(Object o)** ge-

---

dazu. In diesem Kommentar, den sie mit Babbage und de Morgan diskutierte, entwickelte sie die Idee der Programmierung sowie erste Programmierkonzepte wie Schleifen. Als einzige war Lady Lovelace in der damaligen Zeit kühn genug, Einsatzmöglichkeiten der Rechenmaschinen zu sehen, die heute selbstverständlich sind, neben Berechnungen von Prim- oder Bernouilli-Zahlen etwa auch das Erzeugen von Graphiken. Insofern kann Babbage als Vater der Hardware, Lady Lovelace als Mutter der Software betrachtet werden.

prüft (Zeilen 84 und 89). Diese Methode ist für alle Objekte in Java vorhanden. **readString(String s)** liefert ein Objekt vom Typ **String**. Dies Objekt wird mit dem Parameter von **equals(Object o)** verglichen. Sind beide Zeichenketten gleich, gibt **equals(Object o)** den **boolean** Wert **true** zurück, sonst **false**. Nach der Abbruchbedingung folgt der Block, der ausgeführt wird, solange die Bedingung wahr ist.

Hier wird die Abbruchbedingung geprüft, bevor der Block ausgeführt wird. Möchte man sicherstellen, dass der Block mindestens einmal ausgeführt wird, dann kann man die dritte Schleifenform von Java verwenden. Auch sie gibt mit dem Schlüsselwort *while* eine Abbruchbedingung an. Die Bedingung wird aber nach dem Block geprüft. Damit der Übersetzer erkennen kann, dass eine *while*-Schleife mit Abbruchbedingung am Ende kommt, wird das Schlüsselwort *do* vor den Block gesetzt:

```java
do{
   System.out.println(i*i);
   i++;
} while (10 > i);
```

Schleifen wiederholen Anweisungen. Wir können aber auch zu verschiedenen Anweisungen oder Blöcken verzweigen. Die Schlüsselwörter *if*, *else*, *case* und *switch* erlauben dies.

Programm 3.11

```java
class SchulfreiMeldung {        //Klasse fuer Durchsagen in einer Schule
   public static void main (String[] argv) {
      String meldung;
      boolean schulfrei;
      int temperatur;

      temperatur = Integer.parseInt (argv[0]);

      schulfrei = temperatur > 39 | 15 >= temperatur;
      if (schulfrei) {                          //bedingte Anweisung
        meldung = "ihr duerft nach Hause gehen";
      }
      else {
        meldung = "halt, hiergeblieben!";
      }
      System.out.println (meldung);
   }
}
```

Man kann nun mit `java SchulfreiMeldung 40` die schöne Aufforderung auf
dem Bildschirm sehen, nach Hause gehen zu dürfen. Die Bedingung ist vor
der bedingten Anweisung erfolgt und ihr Wert ist in der Variablen *schulfrei*
vom Typ `boolean` gespeichert. Die Fehlerbehandlung, die bei Benutzereingaben immer angemessen ist, sehen wir noch später (Abschnitt 3.10). Wenn
man will, ist dies auch eine Verzweigung: im Falle einer ungültigen Eingabe
wird eine Fehlermeldung ausgegeben. Vielleicht ist es auch ganz interessant,
einmal in der **main**-Methode die Argumente verwendet zu sehen. Die Parameter müssen vom Typ **String** sein und werden in einem Feld (`argv[]`,
siehe Abschnitt 3.6) untergebracht. Da wir aber zum Vergleichen eine Zahl
benötigen, wird eine Methode zum Überführen des Strings „40" in die Zahl
40 angewandt, `Integer.parseInt(argv[0])`. `Integer` ist eine Klasse, die so
tut, als wären Zahlen Objekte.

Schließlich gibt es die Schlüsselwörter *switch* und *case*. *switch* greift eine
Variable heraus, deren Werte die Verzweigungen des Programms angeben.
Werte der Variablen werden mit *case wert:* angegeben. Es folgt, was zu
tun ist. Ein einfaches Beispiel ist das folgende.

Programm 3.12

```
import de.informatikkompakt.tools.IO;

class TageProMonat {
  public static void main (String[] argv) {
    int monat = IO.readInt ("Bitte Monatsnummer [1..12] eingeben: ");
    int jahr = IO.readInt ("Bitte Jahr (vierstellig) eingeben: ");
    int tage = 0;

    switch (monat) {
      case 1:                                    // Wenn Januar,
      case 3:                                        // Maerz,
      case 5:                                          // Mai,
      case 7:                                         // Juli,
      case 8:                                       // August,
      case 10:                                     // Oktober,
      case 12:                                    // Dezember,
        tage = 31;                             // dann 31 Tage.
        break ;
      case 4:                                     // Wenn April,
      case 6:                                          // Juni,
      case 9:                                    // September,
      case 11:                                    // November,
```

```java
          tage = 30;                              // dann 30 Tage.
        break ;
      case 2:                    // Spezialfall: Februar mit Schaltjahren
       if ( ((jahr % 4 == 0) && !(jahr % 100 == 0))
              || (jahr % 400 == 0) ) {
          tage = 29;                              // Schaltjahr, dann 29 Tage
       }
       else {
          tage = 28;                     // Kein Schaltjahr, dann 28 Tage
       }
       break ;
      default:                    // Monatsnummer nicht im Interval [1..12]
        System.out.println ("Kein gueltiger Monat!");
        break ;
    }

    System.out.println ("Dieser Monat hat "+ tage + "Tage.");
  }
}
```

3.6 Felder

Mehrere Daten desselben Datentyps oder derselben Klasse können zu einem Feld (engl. array) zusammengefasst werden. Die Felder sind der Reihe nach nummeriert, beginnend bei 0. Ein Feld wird deklariert durch den Datentyp seiner Elemente und eckige Klammern.

```java
int[] feldInt;
char[] feldChar;
boolean[] feldBoolean;
```

Die Länge eines Feldes wird bei der Konstruktion eines neuen Feldes durch eine Zahl in den eckigen Klammern angegeben. Hier wird ein Feld von 8 Elementen, die alle vom Typ `int` sind, erzeugt.

```java
feldInt = new int[8];
```

Um auf ein Element eines Feldes zuzugreifen, gibt man die Position des Elementes in den eckigen Klammern an.

```java
feldInt[2] = 6;
feldBoolean[0] = regnet | !regnet;
```

3.7 Abstrakte Klassen, Schnittstellen

Nehmen wir an, wir wollten – was andere schon längst getan haben – einige Klassen deklarieren, die geometrische Figuren behandeln können. Eine Klasse **Kreis** hätte einen Radius und eine Position und könnte seinen Umfang und seine Fläche angeben. Eine Klasse **Viereck** hätte zwei Kantenlängen und könnte seinen Umfang und seine Fläche angeben. Eine Klasse **Dreieck** hätte Kantenlängen und Winkel und könnte seinen Umfang und seine Fläche angeben. Wir sehen, dass wir ständig eine Methode zum Umfangberechnen und eine zur Flächenberechnung benötigen. Es liegt also nahe, eine Oberklasse **Form** einzuführen, die diese beiden Methoden festlegt. Leider geht das nicht, da jede Form ein anderes Berechnungsverfahren braucht (was soll π beim Viereck?). Trotzdem macht es große Programmpakete übersichtlicher, wenn wir bei einer Oberklasse wissen, dass alle Unterklassen bestimmte Methoden haben und welche Parameter diese haben. Deshalb gibt es abstrakte Klassen und Methoden in Java. Wenn Sie sich Pakete wie z.B. `java.util` ansehen, finden Sie darin viele abstrakte Klassen, z.B. für Kalender oder Wörterbücher. Die Beschreibung der Klassen besteht darin, dass abstrakte Methoden angegeben werden. Das sind Methoden mit Namen und Parametern, aber ohne einen Rumpf. Die abstrakte Klasse sagt uns, was Unterklassen können sollen und legt Bezeichnungen fest. Eine abstrakte Klasse oder Methode wird durch das Schlüsselwort `abstract` als solche ausgewiesen.

Abstrakte Klassen: Klassen, die keine Objekte haben (keine Instanzen erzeugen) und vielleicht eine abstrakte Methode, d.h. eine Methode ohne Rumpf.

Jede Klasse mit einer abstrakten Methode ist selbst abstrakt und muss auch als Modifikator das Schlüsselwort `abstract` haben.

Man kann Klassen als `abstract` deklarieren, ohne dass sie eine abstrakte Methode haben.

Sollte man versuchen, ein Objekt einer abstrakten Klasse zu konstruieren, gibt es eine Fehlermeldung.

Eine Unterklasse einer abstrakten Klasse ist selbst abstrakt, wenn sie nicht alle Methoden der abstrakten Klasse implementiert.

Eine Unterklasse einer abstrakten Klasse, die jede Methode der abstrakten Klasse vollständig (also: mit Rumpf) definiert, kann Objekte haben. Dies ist der eigentliche Sinn einer abstrakten (Ober-)Klasse. Natürlich kann die Unterklasse auch noch zusätzliche Methoden haben.

Als wir beim Ball-Beispiel sagten, dass alle Java-Klassen eine **toString**-Methode haben sollten, die für ein Objekt der Klasse eine Zeichenkette anfertigt, haben wir auf eine Methode der Klasse **Object** verwiesen. Die Methode ist tatsächlich realisiert, d.h. sie hat einen Rumpf. Jede Unterklasse von **Object**, also jede Klasse in Java, kann diese Methode einfach übernehmen, oder für sich neu definieren. Die Java-Entwickler brauchten keine abstrakte Klasse, die **toString()** als abstrakte Methode hat, weil sie einen Rumpf für **toString()** schreiben konnten.

Wenn wir uns ein realistisch großes Projekt zur Entwicklung von Programmen vorstellen, dann sehen wir die Schwierigkeit, in einer abstrakten Klasse alle „Pflichten" zu notieren. Die Gruppe, die die graphische Oberfläche für die Benutzer schreibt, betrachtet die Darstellungsmöglichkeiten von Objekten. Sie möchte nicht nur **toString()** vorgeben, sondern auch abstrakte Methoden wie z.B. **fillColor(Color c)**, **draw(Drawwindow dw)**, **setPosition(double x, double y)** und dergleichen. Hingegen ist die Gruppe, die die Buchhaltungsprogramme schreibt, nicht an der graphischen Darstellung der Geschäftsbilanz, sondern an der Vollständigkeit der Angaben eines Vorgangs interessiert. Die Marketing-Gruppe, die den Versand von Werbematerial an potentielle Kunden unterstützt, hat wieder eine andere Sicht auf die Daten. Würden wir nun vorhaben, alles in eine (abstrakte) Klasse zu stopfen, hätten wir die Vorteile objektorientierter Programmierung aufgegeben und einen monolithischen Block geschaffen, der schwierig zu ändern ist. Warum sollte ein Objekt der Klasse **Kunde** nicht von allen Aspekten her gesehen werden? Als jemand, dessen Daten in bestimmter Weise auf dem Bildschirm angezeigt und geändert werden, als jemand, der seine Rechnung per Kreditkarte bezahlt hat, als jemand, der bereits die Ankündigung des Weihnachtssonderangebots erhalten hat? Der Grund ist einfach: Mehrfachvererbung gibt es in Java nicht! Realistischerweise glaubt man nicht, dass die EntwicklerInnen alle Implikationen des logischen *und* bedenken. Wenn ein Objekt zu mehreren Klassen gehört, dann hat es die Eigenschaften der einen *und* der nächsten *und... und* der nächsten Klasse. Vielleicht widersprechen sich einige Eigenschaften? Java bietet einen anderen Ausweg an: die Schnittstelle (engl. *interface*).

> *Schnittstelle:* Eine Klasse, die mit dem Schlüsselwort *interface* anstelle von *class* ausgezeichnet ist.
>
> Eine Schnittstelle ist eine Klasse, die ausschließlich abstrakte Methoden hat.
>
> Eine Schnittstelle kann keine Objekte haben.
>
> Eine Schnittstelle kann von anderen Schnittstellen abstrakte Methoden erben. Das Schlüsselwort ist wie bei Klassen *extends*. Dieses Schlüssel-

wort hat eine eindeutige Semantik: es bedeutet die Vererbung im Sinne von **A ist ein B**.

Eine Klasse kann Unterklasse von mehreren Schnittstellen sein. Dies wird durch das Schlüsselwort *implements* angegeben. Dann implementiert sie die abstrakten Methoden all dieser Schnittstellen. Die mehrfache Schnittstellenvererbung unterstützt die Modellierung nach verschiedenen Aspekten, ohne dass tatsächlich Programmcode vererbt wird. Das Schlüsselwort *implements* hat die Bedeutung **A implementiert B**, sodass auch diese Vererbung in Java vorkommt.

Eine Variable kann als Typ eine Schnittstelle haben. Das heißt, dass sie als Wert ein Objekt haben kann, das zu einer Klasse gehört, die mit *implements* als Realisierung dieser Schnittstelle deklariert wurde.

Ein einfaches Beispiel, das die Schnittstellen illustriert, seien irgendwelche Einstellungen von Bildschirmen. Die Schnittstelle für Farbsysteme sorgt für die Einstellung von Farben oder schwarz-weißer Darstellung. Die Schnittstelle für Bedienelemente sorgt für die Justierung von Helligkeit und Kontrast. In den Schnittstellen sind die Variablen lediglich Konstante, d.h. sie müssen einen Wert haben und dieser kann in der Schnittstelle nicht verändert werden. Die Methoden haben nur Modifikatoren und einen Namen – nach den Klammern für die Parameterliste (hier: leer) kommt schon das Anweisungsende.

Programm 3.13
```
interface Farbe {
   int SchwarzWeiss=0, Bunt=1;
   public void faerbe ();
}


interface Bedienelemente {
   int Hell=3, Kontrast=3;
   public void einstellen ();
}
```

Fernseher und Rechnermonitor implementieren beide Schnittstellen. Sie mischen also die Farbgebung und die Einstellung zusammen, als würden sie sowohl von **Farbe** als auch von **Bedienelemente** erben. Es handelt sich aber nicht um eine Mehrfachvererbung, denn sie erhalten keine tatsächlichen Eigenschaften oder Handlungen von den Schnittstellen. Die abstrakten Methoden müssen in den Klassen **Fernseher** und **Rechnermonitor** implementiert werden, indem für die Methodenbezeichnungen tatsächliche (in diesem Beispiel sehr reduzierte) Handlungen angegeben werden. Dabei sind die Handlungen verschieden. Zum selben Bezeichner (**faerbe()**, **einstellen()**) werden im Methodenrumpf jeweils unterschiedliche Handlungen angegeben (hier: den Eigenschaften Default, Helligkeit und Kontrast verschiedene Werte zugewiesen). Der Aufruf java InterfaceTest liefert für ein Objekt der Klasse **Fernseher** und ein Objekt der Klasse **Rechnermonitor** die Einstellungen der Farbe und Bedienelemente.

Programm 3.14

```java
class Fernseher implements Farbe, Bedienelemente {
  int Default,Hell,Kontrast;
  public void faerbe () {
    Default=Bunt;
  }

  public void einstellen () {
    Hell=1;
    Kontrast=1;
  }

  public void drucke () {
    System.out.println ("TV-Farbe: "+ Default);
    System.out.println ("TV-Helligkeit: "+ Hell);
    System.out.println ("TV-Kontrast: "+ Kontrast);
  }
}

class Rechnermonitor implements Farbe, Bedienelemente{
  int Default,Hell,Kontrast;

  public void faerbe () {
    Default=SchwarzWeiss;
  }

  public void einstellen () {
    Hell=2;
    Kontrast=2;
  }

  public void drucke () {
    System.out.println ("Monitor-Farbe: "+Default);
    System.out.println ("Monitor-Helligkeit: "+Hell);
```

```
      System.out.println ("Monitor-Kontrast: "+Kontrast);
  }
}

class InterfaceTest {
  public static void main (String[] argv) {
    Fernseher tv=new Fernseher ();
    tv.faerbe ();
    tv.einstellen ();
    tv.drucke ();
    Rechnermonitor monitor=new Rechnermonitor ();
    monitor.faerbe ();
    monitor.einstellen ();
    monitor.drucke ();
  }
}
```

3.8 Sichtbarkeit

Die große Menge von Java-Klassen, die weltweit zur Verfügung steht, muss organisiert werden, damit

der Java-Übersetzer die Deklarationen findet, die von dem Programm verwendet werden, das er gerade bearbeitet,

der Zugriff auf Klassen, Methoden und Variablen auch verboten werden kann (sodass nicht jeder meinen Kontostand erfährt, wenn die Kontoführung in Java realisiert ist),

Namenskonflikte vermieden werden.

In diesem Abschnitt sollen die wichtigsten Konzepte zu diesen Punkten vorgestellt werden.

3.8.1 Pakete und Sichtbarkeit

Damit der Java-Übersetzer die Klassen und ihre Methoden findet, die von dem Programm, das er gerade übersetzt, verwendet werden, muss es klare Richtlinien geben, wo nach Namen von Klassen, Methoden und Variablen zu suchen ist. Dazu gibt es in Java die *Übersetzungseinheit*, die aus mindestens einer der folgenden Deklarationen besteht:

die Paketdeklaration, die einen Namen für eine Menge von Klassendeklarationen festlegt,

> *die Importdeklaration,* die Deklarationen aus einem anderen Paket bekannt macht, und
>
> *die Klassen- und Schnittstellendeklarationen,* die Klassen oder Schnittstellen angibt.

Der vollständige Name einer Klasse besteht aus dem Namen des Pakets gefolgt von dem eigentlichen Namen der Klasse, getrennt durch einen Punkt. Der vollständige Name unserer Ballbeispielklasse ist somit
`de.informatikkompakt.ballbeispiel.BallBeispiel`.
Um auf diese Klasse zugreifen zu können, muss der Zugriff entweder aus einer Klasse desselben Pakets erfolgen, oder der Name muss vollständig qualifiziert sein, oder die Klasse muss mittels einer Importdeklaration bekannt gemacht worden sein. Der Import einer Klasse bedeutet somit nicht, dass diese Klasse geladen wird, sondern nur, dass auf sie in verkürzter Schreibweise zugegriffen werden kann. Eine Ausnahme bilden die Klassen des Pakets `java.lang`. Diese Klassen können verwendet werden, ohne vollständig qualifiziert zu sein. Andere Deklarationen müssen importiert werden, damit sie ohne vollständige Qualifizierung verwendet werden können. So haben wir im Ballbeispiel mit `import java.util.ArrayList` die Klasse **ArrayList** des Pakets `java.util` erreichbar gemacht.

Deklarationen des Pakets `java.lang` sind von jedem Code ohne Qualifizierung erreichbar.

Importierte Deklarationen gelten in der Übersetzungseinheit, in der die `import`-Anweisung steht.

Im allgemeinen ist jede Klassendeklaration eine Datei mit dem Namen der Klasse und der Endung `java` (also *Klassename.*`java`). Manchmal enthält eine Datei mehrere Klassen, davon (höchstens) eine mit einer `main`-Methode. Beinhaltet die Datei keine Paketdeklaration, so handelt es sich um ein unbenanntes Paket. Zu einem Zeitpunkt soll es nur ein unbenanntes Paket geben. Der Übersetzer verbindet dieses unbenannte Paket mit dem aktuellen Arbeitsverzeichnis. Wenn nun in diesem Verzeichnis auch noch benannte Pakete existieren, so kann eine Klasse des unbenannten Pakets auch von den benannten Paketen verwendet werden. Dies ist abhängig von der Plattform (Rechner und Betriebssystem, die die virtuelle Java-Maschine realisieren). Dies kann zu unschönen Effekten führen: Sie verschieben das unbenannte Paket in ein anderes Verzeichnis und plötzlich erhalten Sie andere Ergebnisse bei Ihren benannten Paketen! Zum Glück können wir angeben, zu welchem Paket ein Programm gehören soll. Wenn wir zu einer Menge von Klassendeklarationen eine Paketdeklaration schreiben, so gehören diese Klassen und ihre Methoden zu dem angegebenen Paket. Die Paketdeklaration besteht aus dem Schlüssel-

wort *package* und einem Paketnamen. So haben wir in unserem Ballbeispiel
als erste Zeile einen Paketnamen festgelegt:

```
package de.informatikkompakt.ballbeispiel;
import java.util.ArrayList;
import de.informatikkompakt.tools.IO;
class Mensch {
  ...
}
...
```

Die Dateien heißen wie die Klassen, deren Deklaration in der Datei abgelegt ist, z.B. heißt die Datei mit der **main**-Methode enthaltenden Klasse
BallBeispiel BallBeispiel.java.

Das Paket heißt wie das Verzeichnis, in dem das Programm mit der Deklaration *package* liegt. Die Verzeichnisse, die international zur Verfügung
stehen sollen, werden in Anlehnung an die URL (eindeutige Kennung für
Rechnerbereiche) formuliert. Während die URL an letzter Stelle den Staat
bezeichnet (**de** für Deutschland) und an erster die speziellste Angabe, ist
die Java-Konvention, dass Pakete in einem Unterverzeichnis mit dem Namen der speziellsten Angabe abgelegt werden. Unsere Java-Pakete liegen
dem entsprechend in einem Verzeichnis /de/informatikkompakt/.

Der Aufruf eines Programms aus einem Paket erfolgt mit dem Pfad ab dem
aktuellen Arbeitspfad bzw. mit dem Pfad ab dem Endpunkt der Pfade,
die in der Rechnervariable **CLASSPATH** gespeichert sind. Ist das aktuelle
Verzeichnis das Wurzelverzeichnis, so erfolgt der Aufruf des Programms
BallBeispiel im Paket ballbeispiel mit

```
      java de.informatikkompakt.ballbeispiel.BallBeispiel
```

Pakete können Unterpakete haben. So hat das Standardpaket java die Unterpakete awt, applet, io, lang, net, util. Diese Unterpakete enthalten
erst die Klassen- und Schnittstellendeklarationen, nicht das Paket java. Die
Hierarchie der Pakete wird so verwendet, dass

   der vollständige Name beim Namen des obersten Pakets beginnt, an den
   mit Punkt getrennt der Name des Unterpakets gehängt wird und so fort
   (Beispiel: java.awt.image);

   die Deklarationen der Unterpakete von einem Paket aus sichtbar sind, d.h.
   ein Paket umfasst seine Unterpakete.

Ein Klassen- oder Schnittstellenname ist in dem Paket bekannt, in dem er
eingeführt wurde. Genauer:

Eine Klasse oder Schnittstelle ist bekannt in allen Übersetzungseinheiten des Pakets, in dem sie deklariert wurde.

Jetzt wissen wir, wo der Übersetzer nach dem Code für eine Klasse sucht, wenn er gerade eine Einheit übersetzt: im Paket `java.lang`, in importierten Paketen und in allen Übersetzungseinheiten, die zu demselben Paket gehören wie die gerade zu übersetzende Einheit.

❯ 3.8.2 Zugriffskontrolle

Der Zugriff bzw. das Verbergen von Klassen und Eigenschaften geschieht über die Modifikatoren, die bisher nur am Rande erläutert wurden. Das Schlüsselwort `public` ist schon verschiedentlich vorgekommen. Wenn eine Klasse oder Schnittstelle `public` ist, so kann jeder Code, der Zugriff auf das Paket hat, in dem die Klasse oder Schnittstelle deklariert wurde, auch auf die Klasse zugreifen. Dies gilt weltweit – man sollte also nicht ganz so großzügig mit diesem Schlüsselwort umgehen, wie wir es bisher getan haben.
Generell gilt:

Eine Variable kann nur verwendet werden, wenn ihr Typ (die Klasse, die ihren Wertebereich angibt) zugreifbar ist und sie selbst zugreifbar ist.
Eine Methode kann nur verwendet werden, wenn sie selbst zugreifbar ist und die Klasse, für deren Objekte die Methode Handlungen bereitstellt.
Ebenso kann ein Konstruktor nur verwendet werden, wenn er selbst und die Klasse, für die er Objekte erzeugt, zugreifbar ist.

Der Zugriff auf Klassen, Methoden und Eigenschaften kann mittels Modifikatoren in vier Stufen festgelegt werden.

Wird eine Methode, Eigenschaft oder eine Konstruktionsmethode mit `private` modifiziert, so kann auf sie nur von innerhalb der Klasse, in der sie deklariert sind, zugegriffen werden. Es handelt sich dann um eine Variable bzw. Methode, die nur für eine Klasse reserviert ist. Insbesondere können mit `private` modifizierte Variablen oder Konstruktionsmethoden in Subklassen nicht verwendet werden.
Ist eine Klasse, Methode, Eigenschaft oder eine Konstruktionsmethode gar nicht modifiziert, so ist sie nur von dem Paket aus zugreifbar, in dem die betreffende Klasse deklariert ist. Auch Subklassen können diese nur verwenden, wenn sie im gleichen Paket liegen.
Der Modifikator `protected` erlaubt bei Methoden, Eigenschaften und Konstruktormethoden zusätzlich zu dem Zugriff aus dem Paket auch den Zugriff aus Subklassen heraus, auch wenn diese in einem anderen Paket liegen.

Ist die Klasse, die Variable, die Methode oder die Konstruktormethode als `public` angegeben, so ist sie von jeder anderen Klasse der Welt aus ohne jede Einschränkung zugreifbar.

Nehmen wir an, in der Klasse **K** mit der Unterklasse **K1** wäre die Variable k als `protected` eingeführt worden. Somit kann **K1** auf k zugreifen, egal in welchem Paket die Klasse liegt. Wäre k nicht modifziert, so könnte **K1** nur dann auf k zugreifen, wenn die Klassen **K** und **K1** im selben Paket liegen. Ist die k `private`, kann **K1** in keinem Fall k verwenden.

3.8.3 Das Konturmodell

Die Sichtbarkeit von Variablen ist gar nicht so einfach. Erinnern wir uns: Eine Variable kann

eine Klasseneigenschaft – geschrieben mit dem Schlüsselwort `static`,

eine Objekteigenschaft – deklariert am Anfang von *ClassBody* (ohne `static`),

ein Unikat – eine Variable von einem einfachen Datentyp,

eine Hilfsgröße, die wir gerade mal (z.B. in einer Methode oder in einer Schleife) benötigen

ausdrücken. Eine Klasseneigenschaft ist überall sichtbar, wo die Klasse sichtbar ist. Eine Objekteigenschaft ist ebenfalls überall sichtbar, wo die Klasse sichtbar ist, deren Objekte diese Eigenschaft haben. Ob die Klasse sichtbar (zugreifbar) ist, ergibt sich daraus, in welchem Paket und mit welchem (oder keinem) Modifikator sie deklariert wurde. Das haben wir gerade gesehen.
Die Hilfgrößen werden *lokale Variable* genannt. In unserem Ballbeispiel waren z.B. *dx*, *dy*, *geschenk*, *geschenkN*, *besitz* lokale Variablen. Sie gelten nur innerhalb des Blocks, in dem sie stehen. Eine `for`-Anweisung wird wie ein Block behandelt. Ansonsten wird der Block, in dem eine lokale Variable deklariert ist, angegeben durch die nächsten geschweiften Klammern, die sie umgeben. Die nächsten Klammern ermittelt man so: von der Variable gehen Sie mit dem Finger solange nach links, bis Sie auf eine öffnende geschweifte Klammer treffen. Diese und die passende schließende Klammer umfassen den Geltungsbereich der lokalen Variablen. Innerhalb dieses Geltungsbereichs darf der Name der lokalen Variablen nicht noch einmal auftreten. Beispielsweise darf in dem Block, in dem die lokale Variable deklariert ist, nicht noch eine `for`-Schleife mit einer Variable gleichen Namens vorkommen. Außerhalb des Blocks, in dem die lokale Variable steht, darf der Name doch vorkommen. Man darf dann nur nicht glauben, dass dieselbe Variable damit gemeint sei! Im inneren Block ist nur die lokale Variable sichtbar, sie *verdeckt* die

gleichnamige Variable außerhalb des Blocks. Will man aber die gleichnamige Variable von außerhalb verwenden, schreibt man *this.* davor.

Um nun die Sichtbarkeit von Variablen in verschiedenen Blöcken einer Klassendeklaration deutlich zu machen, gibt es das *Konturmodell* (engl. box model). Es werden Geltungsbereiche von Variablen, ihre Sichtbarkeit, durch Konturen (Schachteln) gezeichnet. Eine Schachtel gibt die Sichtbarkeit der Variablen an, die in ihr sind. Das bedeutet, dass die Variablen der äußeren Schachtel in allen inneren Schachteln sichtbar sind. Fatal ist diese Interpretation bei den lokalen Variablen, die denselben Namen haben wie Variablen in einer umgebenden Schachtel. Ohne *this* davor, ist es nicht die sichtbare Variable aus der äußeren Schachtel![6]

Das folgende Beispiel soll die Sichtbarkeit mit einer Klasse, ihrer Unterklasse und einer *for*-Schleife verdeutlichen. Die Klasse ist der bereits bekannte **Mensch** aus dem Ballbeispiel. In der ersten Zeile importieren wir das Paket *de.informatikkompakt.tools.IO*. Die Unterklasse ist **Studierend**. Sie erbt von **Mensch** die Eigenschaften *name*, *geschlecht* und *hausrat*. Sie erweitert den Katalog von Eigenschaften aber um *semester*, *monat* und *jahr*. Ein Objekt der Klasse **Studierend** hat nun sechs Eigenschaften, die natürlich immer dort sichtbar sind, wo das Objekt sichtbar ist. In diesem Beispiel also überall im Programm Studi.java. In der Methode **studieren()**, die hier einfach nur das Vergehen der Monate, Semester und Jahre beschreibt und nach dem 9. Semester ein Diplom ausgibt, haben wir eine *for*-Schleife mit der lokalen Variable i. Probieren Sie einmal aus, was passiert, wenn Sie statt i den Variablennamen *monat* verwenden! So, wie das Beispiel hier steht, lässt sich die Sichtbarkeit der Variablen gut im Konturmodell darstellen: *name*, *geschlecht* und *hausrat* sind überall sichtbar; *semester*, *monat*, und *jahr* sind der Klasse **Mensch** nicht bekannt, aber in **Studierend** und **Studi** sichtbar. In der Schleife sind sie sichtbar, zur Sicherheit aber mit *this* deutlich als Eigenschaft eines bestimmten Objektes der Klasse **Studierend** gekennzeichnet, auf das der Variablenname *stud* referenziert. i ist nur innerhalb der Schleife sichtbar.

---

[6]Um verständlichere Programme zu erhalten empfehlen wir, lokale Variablen mit „l" und Parameter mit „p" beginnen zu lassen, und Variablen nicht durch andere Variablen zu überdecken.

```java
import de.informatikkompakt.tools.IO;
class Mensch {String name, geschlecht; Hausrat hausrat;};
class Studierend extends Mensch{
   int semester,monat,jahr;

   public Studierend (){
      super ();
      semester = IO.readInt ("Im wievielten Semester? ");
      monat = IO.readInt ("Wievielte Monat des Jahres?");
      jahr = IO.readInt ("In welchem Jahr? ");
   }

   public void studieren (){
      for (int i=this.monat; 13>i; i++){
         if ((i!=this.monat) && (i==4 | i==10)){
            this.semester++;
            System.out.println (this.name+"ist "
               +this.jahr +"im "+semester+". Sem.");
         }
      }
      this.jahr++;
      this.monat=1;
      if (9>semester)
         studieren ();
      else
         System.out.println ("Und jetzt das Diplom!");
   }
}
class Studi {
   private static void main (String argv[]) {
      Studierend stud;
      stud = new Studierend ();
      stud.studieren ();
      System.out.println ("Diplom im Jahr: "+stud.jahr);
   }
}
```

3.9 Eingebettete Klassen

Wahrscheinlich sind Sie nun sattelfest genug, um eine kleine und nicht so sehr häufig vorkommende Komplikation zu überstehen: die eingebetteten Klassen. Klassendeklarationen haben bisher nur Eigenschaften und Methoden für ihre Objekte festgelegt. Für jede Eigenschaft wurde bei der Deklaration ein Typ angegeben. Die Eigenschaften können als Ausprägungen Objekte der angegebenen Klasse annehmen. Diese Klasse, die den Typ angibt, gibt es unabhängig von der Klasse, deren Eigenschaft nur Objekte dieses Typs annehmen kann. Eine eingebettete Klasse ist nun ausschließlich dazu da, den Wertebereich einer Eigenschaft, die die Objekte der sie umgebenden Klasse haben, darzustellen. Sie wird in der Klassendeklaration der sie umgebenden Klasse die den Deklarationen der Eigenschaften deklariert. Es gibt vier Arten eingebetteter Klassen:

> Wenn die eingebettete Klasse den Typ einer Klasseneigenschaft darstellen soll, muss sie auch mit `static` modifiziert sein.
>
> Wenn sie den Typ einer Objekteigenschaft darstellt, hat sie natürlich nicht den Modifikator `static`. Ihr Sinn ist, dass sie auch auf `private` Eigenschaften und Methoden der umgebenden Klasse zugreifen kann. Jedes Objekt der eingebetteten Klasse ist mit einem Objekt der einbettenden Klasse assoziiert.
>
> Eine *lokale Klasse* ist in einem Block deklariert und nur dort sichtbar. Sie verhält sich wie eine lokale Variable.
>
> Eine *anonyme Klasse* ist wie eine lokale, nur dass sie keinen Namen hat. Statt erste eine lokale Klasse zu deklarieren und sie dann zu instantiieren, wird bei der anonymen Klasse beides in einem Schritt gemacht. Das bedeutet, dass ihre Deklaration in einer Zuweisung oder in einem Methodenaufruf als Parameter vorkommen darf. Ihre Deklaration hat die Form eines Konstruktors. Es gibt also keine Möglichkeit, `extends` zu verwenden – eine anonyme Klasse ist immer eine Unterklasse von **Object** und wird vom Java-System intern mit dem Klassennamen der umgebenden Klasse, dem Zeichen $ und einer Zahl benannt.

Beispiele für eingebettete Klassen folgen in anderen Abschnitten, z.B. die Klasse **KellerEintrag** in Abschnitt 4.5. In [7] finden sich viele weitere Beispiele.

3.10 Fehlerbehandlung

Die wörtlich gemeinte Fehlerbehandlung muss natürlich die Programmiererin selbst vornehmen, indem sie das Programm so lange ändert bis der Fehler nicht mehr auftritt. Mit „Fehlerbehandlung" wird aber auch die bereits im Programm vorbereitete Behandlung von Situationen bezeichnet, in denen etwas schief gehen kann.

Für Fehlerbehandlungen stellt Java folgende Anweisungen zur Verfügung:[7]

try { } Der durch geschweifte Klammern gegebene Block ist der, in dem etwas Unvorhergesehenes passieren kann. Vielleicht erzeugt das Java-System zur Laufzeit des Programms ein Objekt einer Unterklasse von **Exception** oder von **Error**.

catch(SomeException e) { } behandelt das Fehlerobjekt, das in einem Aufruf des vorhergehenden Blocks erzeugt wurde.

throw löst einen Fehler eines angegebenen Typs aus. Wird der Fehler nicht in einem *catch*-Block derselben Methode abgefangen, muss bei der Methode, die den Fehler auslösen kann, nach den Parametern und vor dem Rumpf das Schlüsselwort *throws* und der Fehlertyp steht.

```
public  void method() throws MeineException {
    ...
    throw new MeineException("Mein Ausnahmefall ist eingetreten! ");
    ...
}
```

finally { } Der Code in dem auf *finally* folgenden Block wird immer ausgeführt, nachdem der *try*-Block verlassen wurde – egal ob der Fehlerfall aufgetreten ist oder nicht.

Alle Fehlertypen sind Unter(unter...)klassen von `java.lang.Throwable`. Sie haben immer eine Eigenschaft vom Typ **String**, die Fehlermeldungen enthält, z.B. den Text, den der Benutzer im Fehlerfalle auf dem Schirm sieht. **Throwable** hat die Unterklassen **Error** und **Exception**. Eine viel verwendete Unterklasse von **Exception** ist **ArrayIndexOutOfBoundsException**, die den Zugriff auf das $a.length() + k$te Element eines Feldes a anzeigt. Im folgenden Beispiel wird sichergestellt, dass beim Programmstart immer ein Argument übergeben wird.

---

[7]In LISP, der Programmiersprache, die in der Künstlichen Intelligenz schon vor etwa 40 Jahren entwickelt wurde, gab es bereits *catch* und *throw*. Das Grundkonzept der Fehlerbehandlung ist also mindestens 40 Jahre alt! Sie können davon ausgehen, dass das Konzept der Fehlerbehandlung Ihnen auch unabhängig von Java immer wieder begegnen wird.

Programm 3.15

```java
public class ThrowBeispiel {
  public static void main (String[] args) {
    int i;
    try {
      i = Integer.parseInt (args[0]);   // 1. Element in int umwandeln
      System.out.println ("Wert ist "+ i);
    } catch (IndexOutOfBoundsException e) {
      System.out.println ("Feldelement nicht vorhanden.");
      return ;
    } finally {
      System.out.println ("Dies wird auf jeden Fall ausgefuehrt.");
    }
  }
}
```

3.11 Was wissen Sie jetzt?

Sie können nun in Java programmieren. Sie wissen, dass Klassen in zweierlei
Hinsicht genutzt werden: erstens beschreiben sie Objekte, die der eigentliche
Gegenstand der Modellierung sind; zweitens werden ihre Objekte als mögliche
Werte von Variablen (Typen) genutzt. Manchmal sind Klassen auch einfach
Merkzettel für die Methoden, die jede Unterklasse irgendwie realisieren soll.
Dies sind dann abstrakte Klassen oder Schnittstellen.
Variablen (Eigenschaften) realisieren die Assoziationen, die bei der objekt-
orientierten Modellierung eines Problems festgelegt wurden. Sie wissen, wie
Variable ihren Wert bekommen und wie Werte an Methoden weitergereicht
werden. Referenzzuweisung und Referenzübergabe auf der einen Seite und
Wertzuweisung und Wertübergabe auf der anderen Seite sind Ihnen völlig
klar. Das Konturmodell für die Sichtbarkeit von Variablen zeigt, wo Variablen verwendet werden können und wo sie unbekannt sind. Sie wissen, was
ein Programmzustand ist. Vielleicht schreiben Sie sich ein kleines Programm
und drucken nach jeder Wertzuweisung den Wert der Variablen aus. Vielleicht wollen Sie es etwas gröber betrachten und drucken nach Abarbeiten
einer Methode oder eines Blocks den Wert der Variablen aus. Sie sehen so
Programmzustände in unterschiedlicher Feinheit.
Methoden versenden und empfangen Botschaften. Sie führen Handlungen aus
und verändern so den Programmzustand. Eine spezielle Methode, die *static*
Methode **main(String[] args)** ist das eigentliche Programm.

Sie haben Schleifen und Bedingungen gesehen. Felder sind Ihnen vielleicht noch etwas abstrakt geblieben. Das macht nichts, denn ein ausführliches Beispiel folgt im nächsten Abschnitt.

Kapitel 4

Sequenzen und Sortierung

4

4 Sequenzen und Sortierung

Nachdem die Grundzüge von Java bekannt sind, können wir uns der Programmierung mit ihren drei Fragen zuwenden: was, wie, warum? Aus der Einleitung wissen wir schon, dass es Standardmodelle in der Informatik gibt, für die jede Programmiersprache Realisierungen anbietet. Diese Standardmodelle heißen abstrakte Datentypen. Wir lernen einige kennen und sehen, wie man sie selbst in Java realisieren kann. In der Java-Bibliothek `java.util` sind sie professionell und umfangreich realisiert. Wenn Sie die „Lehreversion" verstanden haben, ist die Java-Bibliothek leicht zu lesen. Bleibt nur die Frage: warum? Wir lernen die drei wichtigsten Verfahren kennen, diese Frage zu beantworten, nämlich den Induktionsbeweis, die Komplexitätsabschätzung und den Performanztest. Sie werden diese Themen im weiteren Studienverlauf noch gründlicher bearbeiten. Hier geht es nicht darum, beweisen zu lernen, sondern den Zusammenhang von Programmierung und Aussagen über Programme zu begreifen. Sie sollen nicht *entweder* programmieren *oder* nachdenken (reflektieren), sondern immer beides als eine Einheit beherrschen.

4.1 Selektionssortierung

Da wir nun Felder und Kontrollstrukturen kennen, können wir an einem anspruchsvolleren Beispiel ihre Verwendung betrachten.[1] Dabei folgen wir den Programmierungsschritten *was, wie, warum*.

❯ 4.1.1 Ein Modell für das Sortieren

Wir wollen ein Feld so sortieren, dass das kleinste Element zuerst steht, dann das nächst größere, und so weiter, bis das größte Element am Ende des Feldes steht, d.h. wir sortieren so, dass ein höherer Index immer auch einen höheren

---

[1]Das Beispiel illustriert Felder und die *imperative*, also *nicht* objektorientierte Programmierung. Natürlich wäre es schöner, wenn Sie in diesem Buch nur objektorientierte Programmierung sehen würden. Um dieses Beispiel so zu schreiben, bräuchten wir allerdings Schnittstellen. Eine Schnittstelle würde den Vergleich angeben. Für die Klasse von Objekten, die wir sortieren wollen, müssen wir dann die Schnittstelle implementieren. Wir erhalten ein Sortierprogramm, das beliebige Objekte sortieren kann. Die spezielle Implementierung hier hat aber zwei didaktische Vorteile: erstens ist der Schritt vom imperativen Programmieren zum Induktionsbeweis kleiner. Und da der Beweis ohnehin schon schwierig ist, ist es besser, wenn zwischen Programm und Beweis nur ein ganz kleiner Spalt ist. Zweitens erlaubt die Sortierung von Zahlen die leichte Ausführung von Performanztests, etwas, was unbedingt gelehrt werden muss.

Wert bezeichnet. Es ist also eine Sortierung, wie wir sie auch im Alltag ständig durchführen.

4.1.1   **Definition 4.1.1:** *Sortierung* Allgemein können wir das Sortieren definieren als einen Prozess, der eine ungeordnete Menge in eine geordnete Menge überführt. Was wir dazu brauchen ist eine Ordnungsrelation, die uns für zwei Elemente der Menge entscheidet, ob sie den gleichen Rang haben oder das eine Element einen höheren Rang hat als das andere.

Das Schöne an Zahlen ist, dass sie eine Ordnung haben. Aber auch bei Buchstaben haben wir durch das Alphabet eine Ordnung. Bei Wörtern wenden wir diese Ordnung auf jeden Buchstaben nacheinander an, so dass bis zum i-ten Buchstaben noch gleichrangige Wörter ab dem $i + 1$-ten Buchstaben einen unterschiedlichen Rang bekommen. Zahlen, Buchstaben und Wörter haben eine *totale Ordnung*: es gibt nicht zwei verschiedene gleichrangige Elemente, jedes Element ist verglichen mit jedem anderen Element entweder größer oder kleiner, aber nicht gleichrangig. Ordnen wir hingegen Aussagen bezüglich ihres Wahrheitswertes, so erhalten wir alle wahren Aussagen, die gleichrangig sind, und alle falschen Aussagen, die einen anderen Rang haben. Es gibt unendlich viele wahre Aussagen.[2] Die Ordnung bezüglich des Wahrheitswertes ist also eine *partielle Ordnung*, bei der mehrere Elemente gleichrangig sind.

Problemstellung: Sagen wir nun, wir wollen eine Sortierung herstellen mithilfe einer Ordnungrelation, die bezüglich der zu sortierenden Elemente total ist. Weil es am leichtesten ist, nehmen wir hier eine endliche Menge von Zahlen.

Nun überlegen wir uns ein Vorgehen. Wir haben einen schon sortierten Teil und einen unsortierten Teil der Menge. Am Anfang ist der sortierte Teil leer, am Ende ist der unsortierte Teil leer. Dazwischen sind beide Teile nicht leer: alle Positionen kleiner i sind sortiert. Wir wollen so vorgehen, dass wir niemals den bereits sortierten Teil wieder bearbeiten müssen. Also müssen wir im unsortierten Teil (i und aufwärts) das kleinste Element auswählen und an die i-te Position stellen. Wenn wir das geschafft haben sind i Positionen sortiert und wir betrachten nur noch die Positionen $i + 1$ und aufwärts. Das machen wir, bis es keinen unsortierten Teil mehr gibt.

Die Hauptaufgabe ist also, im unsortierten Teil das kleinste Element suchen. Dafür nehmen wir mal an, das erste Element des unsortierten Teils sei schon

---

[2]Sie können sich leicht eine Menge von unendlich vielen wahren Aussagen konstruieren: nehmen Sie einfach die Aussage „*0 ist kleiner als n*" und setzen Sie für n nacheinander alle natürlichen Zahlen ab 1 ein.

das kleinste. Wir nennen es k (für „kleinstes"). Dann sehen wir weiter. Ist das nächste Element größer, sind wir bestätigt und nehmen das nächste. Wenn wir ein kleineres Element als unser k finden, merken wir uns seine Position und sehen noch alle weiteren Elemente an, um festzustellen, ob es ein noch kleineres Element gibt. Das kleinste Element, das kleiner ist als unser k – nennen wir es einfach j – wählen wir aus. Wir vertauschen die Positionen von j und k. Dieses Vorgehen ist die Sortierung durch Auswählen, englisch *selection sort*.

Was wollen wir implementieren? Die Sortierung einer n-elementigen Menge durch Auswählen: anfangs gibt es nur einen unsortierten Teil, am Ende nur einen sortierten. Dazwischen haben wir auf den Positionen 0 bis $i-1$ alles sortiert. Wir wählen aus den Positionen i bis n das kleinste Element, stellen es an die i-te Position und inkrementieren i um 1.

Dies Vorgehen hat die Eigenschaft:

Zu jedem Zeitpunkt gibt es einen Teil, der schon fertig ist, sich nicht mehr verändern wird. Wenn man also schon vor Beendigung des Programms zuverlässige Angaben über immerhin einen Teil der Aufgabe braucht, ist dieses Verfahren geeignet.

❯ 4.1.2 Realisierung in Java

Wir haben in der Problemstellung schon die Ordnungsrelation und die Elemente der zu sortierenden Menge festgelegt. Jetzt haben wir uns ein Modell der Problemlösung überlegt. Wenn wir dies Vorgehen programmieren wollen, dann fragen wir uns:

Wie sollen wir dies Modell der Problemlösung implementieren?

Welchen Typ sollen die sortierten und unsortierten Teile haben?

Wie soll die Erweiterung des sortierten gegenüber des unsortierten Teils erfolgen?

Wie suche ich im unsortierten Teil nach dem kleinsten Element?

Wie vertausche ich die Elemente?

Es gibt mehrere Möglichkeiten, diese Fragen gut zu beantworten. Wir wollten ja nun die Felder illustrieren und nehmen deshalb ein Feld von Zahlen als Typ, wobei der aktuelle Index i die erste Position im unsortierten Teil angibt. Die Erweiterung des sortierten Teils ist dann einfach das Vorrücken von i. Einen zweiten Laufindex, j, verwenden wir für die Suche im unsortierten Teil: an jeder Position wird das Element mit dem gerade kleinsten Element des unsortierten Teils verglichen. Die Position des kleineren Elementes, das wir vor Ende des Feldes gefunden haben, merken wir uns. Für das Vertauschen von Positionen der Elemente brauchen wir einen Zwischenspeicher.

Hier eine Realisierung des Verfahrens in Java:

Programm 4.1

```
package de.informatikkompakt.sequenzen;

public class SelectionSort {                         // Klasse SelectionSort
  public static void sort (int[] a) {
    for (int i = 0; i < a.length - 1; i++) {         // durchlaufe Feld
      int k = i;                                     // Index des bisher kleinsten
      int x = a[i];                                  // Wert des bisher kleinsten
                                                     // durchlaufe Rest des Felds
      for (int j = i + 1; j < a.length; j++) {
        if (a[j] < x) {                              // falls Kleineres gefunden,
          k = j;                                     // merke Index
          x = a[j];                                  // merke Position
        }
      }
      a[k] = a[i];                                   // speichere bisher Kleinstes um
      a[i] = x;                                      // neues Kleinstes nach vorne
    }
  }
}
```

Wir brauchen dann noch eine Klasse, die vom Benutzer eine Zahlenfolge anfordert und das sortierte Ergebnis ausgibt:

Programm 4.2

```
package de.informatikkompakt.sequenzen;
import de.informatikkompakt.tools.IO;

public class SelektionsSortTest {
  public static void main (String argv[]) {
    int[] a;                                         // Feld fuer Zahlenfolge

    a = IO.readInts ("Bitte eine Zahlenfolge: ");    // Folge einlesen
    SelectionSort.sort (a);                          // SelectionSort aufrufen
    System.out.print ("Sortiert mit SelectionSort: ");
    for (int i = 0; i < a.length; i++)
      System.out.print (""+ a[i]);                   // Ergebnis ausgeben
  }
}
```

Rufen wir dies Programm auf, sehen wir:
```
Bitte eine Zahlenfolge: 2 15 10 30 1
Sortiert mit SelectionSort: 1 2 10 15 30
```
Die Teile waren dabei nacheinander:[3]

bei $i = 0$ sortiert $\emptyset$, unsortiert 2 15 20 30 1

bei $i = 1$ sortiert 1, unsortiert 15 10 30 2

bei $i = 2$ sortiert 1 2, unsortiert 10 30 15

bei $i = 3$ sortiert 1 2 10, unsortiert 30 15

bei $i = 4$ sortiert 1 2 10 15, unsortiert 30

Damit endet das Verfahren, das letzte Element muss nicht betrachtet werden. Die Zahl 2 wird zweimal verschoben. Bei $i = 1$ wird zunächst k auf 2 gesetzt, weil 10 kleiner als 15 ist. 15 wird in der Variablen x festgehalten. Beim Vergleich des j-ten Elementes, $j = 4$, mit x wird das noch kleinere Element gefunden.

Nun wissen wir also, wie wir das Problem in Java lösen können: durch zwei Schleifen, eine äußere und eine innere. Jetzt wollen wir diese Schleifen genauer untersuchen. Dafür müssen wir ein Prinzip kennenlernen, das wir dazu verwenden wollen, Aussagen über ein Programm zu beweisen, bevor wir dieses Prinzip auf unsere Schleifen von der Selektionssortierung anwenden.

4.1.3 Induktionsbeweis

Die *mathematische Induktion* ist ein Verfahren, das eine Aussage $S(n)$ für nichtnegative Zahlen n beweist. Das Verfahren besteht aus zwei Schritten:

> *Induktionsanfang:* Meist ist die Aussage $S(0)$ der Induktionsanfang. Gilt die Aussage für $n = 0$? Es kann aber statt 0 irgendeine Zahl b sein, sodass $S(n)$ nur für $n \geq b$ bewiesen wird.

> *Induktionsschritt:* Zu beweisen ist, daß aus $S(n)$ logisch folgt, daß $S(n+1)$ gilt. Wir nehmen also an, daß $S(n)$ wahr ist. Dies ist die *Induktionsannahme*. Dann zeigen wir, daß dann auch $S(n+1)$ wahr ist. Gilt $S(n)$ nicht, ist die Aussage ohnehin wahr.

Um den letzten Satz zu verstehen, hier noch einmal zur Erinnerung die Implikation.

Die logische Implikation – aus A folgt B – ist wahr, wenn

> A falsch ist oder

> A und B beide wahr sind.

In einem Induktionsbeweis zeigen wir also, daß $S(0)$ wahr ist. Dann zeigen wir, daß, falls $S(n)$ wahr ist, auch $S(n + 1)$ wahr ist. Wie kann denn dieser

---

[3]Der Index des ersten Elements eines Feldes ist 0, nicht 1.

Induktionsschritt funktionieren? Die Argumentation geht auf zwei alternative Arten.

Wir wollen wissen, ob $S(a)$ für irgendein a gilt. Wenn $a = 0$, dann haben wir beim Induktionsanfang den Beweis schon geführt. Wenn $a > 0$, dann gelangen wir durch eine Kette dahin: $S(0)$ impliziert $S(1)$, $S(1)$ impliziert $S(2)$ und so weiter bis $S(a)$. Egal, welchen Wert a hat, irgendwann erreichen wir ihn.

Wir können auch mit einem Gegenbeispiel argumentieren, warum der Induktionsschritt Sinn macht. Nehmen wir mal an, a wäre die kleinste Zahl, bei der $S(n)$ nicht gilt. Dann ist also $S(a-1)$ noch wahr, aber $S(a)$ nicht. Dies ist ein Widerspruch! (Die Implikation „aus A folgt B" ist falsch, wenn A wahr ist und B ist falsch.) Unsere Annahme, es gäbe ein a, so daß für $n > a$ gilt, daß $S(n)$ falsch ist, führt zu einem Widerspruch. Na, dann ist unsere Annahme falsch. Es gibt also kein a, ab dem $S(n)$ falsch ist, wenn alles davor wahr ist.

Bleibt man im Rahmen der logischen Argumentation, dann gelingt der Induktionsbeweis und macht auch Sinn. Jetzt wollen wir sehen, wie wir ihn anwenden, um ein Programm zu begründen.

❯ 4.1.4 Induktionsbeweis am Beispiel der Selektionssortierung

Wir haben für die Sortierung das Modell der Selektionssortierung erarbeitet und es in Java implementiert. Jetzt wollen wir auch unsere dritte Frage beantworten:

Warum funktioniert unser Programm? Wir haben zwei Schleifen ineinander geschachtelt. Können wir über diese Schleifen irgendeine Aussage machen?

Nehmen wir zunächst die innere Schleife und schreiben sie Schritt für Schritt auf, d.h. wir zerlegen die kompakte `for`-Anweisung in einzelne Schritte. An den Anfang schreiben wir, wie wir in diese Schleife hineingeraten. Dann markieren wir den Platz im Programmablauf, an dem eine Aussage $S(n)$ immer wahr sein soll. Dann schreiben wir die Schleife Schritt für Schritt auf. Die Aussage $S(n)$ selbst sehen wir nach dieser Auflistung.

1. $x = a[i]$
2. $j = i + 1$
3. Aussage $S(n)$, wobei wir uns mit n auf den Zähler j der Schleife beziehen. Wir sagen deshalb nicht einfach $S(j)$, weil wir in der Argumentation manchmal j verändern, während n gleich bleibt. Hier betrachten wir den Zustand direkt vor der Abbruchbedingung der Schleife.
4. $j \geq a.length$?

5. $x \geq a[j]$?
6. $k = j; x = a[j]$;
7. $j + +$;

Wenn die Frage 4) mit „ja" beantwortet wird, verlassen wir die Schleife. Wenn
die Frage 5) mit „nein" beantwortet wird, gehen wir zu Anweisung 7).

Was ist nun eine gute Aussage, die wir beweisen wollen? Bei einer Schleife ist
es gut, etwas zu beweisen, was immer an einem Punkt in der Schleife wahr
ist. Dies heißt die *Schleifeninvariante*. Worum ging es bei dieser Schleife? Es
sollte im noch unsortierten Rest des Feldes nach dem kleinsten Wert gesucht
werden. Der unsortierte Rest ist immer von $a[i]$ bis zum Ende von $a[]$ zu
durchsuchen. Und dann soll x den kleinsten Wert haben, der zu finden war.
Formulieren wir dies also als Aussage $S(n)$!

Aussage S(n): Wenn wir 4) mit n als Wert von j erreichen, ist der Wert
der Variablen x der kleinste Wert im Feld $a[]$ von $a[i]$ bis $a[n-1]$ und k
dessen Position.

Induktionsanfang: Es gibt nun einen natürlichen Induktionsanfang, nämlich, wenn wir das erste Mal in die Schleife hineingeraten. Dann ist $x = a[i]$
und $j = i + 1$. Also müssen wir zuerst zeigen, daß für $n = i + 1$ unsere
Aussage gilt: $S(i + 1)$. Ausformuliert heißt das: „x ist der kleinste Wert
im Feld von $a[i]$ bis $a[i]$." Dies ist wahr, denn $x = a[i]$ wurde ja gerade in
2) gesetzt und später kommen wir nicht noch einmal in die Situation, daß
$n = i + 1$, weil ja in 7) j inkrementiert wird. Also gilt $S(i + 1)$.

Induktionsschritt: Wenn $S(i+1)$ gilt, dann wollen wir weiter für $n \geq i+1$
beweisen, „$S(n)$ impliziert $S(n + 1)$".

Wenn $n \geq a.length$, verlassen wir die Schleife. Wir werden also nicht
zur Schleifeninvarianten 3) vordringen. Damit ist der erste, der „wenn
wir $j \geq a.length$ erreichen" Teil unserer Aussage falsch. Damit ist die
Implikation (unsere Aussage) bestimmt wahr. Für alle $n \geq a.length$
gilt: $S(n)$ impliziert $S(n + 1)$.

Wenn n kleiner als $a.length$ ist, gilt dann „wenn $S(n)$ dann $S(n+1)$"?
Wir werden also den Test in 4) mit $n + 1$ als Wert von j erreichen. Ist
x dann der kleinste Wert des Feldes von $a[i]$ bis $a[n]$? Dazu betrachten
wir zwei Fälle, je nach Ausgang des Test in 5).

Wenn $a[n]$ nicht kleiner ist als der kleinste Wert im Feld von $a[i]$ bis
$a[n-1]$, dann wird in 6) der Wert von x nicht geändert. Dann ist also
x der kleinste Wert auch bei $n + 1$.

Wenn $a[n]$ kleiner ist als der bisher kleinste Wert im Feld von $a[i]$ bis
$a[n-1]$, dann erhält x in 6) den Wert $a[n]$. Dann ist also x der kleinste
Wert bei $n + 1$.

j wird in 7) inkrementiert und dann erreichen wir den entscheidenden Punkt, die Schleifeninvariante. Gerade dann gilt die Aussage $S(n+1)$.

Wir haben also gezeigt, daß $S(n+1)$, wenn $S(n)$ unter der Annahme, daß $S(i+1)$.

Die innere Schleife ist also gerade so, wie das Modell der Selektionssortierung es vorsah. Prüfen wir nun die äußere Schleife! Haben wir die Eigenschaft unseres Modells wirklich implementiert, daß der bereits sortierte Teil sich nicht mehr verändert? Wir haben wieder eine Zahl, den Wert von i, die wir für den Induktionsbeweis nutzen können. Der Induktionsanfang ist einfach der Anfangszustand des Programms.[4] Dort ist $i = 0$. Die Aussage bezieht sich wieder auf den Programmzustand direkt vor der Abbruchbedingung der *for*-Schleife.

Aussage $T(m)$: Wenn wir den Schleifentest, $i \geq a.length - 1$, mit m als dem Wert der Variablen i erreichen, dann gilt

a) Das Feld ist von $a[i]$ bis $a[m-1]$ sortiert, d.h. $a[0] \leq a[1] \leq ... \leq a[m-1]$.

b) Alle Werte von $a[m]$ bis zum Ende des Feldes sind mindestens so groß wie jeder beliebige Wert von $a[0]$ bis $a[m-1]$.

Induktionsanfang: $m = 0$ ist der Anfang, wie durch *int* $i = 0$ angegeben. $T(0)$ ist natürlich wahr, denn ausformuliert heißt dies: „das Feld ist von $a[0]$ bis $a[-1]$ sortiert." Es gibt gar keine Elemente in $a[0]$ bis $a[-1]$. Über die leere Menge kann man beliebige Aussagen treffen – sie sind alle wahr. Also sind die nicht vorhandenen Elemente sortiert und kleiner als die Elemente in $a[0]$ bis zum Feldende. $T(0)$ ist also wahr.

Induktionsschritt: Für $m > 0$ nehmen wir an, daß $T(m)$ wahr ist, und wollen zeigen, daß dann auch $T(m+1)$ wahr ist.

Wenn wir den Schleifentest, $i \geq a.length - 1$, nicht mit $m+1$ als Wert von i erreichen, ist der erste Teil der Implikation („Wenn wir den Schleifentest ... erreichen") falsch und damit $T(m+1)$ sowieso wahr. Betrachten wir also den Fall, wenn m kleiner als $a.length - 1$ und größer als 0 ist.

Hat i den Wert m, so wird in der inneren Schleife – wie durch $S(m)$ bewiesen – der kleinste Wert in $a[m]$ bis zum Feldende gefunden. Dieses kleinste Element wird der neue Wert von x und umgespeichert auf die Position „klein", $a[k]$.

---

[4] Sie sehen jetzt, warum Zustände bei Programmen schon eingeführt wurden und erinnern sich, daß ein Zustand die Werte von Variablen angibt (3.4).

Wir nehmen ja an, daß $T(m)$ gilt. Es ist also $a[0]$ bis $a[m-1]$ sortiert. Jetzt speichern wir das kleinste Element des Feldrestes an die richtige Stelle im sortierten Teil. Dann ist Teil a) der Aussage $T(m+1)$ wahr: das Feld ist von $a[0]$ bis $a[m]$ sortiert.

Wir nehmen an, daß $T(m)$ gilt und betrachten Teil b) der Aussage. Für $i = m$ gilt, daß alle Elemente im unsortierten Teil $a[m]$ bis Feldende größer oder gleich groß einem jeden beliebigen Element in $a[0]$ bis $a[m-1]$ sind. Wir haben aus dem unsortierten Rest das kleinste Element herausgenommen. Kein Element im unsortierten Teil des Felds ist kleiner als dies. Verkürzen wir den unsortierten Teil $(i++)$, dann bleiben darin immer noch nur Elemente, die nicht kleiner sind als ein Element im nunmehr verlängerten sortierten Teil $a[0]$ bis $a[m]$. In anderen Worten: „alle Elemente in $a[m+1]$ bis Feldende sind mindestens so groß wie jeder beliebige Wert eines Elementes in $a[0]$ bis $a[m]$." Also ist Teil b) der Aussage $T(m+1)$ wahr.

Wenn nun $m \geq a.length - 1$ ist, verlassen wir die äußere Schleife und damit das Programm. $T(m)$ gilt, zu $T(m+1)$ kommen wir nicht mehr. Da $T(m)$ gilt, ist das Feld von $a[0]$ bis $a[m-1]$ sortiert (Teil a) der Aussage). $T(m)$ ist mindestens so groß wie irgendein Element in $a[0]$ bis $a[m-1]$ (Teil b) der Aussage). Damit ist das Feld insgesamt sortiert.

Das Programm entspricht also tatsächlich dem Modell der Sortierung, das durch die Aussagen $S(n)$ und $T(m)$ charakterisiert ist.

❯ 4.1.5 Was wissen Sie jetzt?

Sie wissen, was Informatiker meinen, wenn sie „Sortierung" sagen. Sie haben ein bestimmtes Modell der Sortierung gesehen, die Sortierung durch Auswählen. Die Realisierung in Java illustriert den Gebrauch von Feldern und Schleifen.

Die Selektionssortierung hat die Eigenschaft, daß bereits Sortiertes nicht mehr betrachtet zu werden braucht. Hat unser Programm auch diese Eigenschaft? Davon haben wir uns mithilfe des Induktionsbeweises überzeugt. Wir haben Eigenschaften vor der Schleife, eine „Wenn, dann"-Aussage, die vor der Abbruchbedingung der Schleife gelten soll, und eine Schleife, die aus dem Vorgängerzustand den aktuellen Zustand herleitet. Die Eigenschaften vor der Schleife drückt der Induktionsanfang aus. Die Schleife entspricht dem Induktionsschritt. Aus dem Beweis des Induktionsschrittes unter der Annahme des Induktionsanfangs können wir die Aussage herleiten.

4.2 Abstrakte Datentypen

Oft muß man eine Reihe von Daten gleichen Typs verarbeiten, zum Beispiel eine Reihe von Zahlen, Namen oder Telefonbucheinträgen. Wenn wir auf diese Daten über ihre Position in der Reihe zugreifen wollen, können wir sie als Feld modellieren. Wenn wir von einem aktuellen Element aus zum Vorgänger und von da aus zum nächsten durchgehen wollen, bietet sich die Liste an. Wenn wir immer nur das vorderste Element betrachten wollen, wie der Wirt hinter der Theke, ist die Schlange das Richtige. Dort stellt man sich hinten an. *First in, first out.* Aber manchmal ist es auch anders herum: Aktenkörbe werden eben nicht von unten nach oben, sondern vom neuesten Eingang zum frühesten bearbeitet. Dann gilt: *Last in, first out.* Das passende Modell ist der Keller.

Liste, Schlange, Keller sind abstrakte Datentypen. Dies ist nun kein Begriff der Programmiersprache Java, sondern ein allgemeines Konzept der Informatik. Aho und Ullmann sprechen vom *Datenmodell*, das in einer Programmiersprache durch eine *Datenstruktur* realisiert wird [1]. Das, was den verschiedenen Realisierungen gemeinsam ist, sind Operationen, die bestimmte Ergebnisse erbringen. Wie dies im Einzelnen geschieht, davon wird abstrahiert. Es genügt zu wissen, daß man diese Operationen anwenden kann. Die Kenntnis der abstrakten Datentypen und wie man sie zum Lösen praktischer Probleme einsetzt, macht unabhängig von den sich laufend ändernden Programmiersprachen. Deshalb wird im Folgenden besonderer Wert auf abstrakte Datentypen gelegt (Listen, Bäume, Graphen).

Definition 4.2.1:   *Abstrakter Datentyp* Ein abstrakter Datentyp ist durch eine Menge von Operationen gegeben, die bezogen auf ein Datenmodell definierte Wirkungen zeigen.

Wir stellen hier stets den abstrakten Datentyp vor, realisieren ihn in Java und zeigen anhand von Beispielen, wie er nützlich eingesetzt werden kann. Eine Besonderheit von Java ist, daß es den Gedanken der Datenabstraktion bereits in die Programmiersprache aufgenommen hat. Java bietet mit seinen abstrakten Klassen und Schnittstellen gerade die Abstraktion an, die bei abstrakten Datentypen gemeint ist. Obendrein sind in der Java-Bibliothek `java.util` die wichtigsten abstrakten Datentypen realisiert.

4.3 Listen als Verkettete Listen

Eine Liste in der Informatik entspricht der natürlichsprachlichen Auffassung dieses Begriffes. Jedes Element außer dem ersten und dem letzten hat einen Vorgänger und einen Nachfolger, d.h. ein Element kommt in der Liste als nächstes. Wenn die Reihenfolge der Elemente einer Liste auch einer Ordnung entspricht (so wie $\leq$ bei Zahlen oder das Alphabet bei Zeichenketten), so redet man von einer „geordneten Liste".
Die Operationen, die für Listen definiert sind, beziehen sich auf

    das aktuelle Element,

    Nachfolger des aktuellen Elements,

    Vorgänger des aktuellen Elementes,

    die leere Liste,

    das erste und

    das letzte Element.

Die Operationen

    gehen die Liste durch, d.h. der Nachfolger wird aktuelles Element,

    geben ein Element zurück,

    löschen ein Element,

    oder fügen eines ein.

Wie wird der abstrakte Datentyp *Liste* nun realisiert? Eine Liste hat einen Anfang und ein Ende und besteht aus ein oder mehreren Elementen. Wie wir wissen hat ein Element in der Mitte einen Vorgänger und einen Nachfolger. Für viele Fälle genügt es, wenn wir die Liste nur in eine Richtung gehen, und zwar von vorne nach hinten. Uns interessiert also nur der Anfang der Liste und der Nachfolger eines Elementes. Ein Element besteht aus zwei Teilen: einem Inhalt und einem Zeiger auf den Nachfolger, wie auf Bild 4.1.

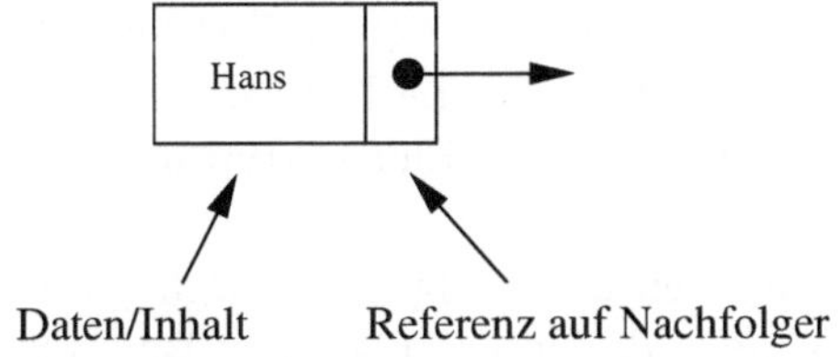

Abbildung 4.1. Element einer Liste

Man baut nun eine Liste auf, indem man mehrere Elemente aneinander hängt. Dabei hat jedes Element einen Zeiger auf das nachfolgende Element. Eine Ausnahme bildet das Ende der Liste, hier zeigt der Zeiger in ein definiertes Nichts. In Java wird dafür das Schlüsselwort *null* verwandt. Im Programm selbst muß man sich nur noch den Start der Liste merken, alle anderen Elemente kann man von dort aus ja erreichen.

Bild 4.2 stellt eine einfach verkettete Liste dar, deren Elemente noch nicht geordnet sind.

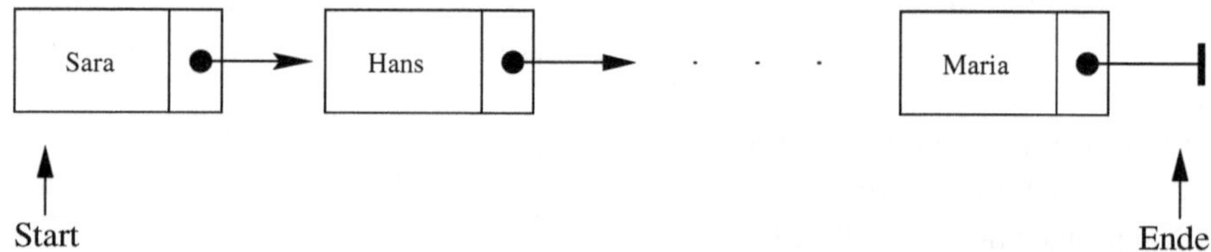

Abbildung 4.2. Eine einfach verkettete Liste

Als Beispiel wollen wir Andreas zwischen Sara und Hans einfügen. Dazu setzen wir erst den Nachfolger von Andreas auf Hans und dann den Nachfolger von Sara auf Andreas. Damit ist Andreas in die Liste eingefügt und die Liste sieht aus, wie auf Bild 4.3.

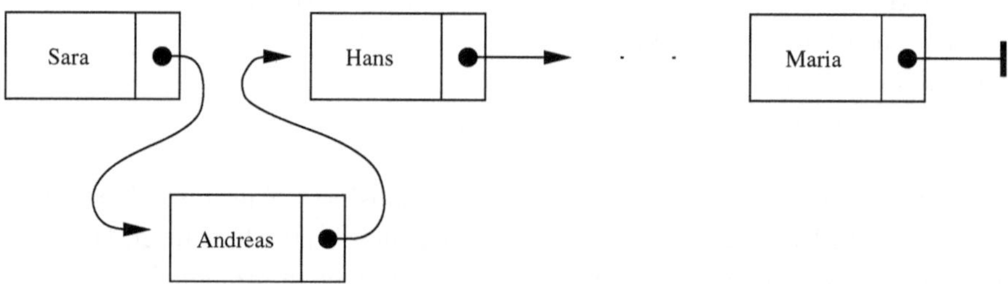

Abbildung 4.3. Zustand nach Einfügen von „Andreas" in die Liste

Einfacher ist es, wenn wir Andreas wieder löschen wollen. Dann müssen wir nur den Nachfolger von Sara wieder auf Hans setzen, und Andreas ist nicht mehr in der Liste.

Die obige verkettete Liste kann nur in einer Richtung durchlaufen werden. Gelegentlich kommt es vor, das wir eine Liste in beide Richtungen abgehen müssen. Dazu erweitern wir unseren Elementtyp um eine Referenz auf den Vorgänger:

Bei einer doppelt verketteten Liste zeigt der Vorgänger des Kopfes und der Nachfolger des Endes auf *null*. Unsere Liste aus Bild 4.2 sieht dann so aus wie auf Bild 4.5.

In Java 1.5 heißt die Klasse der doppelt verketteten Listen `LinkedList`. Sie ist eine Unterklasse der abstrakten Klasse `AbstractSequentialList` und befindet sich im Paket `java.util`. Damit man sich vorstellen kann, wie Java die verkettete Liste realisiert, stellen wir hier die Deklaration eines Listenelements `Entry` vor, das als Eigenschaften einen Inhalt, einen Vorgänger und

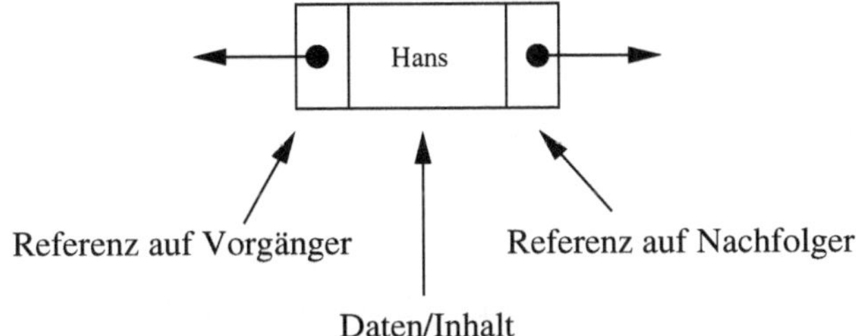

Abbildung 4.4. Element einer doppelt verketteten Liste

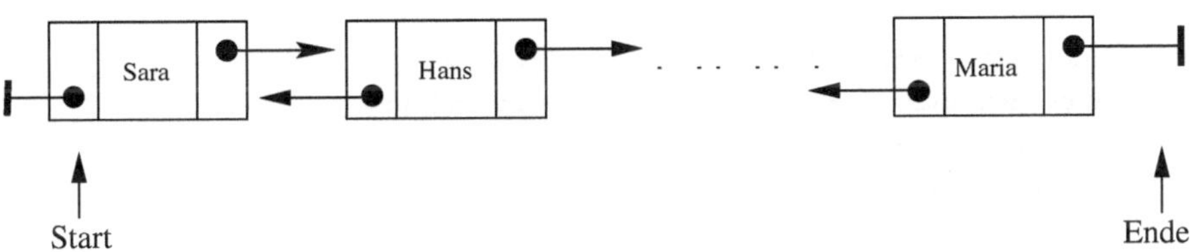

Abbildung 4.5. Eine doppelt verkettete Liste

einen Nachfolger hat. Ein Vorgänger bzw. Nachfolger ist wieder so ein Eintrag, hat also wieder einen Inhalt, einen Vorgänger und einen Nachfolger. Der Eintrag hat die Grundmethoden für das Einfügen und Löschen. Die Liste besteht aus Einträgen. Der Konstruktor erzeugt eine leere Liste. Diese ist dadurch definiert, dass sie aus einem Eintrag besteht, der kein Element enthält und weder Vorgänger noch Nachfolger besitzt. Die Methoden der verketteten Liste rufen für einen Eintrag dessen Methode auf. Die Namen der deklarierten Methoden sprechen für sich:

```
add(int index, Entry element)
add(Entry element)
addFirst(Entry element) – fügt vorn ein
addLast(Entry element) – fügt hinten an
get(int index)
remove(int index)
remove(Entry o) – löscht das erste Auftreten des Elements o
getFirst() – gibt das erste Element
getLast() – gibt das letzte Element
size() – gibt die Anzahl von Elementen an
```

Programm 4.3

```java
private static class Entry {
  Object element;
  Entry next;
  Entry previous;

  Entry (Object element, Entry next, Entry previous) {
    this.element = element;
    this.next = next;
    this.previous = previous;
  }

  private Entry addBefore (Object o, Entry e) {
    Entry newEntry = new Entry (o, e, e.previous);
    newEntry.previous.next = newEntry;
    newEntry.next.previous = newEntry;
    size++;
    modCount++;
    return newEntry;
  }
}

public class LinkedList extends AbstractSequentialList
    implements List, Cloneable, java.io.Serializable{
  private transient Entry header = new Entry (null, null, null);
  private transient int size = 0;

  /**
  * Inserts the given element at the beginning of this List.
  */
  public void addFirst (Object o) {
    addBefore (o, header.next);
  }
}
```

Außerdem gibt es in Java eine Klasse **ListIterator**. Ein Iterator ist ein
Zeiger, der die Liste in beiden Richtungen durchgehen kann, und dabei auch
Elemente einfügen, ersetzen und löschen kann. Die Methode **hasNext()** liefert *true*, falls der Zeiger auf ein Element zeigt, das einen Nachfolger hat. Die
Methode **next()** liefert das nächste Element. In der Java-Implementierung
ist das Durchgehen der Liste also in einer eigenen Klasse realisiert. Die Verbindung zwischen beiden Klassen wird durch Methoden realisiert. Die Methode **listIterator()** der Klasse **LinkedList** erzeugt ein Objekt vom

Typ **ListIterator** und hängt diesen neuen Zeiger vor das erste Element
der Liste (wenn kein Parameter angegeben ist) bzw. das i-te Element bei
listIterator(int index).
Die Anwendung des abstrakten Datentyps soll nun durch ein einfaches Beispiel illustriert werden. Wir verwenden **LinkedList** als Darstellung für die
Teilnehmer eines 100-Meter-Laufs. Die Klasse **Lauf100** hat als Eigenschaft
eine verkettete Liste *laeufer*. Die Methode **teilnehmerEingabe()** liefert
eine verkettete Liste zurück, die alle Läufer enthält. Nachdem wir die Angaben zu einem Teilnehmer in bekannter Weise vom Bildschirm eingelesen
haben, rufen wir die Methode **add(Object o** dieser Klasse auf. In Zeile 16
ist zu sehen, wie die Methode auf einen Teilnehmer angewandt wird, der mit
dem Konstruktor der Klasse **Teilnehmer** erzeugt wird, wobei die eingelese-
nen Werte für seine Eigenschaften *name* und *alter* übergeben werden. Die
Schleife nimmt so viele Teilnehmer in die Liste auf, wie die Benutzerin will.
Die Methode **zeitenEinlesen()** verwendet den Listeniterator, um die Liste sequentiell durchzugehen, solange es ein Nachfolgerelement gibt. Leider ist es nun so, daß diese Methode gemäß ihrer Deklaration ein Objekt
der Klasse **Object** und nicht eines der Klasse **Teilnehmer** zurückgibt. Wir
müssen daher dem Compiler mitteilen, daß wir wissen, daß sich in der Liste nur Elemente der Klasse **Teilnehmer** befinden. Man kann in Java durch
einen geklammerten Klassennamen angeben, daß der tatsächliche Typ eine Unterklasse von dem zurückgelieferten Typ ist. So ergibt sich Zeile 26.[5]
Das Listeniterator-Objekt i wendet seine **next**-Methode an, die ein Objekt
zurückgibt, das als Objekt der Klasse **Teilnehmer** betrachtet wird und auf
das t verweist. Java prüft während der Programmausführung, ob die zurück-
gegebenen Objekte tatsächlich von der angegebenen Klasse oder eine Unterklasse sind. Ist dies nicht der Fall, wird eine **ClassCastException** geworfen.
In der **main**-Methode wird nun die verkettete Liste, die aus Objekten vom
Typ **Teilnehmer** mit den Eigenschaften *name*, *alter*, *zeit* besteht, einmal
durchlaufen, um die Zeiten einzulesen mit der Methode **zeitenEinlesen()**.
Danach wird sie noch einmal durchlaufen – wieder mit der Methode **next()**
von **ListIterator** – um die beste Zeit zu ermitteln. Das Ergebnis wird auf
dem Bildschirm ausgegeben. Sie sehen, wie kurz der Code für das Anfügen
eines Listenelementes und das Durchlaufen der Liste ist, da wir die Klassen
für verkettete Listen und Listeniteratoren schon haben.

---

[5]Seit der Java-Version 1.5 besteht auch die Möglichkeit, bei der Deklaration eines
Liste den konkreten Typ, den diese Liste aufbewahren soll, festzulegen. Dann kann
der Compiler auch schon während des Kompilierens feststellen, von welchem Typ
das durch **next()** zurückgegebene Objekt ist.

Programm 4.4

```java
/**
 * Ein Beispielprogramm fuer den Gebrauch linearere Listen.
 * Das Szenario ist ein 100m—Lauf in einem Leichtatlethik—
 * wettbewerb.
 */                                                          // 1
package de.informatikkompakt.sequenzen;                      // 2


import java.util.*;                                          // 3
import de.informatikkompakt.tools.IO;                        // 4


/**
 * Diese Klasse fuehrt den Lauf durch und sucht dann den
 * Sieger und gibt ihn aus
 */                                                          // 5
public class Lauf100 {                                       // 6
  LinkedList laeufer;                 // Die Teilnehmer am 100m—Lauf // 7


  /**
   * Hier werden die Teilnehmer am 100m—Lauf eingelesen
   */                                                        // 8
  LinkedList teilnehmerEingabe () {                          // 9
    laeufer = new LinkedList ();                             // 10
    String name;                                             // 11
    int alter;                                               // 12

    while (IO.readString ("\nLaeufer eingeben?").equals("ja")) { // 13
      name = IO.readString ("Name des Laeufers: ");          // 14
      alter = IO.readInt ("Alter des Laeufers: ");           // 15
      laeufer.add (new Teilnehmer (name, alter));            // 16
    }                                                        // 17
    return laeufer;                                          // 18
  }                                                          // 19


  /**
   * Der Benutzer gibt hier die Zeiten der Laeufer ein
   */                                                        // 20
  void zeitenEinlesen () {                                   // 21
    ListIterator i = laeufer.listIterator ();                // 22
    Teilnehmer t;                                            // 23
    double zeit;                                             // 24

    while (i.hasNext ()) {                                   // 25
      t = (Teilnehmer) i.next ();                            // 26
```

```java
    t.zeit = IO.readFloat ("Bitte geben Sie die Zeit von "     // 27
      + t.name + ", "+ t.alter + "ein: ");                     // 28
  }                                                            // 29
}                                                              // 30


/**
 * Hier wird der Lauf durchgefuehrt. D.h. es werden erst die Laeufer
 * eingegeben, dann das Rennen gemacht und dann die ermittelten
 * Zeiten aufgenommen.
 */
static void main (String[] argv) {                             // 31
  Lauf100 lauf = new Lauf100 ();                               // 32
  Teilnehmer sieger;                    // Der Sieger des Laufes // 33
  double bestZeit;                      // Laufzeit des Siegers  // 34

  System.out.println ("Willkommen beim 100m-Lauf!\n");         // 35
  lauf.teilnehmerEingabe ();            // Eingabe der Laeufer  // 36
  lauf.zeitenEinlesen ();               // Eingabe der Zeiten   // 37

  Iterator i = lauf.laeufer.iterator ();   // Besten ermitteln // 38
  sieger = (Teilnehmer) i.next ();                             // 39
  bestZeit = sieger.zeit;                                      // 40

  while (i.hasNext ()) {                                       // 41
    Teilnehmer t;      // Benoetigt fuer die Suche des Siegers // 42

    t = (Teilnehmer) i.next ();                                // 43
    if (t.zeit < bestZeit) {                                   // 44
      sieger = t;                                              // 45
      bestZeit = t.zeit;                                       // 46
    }                                                          // 47
  }                                                            // 48

  System.out.println ("----------");   // Besten ausgeben.     // 49
  System.out.println ("Der Sieger des 100m-Laufes ist:");     // 50
  System.out.println (sieger.name + ", "+ sieger.alter);      // 51
  System.out.println ("Mit einer Bestzeit von "+ bestZeit);   // 52
  }                                                            // 53
}
```

Programm 4.5

```
package de.informatikkompakt.sequenzen;                          // 1

public class Teilnehmer {                                        // 2
  public String name;                                            // 3
  public int alter;                                              // 4
  public float zeit;                                             // 5

  Teilnehmer (String pName, int pAlter) {                        // 6
    name = pName;                                                // 7
    alter = pAlter;                                              // 8
  }                                                              // 9
}
```

4.4 Schlangen

Schlangen oder Warteschlangen sind insbesondere für die Organisation von
Prozessen wichtig: wenn wir für etwas keine Zeit haben, stellen wir es in die
Warteschlange. Diese arbeiten wir der Reihe nach ab und so kommt jeder
(Prozess) an die Reihe. Im Gegensatz zur Liste haben wir hier die Sicht auf
das vorderste Element: dies wird bearbeitet und dann entfernt, so dass der
Nachfolger dann erstes Element wird.

Definition 4.4.1: *Schlange* Eine Schlange ist ein abstrakter Datentyp, der
eine Folge von Elementen mit einem sogenannten Frontelement (vorderstem
Element) darstellt. Die Operationen sind das Anstellen am Ende der Schlange, das Entfernen des Frontelements, das Zurückgeben des Frontelements und
das Testen, ob die Schlange leer ist.

Eine übersichtliche Implementierung dieses Datentyps ist im folgenden Programm zu sehen:

Programm 4.6

```
package de.informatikkompakt.sequenzen;

public class Schlange {
  private Object[] inhalt;        // Array fuer Schlangenelemente
  private int head;               // Index fuer Schlangenanfang
  private int count;              // Anzahl Schlangenelemente
```

```java
public Schlange (int N) {          // Konstruktor fuer leere Schlange
   inhalt = new Object[N];         // besorge Platz fuer N Objekte
   head = 0;                       // initialisiere Index fuer Anfang
   count = 0;                      // initialisiere Anzahl
}

private boolean full () {          // Testet, ob Schlange voll ist
   return count == inhalt.length;  // Anzahl gleich Arraylaenge?
}

public boolean empty () {          // Testet, ob Schlange leer ist
   return count == 0;              // Anzahl gleich 0?
}

public void enq (Object x) {                    // Fuegt x hinten ein
   if (full ())
      System.err.println ("in enq: Schlange ist voll!");
   inhalt[ (head + count) % inhalt.length] = x;  // Element einfuegen
   count++;                        // Anzahl inkrementieren
}

public void deq () {                      // Entfernt vorderstes Element
   if (empty ())
      System.err.println ("in deq: Schlange ist leer!");
   head = (head + 1) % inhalt.length;   // Anfang—Index weiterruecken
   count--;                        // Anzahl dekrementieren
}

public Object front () {                        // Liefert Element,
   if (empty ())
      System.err.println ("in front: Schlange ist leer!");
   return inhalt[head];           // welches am Anfang—Index steht
}

public int length () {                      // Liefert die Anzahl der
   return count;                            // Elemente in der Schlange
}

public String toString () {            // Gibt Schlange in String aus
   int current;                        // Aktueller Index
   int currentCount;                   // Aktuelle Elementnummer
   String s;

   current = head;
```

```
    currentCount = 0;
    s = new String ("");
    while (currentCount < count) {
      s += ""+ inhalt[current].toString();
      current = (current + 1) % inhalt.length;
      currentCount++;
    }
    return s;
  }
}
```

Beachten Sie, daß die Schlange jedes Objekt speichern kann, da sie als Feld von Objekten der Klasse **Object** realisiert ist und jede Klasse in der Vererbungshierarchie unter **Object** ist.

Als Beispiel betrachten wir zwei unterschiedliche Arten des Schlangestehens.

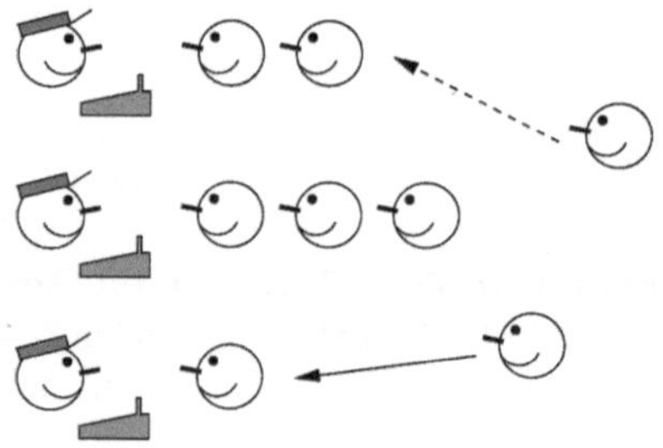

Abbildung 4.6. Schalterschlangen

In Deutschland gibt es meistens pro Schalter eine Schlange. Wer neu in den Schalterraum kommt, stellt sich an die kürzeste Schlange an. Möglicherweise dauert es aber gerade hier am längsten, denn man weiß ja nicht, wie lange ein Kunde in der Schlange am Schalter spricht.

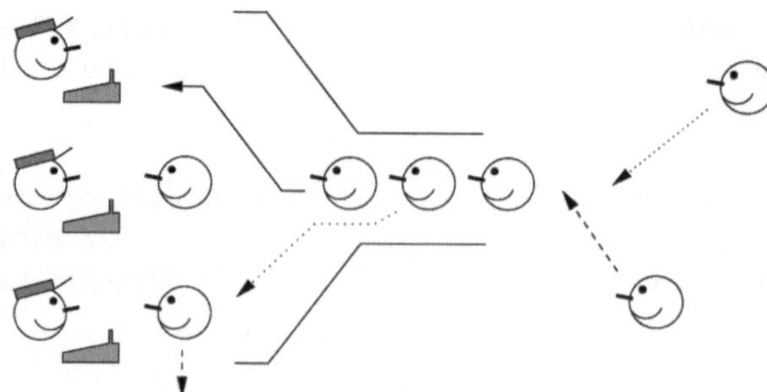

Abbildung 4.7. Verteilerschlange

Es gibt aber auch die Verteilerschlange. Das ist eine einzige Warteschlange, an die sich alle neu Hinzukommende anstellen. Wenn ein Schalter frei wird, kommt der erste der Warteschlange dran.

Nachdem wir nun wissen, was wir programmieren wollen, sehen wir auch, wie es in Java programmiert werden kann. Die beiden Programme **SchalterTest** und **VerteilerTest** sowie die von diesen verwendeten Klassen **Mitarbeiter**, **Simulation**, **SchalterSimu** und **VerteilerSimu** sind in dem Verzeichnis de/informatikkompakt/schlange/ zu finden.

4.5 Keller

Ein Keller wird ebenso wie eine Schlange für die Verwaltung von Aufgaben oder Prozessen genutzt. Hier stellen wir aber neue Aufgaben nicht hinten an, sondern erledigen sie als erstes.

Definition 4.5.1:   *Keller* Ein Keller ist ein abstrakter Datentyp, der eine Folge von Elementen darstellt. Die Folge hat ein möglicherweise undefiniertes oberstes Element *top* oder auch *peek* genannt. Die Operationen sind das Ablegen eines Elementes auf den Keller (*push*), das Entfernen des obersten Elementes (*pop*), das Anzeigen des obersten Elementes und der Test, ob der Keller leer ist. Wird nacheinander *push* und *pop* angewandt, ist der Keller unverändert. Nach *push* mit dem Element x liefert *top* das Element x.

Eine Implementierung dieses abstrakten Datentyps ist:

Programm 4.7

```java
package de.informatikkompakt.sequenzen;

public class Keller {

  private class KellerEintrag {
    Object inhalt;                      // Inhalt des KellerEintrags
    KellerEintrag next;          // zeigt auf naechsten KellerEintrag
  }

  private KellerEintrag top;      // zeigt auf obersten KellerEintrag

  public Keller () {                       // legt leeren Keller an
    top = null;
  }
```

```java
public boolean empty () {                              // liefert true,
  return top == null;                                  // falls Keller leer
}

public void push (Object x) {                          // legt Objekt x
  KellerEintrag hilf = new KellerEintrag ();           // auf den Keller
  hilf.inhalt = x;
  hilf.next = top;
  top = hilf;
}

public Object top () {                                 // liefert oberstes
  if (empty ())
    System.err.println ("in top: Keller leer");        // Kellerelement
  return top.inhalt;
}

public void pop () {                                   // entfernt oberstes
  if (empty ())
    System.err.println ("in pop: Keller leer");        // Kellerelement
  top = top.next;
}
}
```

Bei dieser Implementierung wird eine Klasse, **KellerEintrag**, eingebettet, so dass sie wie eine Eigenschaft der Klasse **Keller** zu betrachten ist.

Eine Klasse, die einen Keller realisiert, gibt es im Paket `java.util` unter dem Namen **Stack**. Diese Klasse ist als Unterklasse von **Vector** implementiert: die Kellereinträge sind die Elemente, die der Keller übereinander stapelt. Während bei **Keller** von der Methode **pop()** nichts zurückgeliefert wird, ist der Rückgabewert der Methode **pop()** bei der Java-Implementierung von **Stack** das entfernte Element.

Ein Beispiel zur Verwendung des Kellers ist das berühmte Problem des Affen mit der Banane. An der Decke hängt eine Banane, die der Affe nicht direkt erreichen kann. Er muss erst eine Kiste unter die Banane schieben, darauf klettern und dann die Banane holen. Dieser Plan kann als Objekt der Klasse **Stack** dargestellt werden. Dabei ist jedes Element des Kellers ein Zustand. Ein Zustand ist ein handelndes Objekt. Seine Eigenschaften sind der Name einer Handlung, die Position des Affen – hier: bei der Tür, beim Fenster und in der Mitte des Raums –, die Position der Kiste und der Test, ob der Affe auf der Kiste steht. Die Position der Banane ist implizit als in der Mitte des Raumes festgelegt. Der Plan ist erfolgreich, wenn der Affe in den Zustand

kommt, dass er auf der Kiste steht, die in der Mitte des Raums ist. Seine
Handlung ist dann das Greifen der Banane. Dieser Zielzustand wird dann vom
Keller heruntergenommen mit **pop()** und die darunterliegenden Zustände
werden von oben nach unten ausgedruckt und dann vom Keller genommen.
Dadurch ergibt sich ein Protokoll der Zustände, die – vom Ziel zum Start
– im richtigen Plan aufeinander folgen. Das Erfolgskriterium wird von der
Methode **tryGrasp(Stack plan)** realisiert.

Die eigentliche Planung erledigt **tryAll(Stack plan)**. Ein Zustand legt sich
selbst oben auf den Keller und versucht alle möglichen Handlungen, zuerst
die Handlung, die den Erfolg feststellt (**tryGrasp(Stack plan)**). Wenn alle
Handlungen durchprobiert sind, entfernt sich der Zustand wieder.

Die möglichen Handlungen sind die Methoden

tryClimbBox(Stack plan) gelingt, wenn der Affe bei der Box ist und
nicht auf ihr steht. Es wird ein Nachfolgezustand erzeugt, bei dem er auf
der Kiste steht. Dieser neue Zustand wendet wieder seine Planungsme-
thode **tryAll(Stack plan)** auf sich an.

tryPushBox(Stack plan) gelingt, wenn der Affe bei der Kiste ist und
nicht auf ihr steht. Ist diese Position nicht die Mitte des Raumes, wird der
neue Zustand erzeugt, dass der Affe auf der Kiste in der Mitte des Raumes
ist. Wenn Affe und Kiste schon in der Mitte des Raumes sind, wird für
die beiden anderen Positionen (Tür und Fenster) je ein Nachfolgezustand
konstruiert. Jeder Zustand ruft für sich wieder die Planung auf.

tryWalk(Stack plan) gelingt, wenn der Affe nicht auf der Kiste steht.
Ist er in der Mitte des Raums, sind die beiden Nachfolgezustände am
Fenster und an der Tür. Ist er nicht in der Mitte, ist er es im neuen
Zustand. Wieder ruft jeder neue Zustand für sich die Planung auf.

Was wir dann noch brauchen, ist eine Ausgabe für die Benutzerin und die
main-Methode, die einen neuen Zustand, den Startzustand, erzeugt und einen
neuen Keller. Der Startzustand ruft für sich die Planung auf mit dem neuen,
leeren Keller als Argument.

Und so sieht dieses Vorgehen in Java aus:

Programm 4.8

```java
package de.informatikkompakt.sequenzen;
import java.util.*;

class State {
    static final int AT_DOOR = 0;
    static final int AT_WINDOW = 1;
    static final int MIDDLE = 2;
```

```java
  boolean onBox;
  int position;
  int boxPosition;

  String action;

  State (String pAction, int pPosition, int pBoxPos, boolean pOnBox)
{
    action = pAction;
    position = pPosition;
    boxPosition = pBoxPos;
    onBox = pOnBox;
  }

  void tryAll (Stack plan) {
    plan.push (this );

    tryGrasp (plan);
    tryClimbBox (plan);
    tryPushBox (plan);
    tryWalk (plan);

    plan.pop ();
  }

  void tryGrasp (Stack plan) {
    if (position == MIDDLE && onBox) {
      System.out.println ("got the banana!");

      while (!plan.empty())
        System.out.println (plan.pop ());

      System.exit (0);
    }
  }

  void tryClimbBox (Stack plan) {
    if (position == boxPosition && !onBox) {
      (new State ("ClimbBox", position, boxPosition, true)).
                                              tryAll(plan);
    }
  }
```

```java
void tryPushBox (Stack plan) {
    if (position == boxPosition && !onBox) {
        if (position != MIDDLE){
            (new State ("PushBox", MIDDLE, MIDDLE, onBox)).tryAll(plan);
        }
        else {
            (new State ("PushBox", AT_WINDOW, AT_WINDOW, onBox)).
                                                    tryAll(plan);
            (new State ("PushBox", AT_DOOR, AT_DOOR, onBox)).
                                                    tryAll(plan);
        }
    }
}

void tryWalk (Stack plan) {
    if (!onBox) {
        if (position != MIDDLE) {
            (new State ("Walk", MIDDLE, boxPosition, onBox)).
                                                    tryAll(plan);
        }
        else {
            (new State ("Walk", AT_WINDOW, boxPosition, onBox)).
                                                    tryAll(plan);
            (new State ("Walk", AT_DOOR, boxPosition, onBox)).
                                                    tryAll(plan);
        }
    }
}

static public String posToString (int pos) {
    switch (pos) {
        case AT_DOOR : return "at door";
        case AT_WINDOW : return "at window";
        case MIDDLE : return "in the middle";
    }
    throw new RuntimeException ("Illegal Position: "+ pos);
}

public String toString () {
    return action + ": "+ "monkey "+ posToString(position) + ", "
        + (onBox ? "on box; ": "not on box; ")
        + "box "+ posToString (boxPosition);
}
}
```

```java
class Monkey {
  public static void main (String argv[]) {
    new State ("Start", State.AT_DOOR, State.AT_WINDOW, false).
                                    tryAll (new Stack ());
  }
}
```

Die Ausgabe des Programms ist:

```
got the banana!
ClimbBox: monkey in the middle, on box; box in the middle
PushBox: monkey in the middle, not on box; box in the middle
Walk: monkey at window, not on box; box at window
Walk: monkey in the middle, not on box; box at window
Start: monkey at door, not on box; box at window
```

Da die Startsituation fest ist, ergibt sich immer das selbe Verhalten. Aber darum geht es hier nicht. Vielmehr soll gezeigt werden, dass Keller sehr gut zur Planung verwendet werden können. Wir können das Planungsproblem so beschreiben:

> *Gegeben:* ein Anfangszustand, ein Zielzustand und eine Menge von Handlungen mit Vorbedingungen und einem Nachfolgezustand.
>
> *Finde:* eine Folge von Handlungen, die vom Anfangs- in den Zielzustand führt.

Der Keller liefert als oberstes Element den aktuellen Zustand. Eine Handlung erzeugt einen neuen Zustand, der oben auf den Keller gelegt wird, wenn „der handelnde Zustand" die Vorbedingung erfüllt. Ansonsten bleibt alles beim alten und die nächste Handlung muß probiert werden. Es ist nun interessant zu untersuchen, ob es womöglich unendliche Zyklen von Handlungsfolgen gibt. Die Möglichkeit unendlicher Zyklen wird insbesondere durch unterscheidende Vorbedingungen ausgeschlossen. Wenn die Vorbedingung einer Handlung in keinem Nachfolgezustand dieser Handlung gilt, kann sie nicht noch einmal ausgeführt werden. Die Vorbedingungen der Handlungen gelten im Beispiel meist für Mengen von Situationen, die nichts gemeinsam haben. Nur die Vorbedingung von **tryWalk(Stack plan)** wird auch von Situationen erfüllt, die auch die Vorbedingungen anderer Handlungen erfüllen. Daher wird **tryWalk(Stack plan)** als letzte Methode in **tryAll(Stack plan)** angewandt. Obendrein erfüllt der Nachfolgezustand wieder die Vorbedingung von **tryWalk(Stack plan)**. Im Affe und Banane Beispiel ist **tryWalk(Stack plan)** und **tryPushBox(Stack plan)** durch den Bezug auf die Mitte so implementiert, daß der Affe nicht hin- und hergehen kann. Zur Planung gibt es in der *Künstlichen Intelligenz* eine Fülle von Ansätzen und Kriterien zu ihrer Bewertung. Wenn es einen erfolgreichen Plan gibt, findet mein Verfahren ihn und endet dann? Endet mein Verfahren auch, wenn es keinen erfolgreichen Plan gibt? Wenn es mehrere erfolgreiche Pläne gibt, findet mein Verfahren den besten? Wie genau muss ich die möglichen Zustände zur Planungszeit wissen oder kann ich sie während der Ausführungszeit verarbeiten? In diesem Buch können wir uns nicht mit diesen Fragen beschäftigen.

4.6 Rekursion

Die Rekursion ist eine Art und Weise, ein Problem zu formulieren. Wir haben die Grundidee der Rekursion bereits beim Induktionsbeweis kennengelernt: ein Problem wird zerlegt in einen Anfang und einen Induktionsschritt. Der Induktionsschritt konstruiert eine Kette vom Anfang $S(0)$ zu einem beliebigen $S(a)$, wobei wir nur den Schritt von $S(n)$ nach $S(n+1)$ notieren und beweisen müssen. Das Wort „Anfang" ist dabei vielleicht irreführend. Eigentlich geht es um das Erfolgskriterium, dem wir entnehmen, ob wir die Lösung gefunden haben, den Beweis fertiggestellt haben. Wir überlegen immer zuerst, unter welchen Bedingungen wir fertig sind. Dann konstruieren wir analog zum Induktionsschritt eine Folge von Fällen, von denen jeder von vorigen Fällen abhängt. Wir schreiben eine Methode, die einen Teil des Problems behandelt und sich selbst für den restlichen Teil des Problems wieder aufruft. Wichtig ist dabei, dass jeder neuerliche Aufruf der Methode ein kleineres Problem bewältigt und dass es eine Folge von Aufrufen der selben Methode gibt, die zu dem Zustand führt, in dem das Erfolgskriterium erfüllt ist. Das Schema rekursiver Programmierung ist:

Was hätte ich gern? – Präzise Formulierung des Erfolgskriteriums!

Wie reduziere ich das Problem? – Kern der Methode

Rekursiver Aufruf mit dem reduzierten Problem.

Der rekursive Aufruf kann *direkt* sein, d.h. die Methode ruft sich selbst auf. In Abschnitt 3.8 (Sichtbarkeit lokaler Variablen) haben Sie bereits ein Beispiel gesehen. Sehen wir uns einmal die folgende Methode **studieren()** an:

Ich hätte gern mein Diplom. Als Erfolgskriterium wird nun einfach das Erreichen des 9.Semesters (oder eines höheren) angegeben. Ist dies Kriterium erfüllt, gibt es das Diplom und die Methode ist beendet.

Das Problem wird durch das Verstreichen von Semestern gelöst. Der Kern der Methode ist die Schleife und dann das Erhöhen des Jahres um 1.

Mit dem neuen Jahr und dem Monat 1 ruft sich die Methode selbst auf.

```java
public void studieren () {
  for (int i = this.monat; 13 > i; i++) {                //Monate zaehlen
    if ((i != this.monat) && (i == 4 || i == 10)) { //Semester zaehlen
      this.semester++;
      System.out.println (this.name + "ist "+ this.jahr + "im "
        + semester + ". Semester");
    }
  }
  this.jahr++;                                           //Jahre zaehlen
  this.monat = 1;
  if (9 > semester)                     //Studienende noch nicht erreicht?
    studieren ();                               //dann weiterstudieren
  else
    System.out.println ("Und jetzt das Diplom!");       //sonst Diplom
}
```

Die Rekursion besteht hier in einem einzigen Aufruf der Methode innerhalb
der Methode. Die Methode wird *linear-rekursiv* genannt. Obendrein erfolgt
der rekursive Aufruf im letzten Schritt der Methode. Deshalb heißt diese
Rekursion *Endrekursion*. Man kann linerar-rekursive Methoden ganz einfach
in Schleifen umwandeln. Dann ist die umgewandelte Methode nicht mehr
rekursiv, sondern *iterativ*. Wir müssen dazu nur das, was wir reduzieren – hier:
die verbleibende Semesteranzahl bis zum Ende des Studiums – als Schleife
verwenden und die Abbruchbedingung als Schleifenabbruch schreiben. Die
iterative Fassung der Methode **studieren()** sieht so aus:

```java
public void studierenI () {
  while (9 > this.semester) {        //Studienende noch nicht erreicht?
                                              //dann weiterstudieren
    for (int i = this.monat; 13 > i; i++) {         //Monate zaehlen
      if ((i != this.monat) && (i == 4 || i == 10) {    //Sem. zaehlen
        this.semester++;
        System.out.println (this.name + "ist "+ this.jahr + "im "
                                    + semester + ". Semester");
      }
    }
    this.jahr++;                                        //Jahre zaehlen
    this.monat = 1;
  }

  System.out.println ("Und jetzt das Diplom!");         //sonst Diplom
}
```

In Programmiersprachen wie PROLOG oder LISP wird sehr viel mit Rekursion gearbeitet. Endrekursion wird dabei vom Übersetzer intern in eine Schleife umgesetzt.

Da eine aufgerufene Methode, sobald sie fertig ist, die Kontrolle wieder an die aufrufende Stelle abgibt, erfolgt ganz von allein nach der schrittweisen Reduktion des Problems die schrittweise Konstruktion der Lösung. Im **studieren()**-Beispiel war da nichts zu konstruieren. Aber erinnern Sie sich an den Affen und die Banane? Dies ist ein Beispiel für die *indirekte Rekursion*. Die Methode **tryAll(Stack plan)** ruft andere Methoden auf, die wiederum – von einem neuen Zustand aus, also mit hoffentlich verkleinertem Problem – **tryAll(Stack plan)** aufruft. Das Problem wird solange reduziert, bis das Erfolgskriterium **tryGrasp(Stack plan)** erreicht ist. Es folgt dann die Konstruktion der Lösung, hier: durch Ausdrucken und Entfernen des jeweils obersten Kellerelementes. Beim rekursiven Abstieg, d.h. dem schrittweisen Verkleinern des Problems, legen wir immer neue Zustände auf den Keller. Beim rekursiven Aufstieg, d.h. dem Zusammenbau der Lösung, entfernen wir einen Zustand nach dem anderen.

Rekursion ist ein äußerst vielseitig einsetzbarer Denkstil. So kann man ein Problem in zwei Hälften aufteilen und dann jede Hälfte mit derselben Methode, die das Problem immer in zwei Hälften zerlegt, aufrufen. Nehmen wir z.B. das aus der kognitiven Psychologie bekannt gewordene Beispiel der Türme von Hanoi.

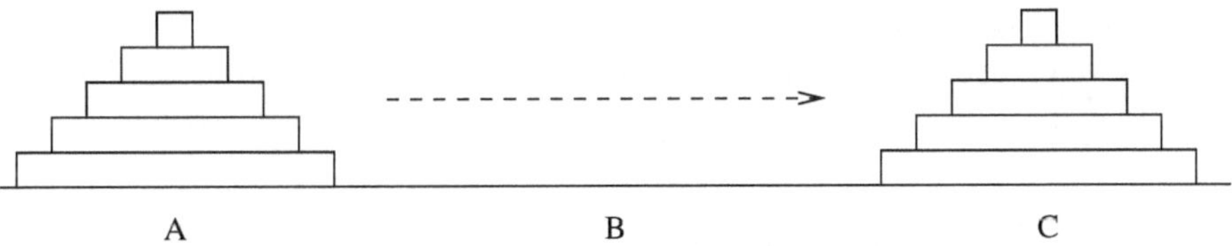

Abbildung 4.8. Türme von Hanoi

Die Aufgabe besteht darin, einen der Größe nach geordneten Stapel von Holzscheiben von einem Feld auf ein anderes zu bringen, wobei niemals eine größere Scheibe auf einer kleineren liegen darf, immer nur eine Scheibe auf einmal bewegt werden darf, aber ein Zwischenfeld zur Hilfe genommen werden kann. Es hat sich nun gezeigt, daß die einfache Problemlösungsstrategie, den Unterschied zwischen dem aktuellen Zustand und dem Zielzustand zu reduzieren, bei diesem Problem nicht zum Erfolg führt. Die Versuchspersonen in einem kognitionspsychologischen Experiment wandten zuerst diese fruchtlose Strategie an, bevor sie das Problem in Teilziele zerlegten und dann lösen konnten [16]. Wir wollen die oberste Scheibe, nennen wir sie Scheibe 1, von Platz A nach Platz C bringen. Wenn darunter die anderen Scheiben richtig geordnet liegen, ist das der Erfolg. Wir müssen also nur noch den Stapel unter Scheibe 1 an den richtigen Platz in der richtigen Reihenfolge bringen.

Sehen wir uns hier die rekursive Lösung der Türme von Hanoi an:

> Das Problem ist gelöst, wenn wir die Scheibe 1 auf den geordneten Stapel auf Platz C legen.

> Wir reduzieren das Problem, indem wir immer kleinere Stapel von Scheiben betrachten.

> Das Problem, n Scheiben von A unter Verwendung von B nach C zu verlegen, läßt sich in drei Probleme aufteilen: verlege $n-1$ Scheiben vom Start- zum Zwischenplatz, verlege 1 Scheibe (die unterste) vom Start A zum Zielplatz C und verlege $n-1$ Scheiben vom Zwischen- zum Zielplatz. Wir schreiben also eine Methode für n Scheiben, die sich selbst zweimal für $n-1$ Scheiben aufruft, und zwischendurch die unterste Scheibe verlegt.

Da hier mehrere, nämlich zwei Aufrufe der Methode **verlege(...)** innerhalb von **verlege(...)** vorkommen, heißt die Rekursion hier *baumartig*.

Die Lösung der Türme von Hanoi sieht nun so aus:

Programm 4.9

```
/** Tuerme von Hanoi:
 * n Scheiben mit abnehmender Groesse liegen auf dem Startort A.
 * Sie sollen in derselben Reihenfolge auf Zielort C zu liegen kommen.
 * Die Regeln fuer den Transport lauten:
 * 1.) Jede Scheibe muss einzeln transportiert werden.
 * 2.) Es darf nie eine groessere Scheibe auf einer kleineren liegen.
 * 3.) Es darf ein Hilfsort B zum Zwischenlagern verwendet werden.
 */

package de.informatikkompakt.sequenzen;
import de.informatikkompakt.tools.IO;

public class Hanoi {
  /* Drucke die Verlegeoperationen, um n Scheiben vom Startort
   * unter Zuhilfenahme eines Zwischenortes zum Ziel zu bringen
   */
  static void verlege (int n, char start, char zwischen, char ziel) {
    if (n == 1) {
      System.out.println ("Scheibe 1 von "+ start + "nach "+ ziel);
    } else {
      verlege (n - 1, start, ziel, zwischen);
      System.out.println ("Scheibe "+ n + "von "+ start
```

```
          + "nach "+ ziel);
        verlege (n - 1, zwischen, start, ziel);
      }
    }

    public static void main (String argv[]) {
        int n;
        do {
          n = IO.readInt ("Bitte Zahl der Scheiben (n>0): ");
        } while (n <= 0);
        verlege (n, 'A', 'B', 'C');
    }
}
```

Aufruf: java Hanoi
orgibt:
```
Bitte Zahl der Scheiben (n>0): 3
Scheibe 1 von A nach C
Scheibe 2 von A nach B
Scheibe 1 von C nach B
Scheibe 3 von A nach C
Scheibe 1 von B nach A
Scheibe 2 von B nach C
Scheibe 1 von A nach C
```
Es wird eine richtige Handlungsfolge ausgegeben. Um vielleicht besser zu se
hen, wie es dazu kommt, sei hier noch einmal der zweifache rekursive Abstieg
graphisch hervorgehoben. Auch soll die Parameterübergabe deutlich werden:
auf einer Einrückungsebene haben die Variablen *start*, *zwischen* und *ziel*
natürlich je *einen* Wert. Da beim Aufruf aber die Parameter verdreht werden, haben die Variablen auf der nächst tieferen Ebene andere Werte.

formale Aufrufe	Werte
verlege(n,Start,Zwischen,Ziel)	verlege(3,A,B,C)
? n=1	
verlege(n-1,Start,Ziel,Zwischen)	verlege(2,A,C,B)
| $\hat{=}$ verlege(n,Start,Zwischen,Ziel)	verlege(2,A,C,B)
? n=1	
verlege(n-1,Start,Ziel,Zwischen)	verlege(1,A,B,C)
| $\hat{=}$ verlege(n,Start,Zwischen,Ziel)	verlege(1,A,B,C)
?! n=1	
drucke 'Scheibe 1 von Start nach Ziel'	Scheibe 1 von A nach C
drucke 'Scheibe n von Start nach Ziel'	Scheibe 2 von A nach B
verlege(n-1,Zwischen,Start,Ziel)	verlege(1,C,A,B)
| $\hat{=}$ verlege(n,Start,Zwischen,Ziel)	verlege(1,C,A,B)
?! n=1	
drucke 'Scheibe 1 von Start nach Ziel'	Scheibe 1 von C nach B
drucke 'Scheibe n von Start nach Ziel'	Scheibe 3 von A nach C
verlege(n-1,Zwischen,Start,Ziel)	verlege(2,B,A,C)
| $\hat{=}$ verlege(n,Start,Zwischen,Ziel)	verlege(2,B,A,C)
? n=1	
verlege(n-1,Start,Ziel,Zwischen)	verlege(1,B,C,A)
| $\hat{=}$ verlege(n,Start,Zwischen,Ziel)	verlege(1,B,C,A)
?! n=1	
drucke 'Scheibe 1 von Start nach Ziel'	Scheibe 1 von B nach A
drucke 'Scheibe n von Start nach Ziel'	Scheibe 2 von B nach C
verlege(n-1,Zwischen,Start,Ziel)	verlege(1,A,B,C)
| $\hat{=}$ verlege(n,Start,Zwischen,Ziel)	verlege(1,A,B,C)
?! n=1	
drucke 'Scheibe 1 von Start nach Ziel'	Scheibe 1 von A nach C

Auch baumartig-rekursive Methoden können wir in iterative Methoden umwandeln. Jetzt reicht es aber nicht, einen Schleifenzähler zu verwenden, der über den rekursiven Abstieg Buch führt. Wir müssen einen Keller verwenden, auf dem wir der Reihe nach die vormaligen Aufrufe von **verlege(int n, char start, char zwischen, char ziel)** stapeln. Diese vormaligen Aufrufe sind nun Zustände. Im Prinzip wandeln wir das baumartig-rekursive **verlege(int n, char start, char zwischen, char ziel)** so um:

1. Wir beginnen mit dem ersten Aufruf, z.B. $3, A, B, C$ und legen ihn auf den Keller.

2. Wir lesen den obersten Kellereintrag, wenn es einen gibt, und treten in die Iteration ein (3.).

3. (Iteration) Dann erzeugen wir die Nachfolgezustände und legen sie auch oben auf. Wir haben schon beim Kellerbeispiel vom Affen und der Banane gesehen, daß das Leerräumen des Kellers mit Ausdrucken die Zustände von

hinten nach vorn ausgibt. Daher drehen wir die vormaligen Aufrufe $n - 1, start, ziel, zwischen$ und $n-1, zwischen, start, ziel$ jetzt in der Reihenfolge um: erst $n-1, zwischen, start, ziel$, dann $n-1, start, ziel, zwischen$. Wenn wir keine Nachfolgezustände erzeugen können, weil die Abbruchbedingung $n == 1$ erfüllt ist, drucken wir diesen Zustand aus.
Bei Beendigung der Iteration wird das bearbeitete Kellerelement ($n, start, zwischen, ziel$) vom Keller genommen.
4. Wir nehmen das oberste Kellerelement und gehen zu (3.), es sei denn, der Keller sei leer – dann sind wir fertig.

Diese Umwandlung von einem rekursiven in ein iteratives Programm baut einen Stapel auf, der die Aufrufe des rekursiven Programms, geordnet nach der Rekursionstiefe auf den Stapel legt. Im Beispiel ist

$3, A, B, C,$
$2, B, A, C,$
$print(3, A, B, C),$
$2, A, C, B$

der Keller nach der ersten Iteration. Dann wird $2, A, C, B$ bearbeitet, so dass der Keller nach der zweiten Iteration so aussieht:

$3, A, B, C,$
$2, B, A, C,$
$print(3, A, B, C),$
$1, C, A, B$
$print(2, A, C, B)$
$1, A, B, C$

Das iterative Programm für die Türme von Hanoi sieht so aus:

Programm 4.10
```java
package de.informatikkompakt.sequenzen;
import java.util.*;
import de.informatikkompakt.tools.IO;

class HanoiIterativ {
  public static void main (String argv[]) {
    int n = IO.readInt ("Geben Sie die Anzahl der Scheiben an: ");
    new Zustand (false, n, 'A', 'B', 'C').verlegen(new Stack ());
  }
}
```

```java
class Zustand {
  int n;
  char start;
  char zwischen;
  char ziel;
  boolean drucken;

  public Zustand (boolean pDrck, int pN, char pStr, char pZw,
    char pZiel) {
    n = pN;
    drucken = pDrck;
    start = pStr;
    zwischen = pZw;
    ziel = pZiel;
  }

  void drucke () {
    System.out.println (n + "von "+ start + "nach "+ ziel);
  }

  public void verlegen (Stack keller) {
    keller.push (this);

    while (!keller.empty())
      ((Zustand) keller.pop ()).rekursionsersatz(keller);

    System.exit (0);
  }

  public void rekursionsersatz (Stack keller) {
    if (drucken || n == 1) {
      drucke ();
    } else {
      drucken = true;
      keller.push (new Zustand (false, n-1, zwischen, start, ziel));
      keller.push (this);
      keller.push (new Zustand (false, n-1, start, ziel, zwischen));
    }
  }
}
```

Erfahrungsgemäß lernt man rekursives Denken am besten durch Übung. Deshalb wird auch im nächsten Abschnitt ein Problem rekursiv gelöst.

4.7 Sortierung durch Mischen

Die Sortierung haben wir im Abschnitt 4.1 bereits als Problemstellung kennengelernt. Dort wollten wir bereits einen fertigen Teil übergeben können, bevor alles sortiert ist. Jetzt ist uns diese Eigenschaft nicht so wichtig. Stattdessen betrachten wir das Sortierungsproblem einmal rekursiv:

Wir möchten gern eine gemäß eines Ordnungskriteriums geordnete Folge von Objekten haben. Wir nehmen Zahlen und ihre $>$-Ordnungsrelation. Wir teilen die ungeordnete Menge in zwei Teile und rufen für jeden Teil unsere Sortiermethode auf.

Wir mischen die beiden jede für sich geordneten Folgen, indem wir sie elementweise von links nach rechts vergleichen: bei jedem Schritt wird das kleinere Element der beiden in die Ergebnisfolge eingetragen.

Programm 4.11

```java
package de.informatikkompakt.sequenzen;
import de.informatikkompakt.tools.ShowArray;

public class AnimatedMergeSort {
  private ShowArray anzeige;

  public AnimatedMergeSort (ShowArray pAnzeige) {
    anzeige = pAnzeige;
  }

  public void sort (int[] feld) {
    sort (feld, 0, feld.length);
  }

  public void sort (int[] feld, int unten, int oben) {
    if (unten < oben - 1) {                     // Noch was zu tun?
      int mitte = (unten + oben) / 2;                // Ja, split

      sort (feld, unten, mitte);                 // Beide Teilfolgen
      sort (feld, mitte, oben);                  // rekursiv sortieren

      merge (feld, unten, mitte, oben);     // Sortierte Teile mischen
    }
  }
```

```java
public void merge (int[] feld, int unten, int mitte, int oben) {
   int i = unten, j = mitte, k = 0;                      // Laufindizes
                                   // Platz fuer Ergebnisfolge besorgen
   int[] ergebnis = new int[oben - unten];

   while ((i<mitte) && (j<oben)) {    // Mischen, bis ein Array leer
      if (feld[i] < feld[j])          // Jeweils das kleinere Element
        ergebnis[k++] = feld[i++];    // wird nach Ergebnis übernommen
      else
        ergebnis[k++] = feld[j++];
   }

   if (i == mitte) {                            // Falls i am Ende:
      while (j < oben)
        ergebnis[k++] = feld[j++];        // Rest von oben uebernehmen
   }
   else {                                       // Falls j am Ende:
      while (i < mitte)
        ergebnis[k++] = feld[i++];       // Rest von unten uebernehmen
   }

                                // Ergebnis in Feld zurueckkopieren
   for (i = 0; i < ergebnis.length; i++) {
      feld[i + unten] = ergebnis[i];
      anzeige.show (feld, unten, oben - 1, unten + i);
   }
  }
}
```

4.8 Was wissen Sie jetzt?

Sie wissen, was ein abstrakter Datentyp ist. Im einzelnen haben Sie Listen, Schlangen und Keller kennengelernt. Sie wissen, durch welche Operationen und Bedingungen diese abstrakten Datentypen definiert sind und Sie haben gesehen, wie man sie in Java implementiert. Dadurch haben Sie jetzt ein gewisses Handwerkszeug für die Programmierung gewonnen: bei einer neuen Aufgabenstellung überlegen Sie, ob sie sich (in Teilen) als Liste oder Schlange oder Keller auffassen lässt? Wenn ja, nehmen Sie die genau studierte Java-Implementiertung als Vorlage und programmieren das neue Problem „nach Buch". Üben Sie sich im Alltag darin, verkappte Listen, Schlangen und Keller zu finden! Beobachten Sie Ihre eigene Arbeitsweise: gehen Sie mehr nach Warteschlange oder eher nach Keller vor? Wenn es so eine neuartige Mischung ist, wie könnte man sie in das Schlangen- oder Kellerschema einbauen?

Sie haben die elegante Formulierung von Problemlösungen durch Rekursion kennengelernt. Gehen Sie mit KommilitonInnen ins Cafe und diskutieren, ob Rekursion einfacher oder schwieriger ist als eine feste Folge von Handlungen. Diskutieren Sie auch, welches Verhältnis zwischen Schleifen (Iterationen) und Rekursion besteht! Bedenken Sie dabei, daß die Informatik lebendigen Stoff bietet, über den jede/r nachdenken kann. Auswendig gelernt werden müssen nur die Schritte der Rekursion wie hier angegeben. Wenn Sie aber diese Denkweise in Ihren Alltag integrieren, können Sie sie ohnehin aufsagen.

4.9 Aufwandsabschätzung

Wenn wir ein Programm geschrieben und ausprobiert haben, können wir überlegen, ob es korrekt ist. Dazu können wir Aussagen überlegen und sie mithilfe des Induktionsverfahrens beweisen (s. Abschnitt 4.1.3). Wir können uns aber auch fragen, wie lang unser Programm wohl braucht, um die Lösung zu finden? Die absolute Zeit hängt natürlich von unserem Rechner und dem Übersetzer der Programmiersprache ab. Der Übersetzer produziert aus den Java-Anweisungen eine bestimmte Anzahl von Anweisungen der Java virtuellen Maschine und diese wird wiederum von einer Plattform (Rechner, Betriebssystem) in eine bestimmte Anzahl von Maschinenbefehlen übersetzt. Damit kann das selbe Java-Programm auf unterschiedlichen Rechnern in un terschiedlich viele Maschinenbefehle übersetzt werden. Obendrein ist die Ausführung eines Maschinenbefehls auf verschiedenen Rechnern unterschiedlich schnell. Wir wollen, wenn wir die Laufzeit unseres Programms untersuchen, von diesen Faktoren abstrahieren. Wir untersuchen die Laufzeit in Bezug auf die Größe der zu verarbeitenden Daten. Insbesondere fragen wir uns, in welchem Verhältnis die Laufzeit mit der Größe der Eingabe wächst. Wir unterscheiden die folgenden Verhältnisse der Laufzeit $T(n)$ zur Größe n der Eingabe, wobei c und $k \geq 2$ irgendwelche Konstanten sind:

konstant: $T(n) = c$

logarithmisch: $T(n) = c \cdot \log n$

linear: $T(n) = c \cdot n$

$n \log n$: $T(n) = c \cdot n \log n$

quadratisch: $T(n) = c \cdot n^2$

polynomiell: $T(n) = c \cdot n^k, \quad k \geq 2$

exponentiell: $T(n) = c \cdot 2^n$

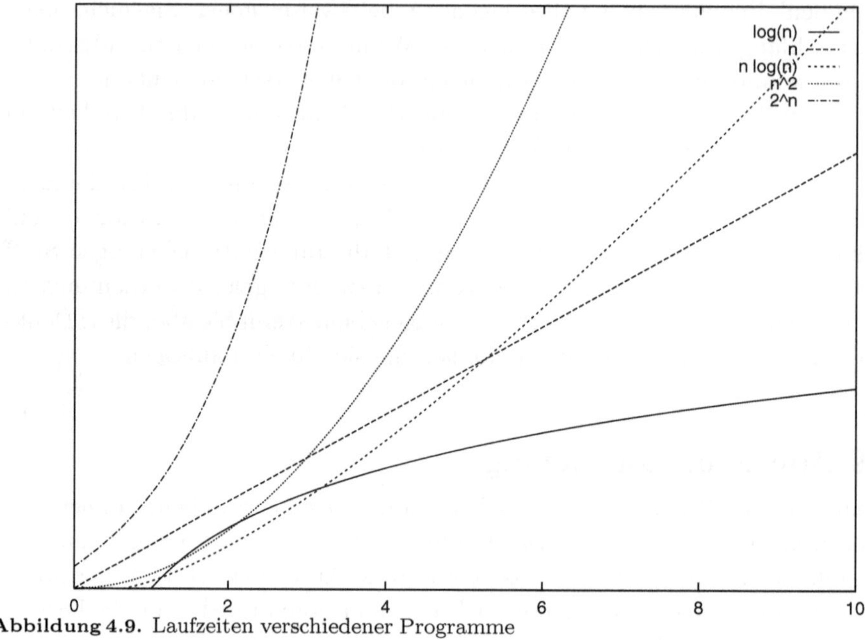

Abbildung 4.9. Laufzeiten verschiedener Programme

Abbildung 4.9 zeigt, wie sich die Laufzeiten verschiedener Programme in Bezug zur Größe n verhalten. Meist ist n die Anzahl der Daten in der Eingabe, aber es kann auch etwas anderes sein, z.B. die Länge der Eingabe in Bits, oder die Länge der Ausgabe. Wir sagen „Programm XYZ ist quadratisch in" und geben dann unsere Formalisierung der Größe n an. Ist bei der linearen Laufzeit die Konstante c recht groß, so ist ein Programm mit quadratischer Laufzeit bei kleinen Werten von n schneller. Ab dem Punkt, an dem sich die Linien schneiden, ist das lineare Programm schneller und der Abstand wächst. Auch die lineare und die quadratische Laufzeit unterscheiden sich deutlich erst ab einer bestimmten Größe. Achten Sie bei Diagrammen zur Laufzeit auch auf die Skalierung der Achse für n – gerade exponentielle Programme werden gern mit logarithmischer Skalierung dargestellt.

Beispiel 4.1 Nehmen wir an, Programm A hätte die Laufzeit $100 \cdot n$ und Programm B hätte die Laufzeit $2 \cdot n^2$. Dann ist B schneller als A, solange $n < 50$. Für $n = 100$ ist A schon doppelt so schnell wie B. Für $n = 1000$ ist A 20mal so schnell.

Es gibt nun in der Informatik fünf Klassen von Funktionen, die den Aufwand eines Programms (Zeit- oder Platzbedarf) nach oben und unten beschränken. Die theoretische Informatik untersucht solche Schranken detailliert [22]. Hier sehen wir uns nur die O-Notation an. Sie gibt den schlimmsten Fall an.

Definition 4.9.1: *Aufwand O* Die Laufzeit eines Programms wird durch eine Funktion $T(n)$ über der Größe n (der Eingabe) angegeben. n und $T(n)$ sind nichtnegative (meist ganze) Zahlen. $f(n)$ sei eine Funktion, die über nichtnegativen (ganzen) Zahlen definiert ist. Wir sagen, „$T(n)$ ist $O(f(n))$“, wenn es eine Zahl n_0 gibt und eine Konstante $c > 0$, so daß für alle Zahlen $n \geq n_0$ gilt $T(n) \leq c \cdot f(n)$.

4.9.1

Wenn wir nun den Aufwand abschätzen wollen, müssen wir irgendein n_0 und irgendein c auswählen und beweisen, daß $T(n) \leq c \cdot f(n)$ für alle $n \geq n_0$ ist. Nehmen wir an, $T(n) = (n+1)^2$, dann ist $T(n)$ quadratisch, d.h. $O(n^2)$, denn wir können $c = 2$ und $n_0 = 3$ auswählen oder $c = 4$ und $n_0 = 1$. Es gilt sowohl

$$T(n)=(n+1)^2 \leq 2 \cdot n^2 = 2 \cdot f(n) \text{ als auch}$$
$$T(n)=(n+1)^2 \leq 4 \cdot n^2 = 4 \cdot f(n).$$

Man sieht dies besonders leicht, wenn man die Formel anwendet:

$$(n+1)^2 = n^2 + 2 \cdot n + 1$$

Dann ist nämlich $T(n)$ sichtbar kleiner als unser $c \cdot f(n)$:

$$T(n)=n^2 + 2 \cdot n + 1 \leq n^2 + 2 \cdot n^2 + n^2 = 4 \cdot n^2.$$

Natürlich darf n_0 nie 0 sein, weil jede Multiplikation mit n_0 dann 0 ergibt.

❯ 4.9.1 Aufwandsabschätzung für die Sortierung durch Mischen

Wie finden wir für ein bestimmtes Programm heraus, in welche Klasse sein Laufzeitverhalten und sein Bedarf an Speicherplatz fällt gemäß der O-Notation? Wir betrachten die Programmschritte ungeachtet der realen Ausführungszeit. Als Beispiel analysieren wir jetzt die Sortierung durch Mischen, eine Methode nach der anderen.[6] Die Methode **merge(int[] feld, int unten, int mitte, int oben)** ist nicht rekursiv, sondern besteht aus drei Schleifen: die erste **while**-Schleife, die bedingte **while**-Schleife und die **for**-Schleife.

---

[6]Dies ist ausführlicher in [1] dargestellt.

Wir betrachten die Größenordnung des Aufwands in Bezug zur Länge der Felder. Wir nehmen n als Feldlänge.

Wie beim Induktionsbeweis betrachten wir zuerst den Basisfall: wie ist der Aufwand bei $n = 1$?

Als erstes sehen wir in der `while`-Schleife die Abbruchbedingung. Wenn sie falsch ist, also ein Feld leer ist, dann sind wir mit dieser Schleife fertig. Bei nur einem Element ist sicherlich eines der Felder leer. Der Aufwand für die Schleife war nur die eine Handlung, die Bedingung zu testen, also $O(1)$.

Es ist dann auch in der bedingten Schleife nur eines der Felder mit seinem Rest in das Ergebnis zu übernehmen. Wieviele Schritte dies sind, hängt von der Länge des Feldes ab. Im Basisfall also 1. Wir haben wieder $O(1)$.

Die `for`-Schleife hängt ebenfalls direkt von der Feldlänge ab, ist also ebenfalls nur einmal durchzuführen.

Wir haben drei Mal den Aufwand $O(1)$ im Basisfall. Das macht insgesamt $O(1)$, denn es geht ja um die Funktionsklasse und nicht um das Zählen der tatsächlichen Schritte. $T(1)$ ist $O(1)$.

Nehmen wir nun ein größeres n.

Es kann auch jetzt eines der Felder leer sein. Wenn das eine Feld immer die kleineren Elemente hatte als das andere, so ist es leer und das andere noch nicht. Wir haben dann – unabhängig von der Feldlänge – den Aufwand $O(1)$ für den (erfolgreichen) Test. Solange kein Feld leer ist, müssen wir das kleinste Element auswählen. In der Schleife ist dies ein konstanter Aufwand, der nicht von n abhängt. Wie oft wir die Schleife durchlaufen, hängt von n ab. Wir zählen den Feldindex immer um 1 hoch, so dass wir jedes Mal mit einem um 1 verkürzten Feld erneut in die Schleife eintreten bis eines von beiden leer ist. Dies ergibt also im schlimmsten Falle $n - 1$ Schritte ($n = 1$ hatten wir schon). Die erste Schleife ist also $O(1) + T(n - 1)$.

Die bedingte Schleife muss nun den Rest des Feldes in das Ergebnis übernehmen. Im schlimmsten Fall muss das eine Feld ganz durchgegangen werden. Damit haben wir nochmals $n - 1$ Schritte.

Die dritte Schleife geht auf jeden Fall das gesamte Feld, mit dem wir **merge(...)** aufgerufen haben, durch. Auch hier haben wir wieder $n - 1$ Schritte.

Wir setzen die Abschätzungen der Schleifen für $n \geq 1$ zusammen und erhalten: $T(n) = O(1) + T(n - 1)$. Also ist der Aufwand von **merge(...)** $O(n)$.

Aber wir rufen ja **merge(int[] feld, int unten, int mitte, int oben)** von **sort(int[] feld, int unten, int oben)** aus auf, indem wir immer wieder das Gesamtfeld in zwei Teile teilen. Jetzt wollen wir $T(m)$ mit m als der Länge des gesamten, ursprünglichen zu sortierenden Feldes betrachten – ist das immer noch linear in der Feldlänge?

Als Basisfall nehmen wir wieder $m = 1$. Dieses winzige Feld wird nur in **sort(int[] feld, int unten, int oben)** mit dem ersten Test bearbeitet, der negativ beantwortet wird. **merge(int[] feld, int unten, int mitte, int oben)** wird nicht aufgerufen. Wir haben $T(1)$ ist $O(1)$. Bei $m > 1$ müssen wir nun das Aufteilen betrachten. Dies ist rekursiv. Solange nicht ein einelementiges Feld durch das Aufteilen entsteht, wird die Feldlänge immer durch 2 geteilt. Für jede der beiden Felder wird **sort(int[] feld, int unten, int oben)** wieder aufgerufen und dann **merge(int[] feld, int unten, int mitte, int oben)**. Der Aufwand von **merge(int[] feld, int unten, int mitte, int oben)** war für die geteilten Felder $O(n)$. Nun ist $n = \frac{m}{2}$. Wir haben folglich den Aufwand $T(\frac{m}{2})$ zweimal. Weil hier die Anzahl der Schritte von der Feldlänge abhängt, müssen wir auch $2 \cdot T(\frac{m}{2})$ angeben. Das Ergebnisfeld ist wieder so lang wie das Ausgangsfeld, also $O(m)$. Wir erhalten für $m > 1$:

$$T(m) = 2 \cdot T(\tfrac{m}{2}) + m, \qquad\qquad \text{(Rekursion)}$$

wobei m eine Potenz von 2 ist (wir teilen ja immer durch 2). Wir merken uns dies als Beschreibung für den Rekursionsschritt.

Was für ein Verhältnis ist das? Wir sehen sofort, dass es nicht linear und nicht exponentiell ist. Quadratisch sieht es auch nicht aus. Versuchen wir einfach, zu beweisen, dass der Aufwand logarithmisch ist! Als Beispiel, das die Vorstellung unterstützt, nehmen Sie:

Feldlänge $= 8$

Wir teilen das 1. Mal auf und erhalten

$2 \cdot$ Feldlänge $= 2 \cdot 4$

Wir teilen das 2. Mal auf und erhalten

$4 \cdot$ Feldlänge $= 4 \cdot 2$

Wir teilen das $\log_2 8 = 3$. Mal auf und erhalten

$8 \cdot$ Feldlänge $= 8 \cdot 1$.

 Basis $T(1) = a$

 Induktion $T(n) = 2 \cdot T(\frac{n}{2}) + bn$, wobei n eine Potenz von 2 ist.

Jetzt raten wir, dass $f(n) = c \cdot n \cdot \log_2 n + d$, wobei c und d Konstanten sind. Und dann beweisen wir, dass $T(n) \leq f(n)$ mit vollständiger Induktion über n.

Aussage $S(n)$: Wenn n eine Potenz von 2 ist und $n > 1$ gilt, dann ist $T(n) \leq f(n)$ mit $f(n) = c \cdot n \cdot \log_2 n + d$.

Induktionsanfang Wenn $n = 1$ gilt $T(1) \leq f(1)$, falls $u \leq d$ ist. $f(1) = d$ weil $c \cdot 1 \cdot \log_2 1$ gleich 0 ist.

Induktionsschritt Nehmen wir an, wir hätten bis $n - 1$ die Aussage schon bewiesen. Dann müssen wir jetzt den nächsten Schritt beweisen, $S(n)$.

Wenn n keine Potenz von 2 ist, gilt der „Wenn"-Teil der Aussage nicht und damit gilt $S(n)$ ohnehin.

Wenn n eine Potenz von 2 ist, nutzen wir unsere Annahme aus, dass alle früheren Schritte bereits bewiesen sind, also auch $S(n/2)$, d.h. es gilt

$$T(n/2) \leq (c \cdot n/2) \cdot \log_2(n/2) + d \qquad \text{(Induktionsannahme)}$$

Nun müssen wir zeigen, dass

$$T(n) \leq c \cdot n \log_2 + d$$

gilt. Die induktive Definition von $T(n)$ sagt, dass gilt

$$T(n) = 2T(n/2) + bn.$$

In dieser Gleichung setzen wir die Induktionsannahme für $T(n/2)$ ein. Das ergibt

$$T(n) \leq 2((c \cdot n/2) \cdot \log_2(n/2) + d) + bn.$$

Mit Hilfe von $\log_2(n/2) = (\log_2 n) - 1$, Ausmultiplizieren, $2 \cdot (n/2) = n$ und $-c \cdot n + b \cdot n = (b - c) \cdot n$ vereinfachen wir die Ungleichung so

$$\begin{aligned}
T(n) &\leq 2((c \cdot n/2) \cdot \log_2(n/2) + d) + bn \\
&= c \cdot n \cdot (\log_2 n - 1) + b \cdot n + 2d \\
&= c \cdot n \cdot \log_2 n - c \cdot n \cdot 1 + b \cdot n + 2d \\
&= c \cdot n \cdot \log_2 n + b \cdot n - c \cdot n + 2d
\end{aligned}$$

dass wir die folgende Ungleichung erreichen:

$$T(n) \leq c \cdot n \cdot \log_2 n + (b - c) \cdot n + 2d.$$

Damit unsere Aussage gilt, muss $(b - c)n + d \leq 0$ sein. $n > 1$, also muss $b - c \leq -d$ sein. Anders ausgedrückt muss gelten $c \geq b + d$.

Dies gilt bei $d = a$ und $c = a + b$, was auch zu der Beschränkung von d im Basisfall passt, nämlich $a \leq d$.

Wir haben also durch Induktion über n gezeigt, dass für alle $n \geq 1$, die Zweierpotenzen sind, gilt:

$$T(n) \leq (a + b) \cdot n \cdot \log_2 n + a.$$

Damit gehört der Aufwand für die Mischsortierung in die Klasse $O(n \log n)$.

4.10 Schnellsortierung

Die Schnellsortierung illustriert noch einmal das rekursive Programmieren in Java. Außerdem gibt es hier Gelegenheit, den Unterschied zwischen der Aufwandsabschätzung für den schlimmsten Fall und dem am häufigsten beobachteten Laufzeitverhalten zu diskutieren. Wie bei der Sortierung durch Mischen wird auch bei der Schnellsortierung das Feld in jeweils 2 Felder aufgeteilt, die dann wieder sortiert werden. Die Idee ist hier aber, dass diese Aufteilung nicht nur den Feldindex, sondern auch die Feldelemente berücksichtigen soll. Jedes Element des linken Teils des Feldes soll schon einmal kleiner sein als alle Elemente des rechten Teils. Dann sortiert man den linken und den rechten Teil gerade so wie das ganze Feld (rekursiver Aufruf der Methode **sort(int[] feld, int unten, int oben)**).

Diese Grundidee wird so präzisiert: Man nehme ein beliebiges Element des Feldes und nenne es x (Abb. 4.10). Ein Zähler i wird an den Anfang des

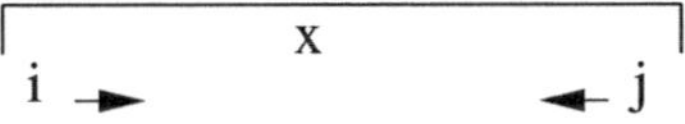

Abbildung 4.10. Zwei Zähler in QuickSort

Feldes gesetzt, ein Zähler j an das Ende. Nun läuft i das Feld hinauf und vergleicht jedes Element mit x. Solange die Elemente, auf die i zeigt, kleiner sind als x, rückt der Zeiger weiter vor in Richtung j. Ist eines größer als x, beginnt j das Feld hinunterzulaufen. Solange die Elemente, auf die j zeigt, größer sind als x, läuft j weiter in Richtung i. Ist aber eines kleiner als x, dann werden die Inhalte, auf die i und j zeigen, vertauscht und i und j laufen weiter. Treffen sich i und j, wird die Sortierung mit den beiden Feldern links und rechts des Felds, an dem sich i und j getroffen haben, wieder aufgerufen. Wenn sie sich immer genau in der Mitte treffen, dann gibt es keinen Unterschied in der Laufzeitabschätzung zwischen Schnellsortierung und Sortieren durch Mischen. Der Aufwand ist in diesem Falle $O(n \log n)$ bei n Elementen.

Im Gegensatz zur Mischsortierung kann es hier aber vorkommen, dass als x zufälligerweise das kleinste Element des Feldes ausgewählt wurde. Dann läuft im ersten Schritt i nur bis zum ersten Feld und j bis zum Feld, in dem x steht. Die beiden Felder werden getauscht, i läuft wieder nur ein Feld weiter und j läuft bis i. Dadurch wird nur ein Element in den linken Teil des Feldes getan und alle anderen Elemente in den rechten Teil. Nehmen wir als Beispiel das Feld

20, 30, 10, 24, 50

Sei $x = 10$, dann bricht schon beim ersten Vergleich i seinen Lauf ab. j kommt bis x. Dann werden die Elemente getauscht. Das ergibt:

10, 30, 20, 24, 50

Nun besteht das linke Feld nur aus dem Element 10 und das rechte Feld aus allen anderen Elementen. Das rechte Feld soll schnell sortiert werden.

30, 20, 24, 50

$x = 20$. i bricht beim ersten Vergleich ab. j kommt bis x. Die Elemente werden getauscht, so dass das Feld nun so aussieht:

20, 30, 24, 50

Wieder besteht das linke Feld nur aus einem Element. Das rechte Feld wird sortiert.

30, 24, 50

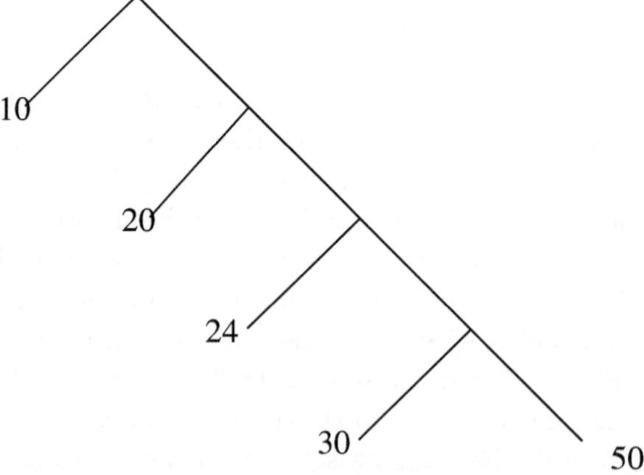

Abbildung 4.11. Der für QuickSort ungünstige Fall

$x = 24$ und i scheitert wieder beim ersten Versuch, sodass noch einmal getauscht werden muss. j durchläuft fast das gesamte Feld fast so oft, wie es Elemente hat (Abb. 4.11).
Der schlimmste Fall der Laufzeitabschätzung ist $O(n^2)$.
Die folgende Implementierung zeigt das Verhalten auf dem Bildschirm an. Die graphische Darstellung zeigt die Elemente des Feldes als Punkt in dem Koordinatensystem, dessen x-Achse den Feldindex (0 bis Feldlänge -1) und dessen y-Achse das Feldelement (eine ganze Zahl) angibt. Die senkrechten Striche sind die Zähler i und j.

Programm 4.12

```java
package de.informatikkompakt.sequenzen;
import de.informatikkompakt.tools.ShowArray;

public class AnimatedQuickSort {
  ShowArray anzeige;

  public AnimatedQuickSort (ShowArray pAnzeige) {
    anzeige = pAnzeige;
  }

  public void sort (int[] a) {
    sort (a, 0, a.length - 1);
    anzeige.show (a);
  }

  public void sort (int[] a, int unten, int oben) {
    int i = unten;
    int j = oben;
    int x = a[ (unten + oben) / 2];        // Pivotelement, willkuerlich

    do {
      while (a[i] < x) {
        i++;                               // x fungiert als Bremse
        anzeige.show (a, i, j);
      }

      while (a[j] > x) {
        j--;                               // x fungiert als Bremse
        anzeige.show (a, i, j);
      }
```

```
    if (i <= j) {
        int tmp = a[i];                      // Hilfsspeicher
        a[i] = a[j];                            // a[i] und
        a[j] = tmp;                  // a[j] werden getauscht
        i++;
        j--;
    }
} while (i <= j);
                        // alle Elemente der linken Haelfte sind kleiner
                        // als alle Elemente der rechten Haelfte

    if (unten < j) {
        sort (a, unten, j);                // sortiere linken Teil
    }
    if (i < oben) {
        sort (a, i, oben);                 // sortiere rechten Teil
    }
  }
}
```

4.11 Was wissen Sie jetzt?

Vielleicht haben Sie sich ein bisschen erschrocken, als wir die Mischsortierung besprochen haben: so ein simples Programm und so eine komplizierte Aufwandsabschätzung! Ich möchte Sie beruhigen: Sie werden innerhalb der theoretischen Informatik noch so viele Beweise sehen und selbst machen, dass sie ihren Schrecken verlieren. Sie müssen sich merken

Was ist die O-Notation? (Die richtige Antwort ist die Definition.)

Welche Funktionsklassen unterscheiden wir? (Die richtige Antwort listet konstant, logarithmisch, linear, $n \log n$, quadratisch, polynomiell und exponentiell mit der jeweiligen Funktion auf.)

Wann z.B. benötigt ein Programm einen Aufwand, der $O(n \log n)$ in der Anzahl der Eingabedaten ist? (Sie könnten antworten: wenn ein rekursives Verfahren die Gesamtmenge von n Daten immer in 2 gleichgroße Teile teilt, wobei für jeden Teil das Verfahren wieder aufgerufen wird, so gibt es $\log_2 n$ Aufrufe. Wenn das Bearbeiten eines Aufrufs linearen Aufwand erfordert, so ist der Gesamtaufwand $O(n \log n)$.)

Kennen Sie ein Sortierverfahren mit Aufwand $O(n \log n)$? (Ja, Sortierung durch Mischen.)

Warum ist die Schnellsortierung im schlimmsten Fall nicht $O(n \log n)$ und was ist der schlimmste Fall? (Das Feld ist so sortiert, dass die kleinsten (bzw. größten) Elemente in der Mitte liegen. Dann wird immer nur 1 Element in die eine „Hälfte" gepackt, sodass das Feld nicht logarithmisch, sondern linear zerlegt und bearbeitet wird. In diesem Fall ist der Aufwand $O(n^2)$.)

Gibt die O-Notation genau die Anzahl der Schritte eines Programms an? (Nein.) Begründen Sie, wieso nicht.

Sie sollen hier ja nur die Programmierung nach zwei Richtungen hin verankern. Einmal in Richtung theoretischer Informatik und einmal in Richtung praktischer Informatik. Die Ankerplätze selbst lernen Sie dann im weiteren Verlauf des Studiums kennen.

4.12 Performanztest

Wir haben bereits zwei Methoden gesehen, Eigenschaften eines Programms zu beweisen: den Induktionsbeweis, bei dem wir eine Behauptung, was das Programm tut, begründen und die Aufwandsabschätzung, mit der wir Zeit- und Platzbedarf eines Verfahrens angeben. Beides sind Methoden, die sich auf das Verfahren, das wir programmiert haben, beziehen. Wir wollen nun das tatsächlich realisierte Programm prüfen. Verhält es sich so, wie die Aufwandsabschätzung angibt? Wenn es exponentiell viel Zeit verbraucht, obwohl das Problem eigentlich in polynomieller Zeit lösbar sein sollte, dann ist es schlecht programmiert. Wenn es in den meisten Fällen polynomiell viel Zeit verbraucht, obwohl es im schlimmsten Falle exponentiell viel Zeit benötigt, ist das kein Widerspruch. Es ist dann sinnvoll, genau herauszufinden, wie die schnellen sich von den langsamen Fällen unterscheiden. Meist führt dies wieder zu einem theoretischen Resultat: es wird ein leichteres Problem formalisiert und bewiesen, dass dieses nur polynomiell viel Zeit benötigt. In dieser Weise sind theoretische und praktische Arbeiten stets miteinander verwoben. Das systematische Testen eines Programms besteht aus den folgenden Schritten:

Was wollen Sie testen?

Welche Daten brauchen Sie, um den Test durchzuführen?

Wie erfassen Sie die Ergebnisse?

Durchführen und Revidieren der Testläufe

Interpretation und Kommunikation der Ergebnisse

Leider wird die erste Frage oft mit einer existenziell quantifizierten Aussage beantwortet: „Es gibt einen Aufruf und Datensatz, bei dem mein Programm tut, was es soll." oder „Es gibt einen Aufruf und Datensatz, bei dem mein Programm schnell ist." Ein systematischer Test muss aber stets eine all-quantifizierte Aussage unterstützen: „Mein Programm tut immer, was es soll." oder „Mein Programm liefert sein Ergebnis immer innerhalb von 10 Minuten." Ebenso bedauerlich sind unpräzise Formulierungen wie das „tut, was es soll". Präzisierungen verlaufen meist nach einem der folgenden Schemata:

1. Wollen Sie testen, ob das Programm eine festgelegte Anzahl von Fällen in der ebenfalls festgelegten Weise behandelt?

2. Wollen Sie testen, ob das Programm den Zeitrahmen einhält, der für verschiedene Aufgaben vorgegeben ist? So soll ein Roboter beispielsweise bei der Hindernisvermeidung in Sekundenbruchteilen ausweichen, darf bei der Wegeplanung ruhig 2 Minuten (aber nicht mehr!) verbrauchen und muss seine Fahrt neben einem Menschen her (dem er z.B. den Koffer trägt) auf das variierende Gehtempo des Menschen abstimmen können.

3. Wollen Sie testen, ob Ihr Programm mehr Fälle bearbeiten kann als ein anderes (z.B. das bisher weltbeste Programm zur selben Aufgabe)? Achten Sie darauf, dass Sie nicht einfach nur andere Fälle bearbeiten!

4. Wollen Sie testen, ob Ihr Programm schneller ist als ein anderes?

5. Wollen Sie das Laufzeitverhalten eines Programms in Bezug zur Größe der bearbeiteten Datenmenge testen? Definieren Sie präzise, was Sie unter der Größe verstehen!

Die Fragestellung, die ein Test beantworten soll, bestimmt implizit auch das Kriterium, mit dem das Ergebnis beantwortet werden soll.

Ein binäres Kriterium stellt einfach fest, ob das tatsächliche Verhalten mit dem festgelegten Verhalten identisch ist – ja oder nein. Wir können dann feststellen, bei wieviel Prozent der Beispiele für einen Fall das tatsächliche Verhalten verschieden vom festgelegten war. In der Statistik gibt es Resultate darüber, wie viele Beispiele für einen Fall notwendig sind, um diese Prozentzahl als Erwartungswert für einen Fehler zu interpretieren.

Es gibt aber auch gleitende Kriterien, bei denen die Abweichung des tatsächlichen vom festgelegten Verhalten in eine reellwertige Zahl zwischen 0 und 1 abgebildet wird.

Sie können auch komplexere Kriterien formulieren, wie etwa, dass der Erwartungswert für einen Fehler bei den selteneren Fällen höher ist, als bei den häufigen, oder dass die Abweichung bei den häufigen Fällen stets niedriger ist als bei den selteneren.

Wenn die Frage und das Kriterium zur Beurteilung klar formuliert sind, ergibt sich meist einfach die Menge der Daten, die Sie verwenden müssen. Die Daten müssen jene Faktoren variieren, die Einfluss haben können, und Beispiele für die Fälle sein, die Sie behandeln wollen. Oft gibt es bereits vorbereitete Standarddatensätze, an denen alle ihre Programme überprüfen. So ein Standarddatensatz heißt *Benchmark*. In der Literatur findet man dann, welche Programme bereits mit welchem Ergebnis in welcher Zeit die Tests des Benchmarks absolviert haben. Daraus ergibt sich die Weltrangliste, in die Sie dann Ihr Programm einordnen können.

Ein einfaches Beispiel soll das Testen deutlich machen. Wir haben drei Sortierverfahren kennengelernt. Aus der Analyse der Verfahren wissen wir bereits, dass sie alle korrekt sind, d.h. sie sortieren die Eingabe von Zahlen tatsächlich gemäß der Ordnungsrelation $>$. Wir brauchen also kein Fehlermodell. Wir haben auch die Aufwandsabschätzung gemäß der O-Notation gesehen. Daher wissen wir, in welchem Verhältnis zur Länge der Eingabe die Laufzeit im schlimmsten Falle steht. Als Größe eines Datensatzes nehmen wir also die Anzahl der Elemente der zu sortierenden Menge. Nun können wir testen, unter welchen Umständen welches Sortierverfahren das schnellste ist. Als Umstand definieren wir uns ein Maß für die Abweichung der Eingabemenge von der sortierten Menge. Der Benutzer gibt eine Zahl zwischen 0 und 1 für den Grad der Abweichung an. 1 führt zu einer völlig ungeordneten Menge, 0 zu einer bereits sortierten. Als Schnelligkeit definieren wir zum einen die Anzahl der Schritte und zum anderen die Laufzeit. Das Messen der Laufzeit ist eigentlich nicht so einfach, wie wir es uns hier gemacht haben. Wenn ein Rechner noch andere Prozesse bedient als das Sortierverfahren, dann ist die Uhrzeit beim Start und Beenden des Programms keine zuverlässige Aussage. Ein weiteres Problem bei Zeitmessungen ist, dass das messende Programm seinerseits Zeit verbraucht. Wir haben hier deshalb die graphische Darstellung der Sortierung ausgeschlossen, wenn die Zeit gemessen werden soll.

Die Interpretation und Kommunikation der Ergebnisse ist hier einfach, da die Theorie bereits besteht und die Ergebnisse nicht von der Theorie abweichen. Sehen Sie sich einfach einmal an, was das folgende Testprogramm macht, indem Sie java `TestSort` im Paket `de/informatikkompakt/sortieren/` aufrufen!

Programm 4.13

```
package de.informatikkompakt.sequenzen;
import de.informatikkompakt.tools.*;

class TestSort {
  static public void main (String[] argumente) {
```

```java
int verfahren;
int anzahl;
double pv;
ShowArray anzeige = new ShowArray ();

System.out.println ("1: SelectionSort");
System.out.println ("2: QuickSort");
System.out.println ("3: MergeSort");

do {
  verfahren = IO.readInt ("[1..3]? ");
} while (verfahren < 1 || verfahren > 3);

do {
  anzahl = IO.readInt("Anzahl zu sortierender Elemente (>1)?");
} while (anzahl < 1);

do {
  pv = IO.readDouble ("Pseudo-Varianz [0..1]? ");
} while (pv < 0 || pv > 1);

int[] testArray = new int[anzahl];

for (int i = 0; i < testArray.length; i++) {
  testArray[i] = ((int) (i + pv * (Math.random () - 0.5)
    * testArray.length) + testArray.length) % testArray.length;
}

anzeige.setDisplay (IO.readBoolean ("Animiert? "));
System.out.println ("Bitte warten...");

double startTime = System.currentTimeMillis ();

switch (verfahren) {
  case 1:
    new AnimatedSelectionSort (anzeige).sort(testArray);
    break ;
  case 2:
    new AnimatedQuickSort (anzeige).sort(testArray);
    break ;
  case 3:
    new AnimatedMergeSort (anzeige).sort(testArray);
    break ;
}
```

```java
if (anzeige.isDisplay ()) {
  anzeige.repaint ();                 // Anzeige Endzust. erzwingen
} else {                   // Zeit nur anzeigen, wenn nicht animiert.
  System.out.println ("Laufzeit: "
     + (System.currentTimeMillis() - startTime) / 1000 + "Sek.");
}


  System.out.println ("Schritte: "+ anzeige.getCounter ());
 }
}
```

Das Programm **TestSort** wird beispielsweise 10 mal für jedes Verfahren,
jede Datengröße und jede Pseudo-Varianz (Vorsortierung) aufgerufen. Aus
den 10 Ergebnissen je Verfahren und Umstand wird ein Mittelwert gebildet.
Es ergibt sich eine Tabelle der Form, wie sie in 4.1 gezeigt wird.

Tabelle 4.1. Empirischer Vergleich verschiedener Sortierverfahren

	Selectionsort		Quicksort		Mergesort	
	Zeit[a]	Schritte	Zeit	Schritte	Zeit	Schritte
100 Elemente						
0.25	0	5049	0	434	0	672
0.5	1	5049	0	450	0	672
0.75	0	5049	0	449	0	672
1000 Elemente						
0.25	14	500499	0	7449	2	9976
0.5	11	500499	1	7234	1	9976
0.75	16	500499	0	7353	2	9976
10000 Elemente						
0.25	1394	50004999	6	104043	8	133616
0.5	1391	50004999	7	103641	7	133616
0.75	1390	50004999	5	104495	7	133616
100000 Elemente						
0.25	140721	705082703	62	1355896	120	1668928
0.5	139976	705082703	64	1361344	118	1668928
0.75	139726	705082703	62	1339954	116	1668928

[a]Gemessen in Millisekunden.

4.13   Was wissen Sie jetzt?

Sie haben gelernt, dass Sie die Laufzeit nicht nur theoretisch sondern auch empirisch betrachten können, indem Sie Ihre Programm laufen lassen und dabei die Laufzeit messen bzw. die Anzahl der Schritte zählen. Indem Sie dies mehrfach durchführen und den Mittelwert bilden, erreichen Sie statistisch gesichertere Zahlen. Indem Sie systematisch die Umstände, unter denen Ihr Programm laufen kann, ändern, können Sie das Verhalten unter genau diesen Umständen erkunden.

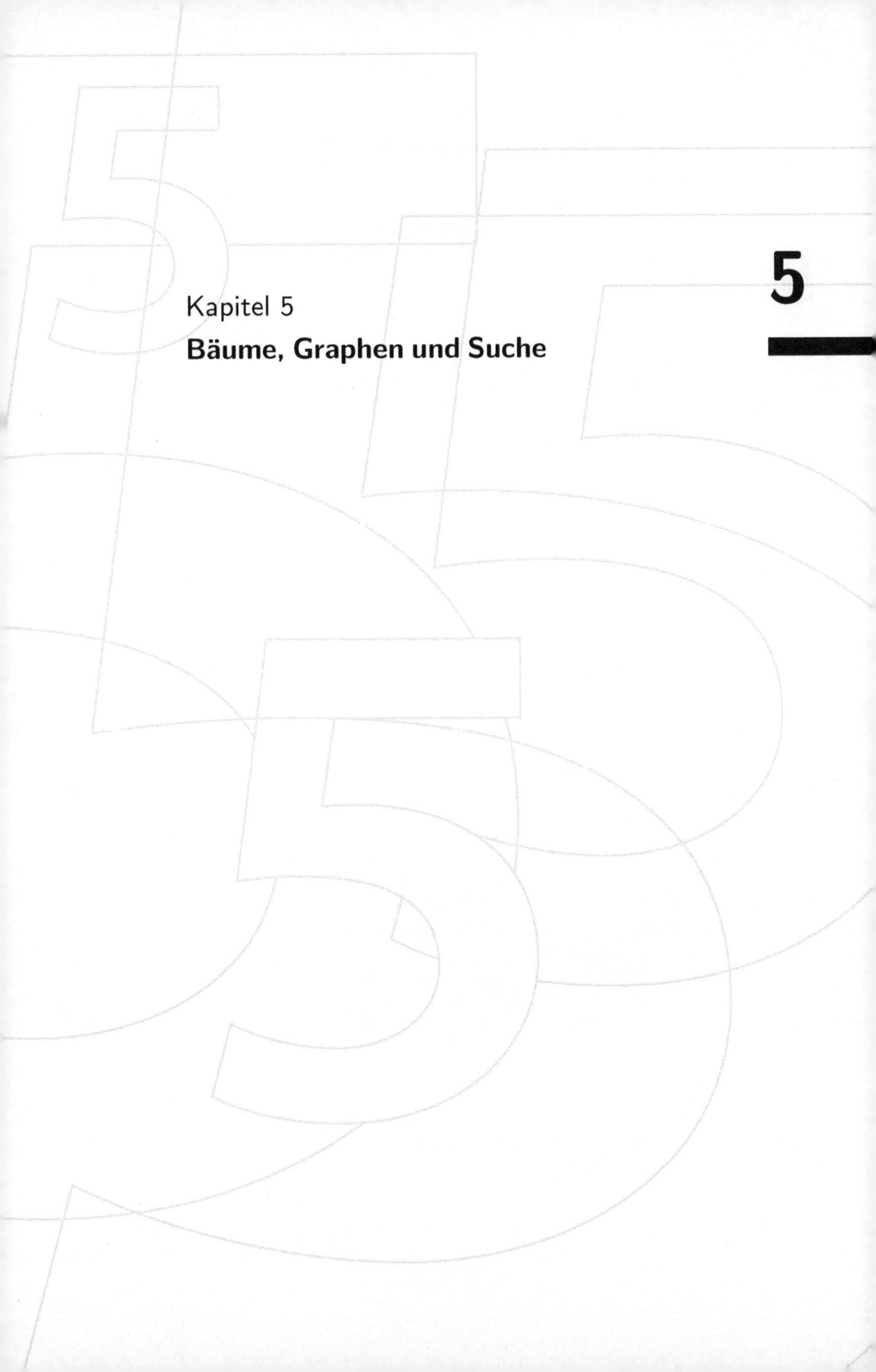

Kapitel 5

Bäume, Graphen und Suche

5

5 Bäume, Graphen und Suche

5 Bäume, Graphen und Suche

Bäume und Graphen gehören zu den wichtigsten Strukturen der Informatik. Fast alle Probleme können als Baum oder Graph dargestellt werden und die Lösung des Problems dann als ein Pfad in dem Baum oder Graph oder als das Ziel des Pfades. Die Graphentheorie geht auf Euler zurück, der wissen wollte, ob es einen Weg gibt, der genau einmal jede der sieben Brücken von Königsberg überquert und dann wieder am Ausgangspunkt ankommt.[1] Dieses Problem ist nicht lösbar, aber die dafür entwickelte Notation hat viele andere Probleme lösen helfen. Bäume sind eingeschränkte Graphen, weswegen manche auch bei ungerichteten Graphen von einem *Wald* sprechen. Wir fangen hier mit den Bäumen an und sprechen dann von Graphen. Als Tätigkeit, die wir in Bäumen und Graphen ausführen, behandeln wir die Suche. Graphentheorie und Suche werden Sie Ihr ganzes Studium hindurch begleiten.

5.1 Binäre Bäume

Ein Baum besteht aus Knoten und Kanten. Eine Kante verbindet zwei Knoten in einer Richtung. Der Knoten, von dem Kanten ausgehen, zu dem aber keine Kanten hinführen, heißt *Wurzel*. Ein Baum hat immer nur eine Wurzel. Im Gegensatz zur Natur befindet sich bei Bäumen der Informatik die Wurzel immer oben. Ein Knoten, zu dem eine Kante hinführt, von dem aber keine Kante abgeht, heißt *Blatt*. Blätter werden unten hingezeichnet. Bei einem Baum hat jeder Knoten nur eine hinführende Kante.

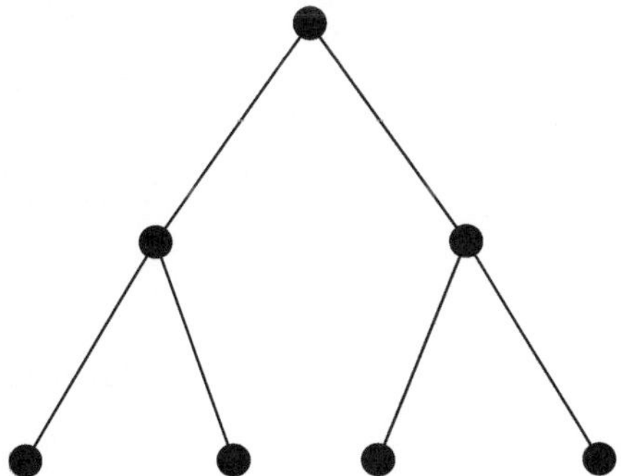

Abbildung 5.1. Ein binärer Baum

---

[1]Leonhard Euler, 1707–1783, Schweizer Mathematiker.

5.1.1

Definition 5.1.1: *Binärer Baum* Der abstrakte Datentyp *binärer Baum* ist entweder leer, oder besteht aus einem Knoten, dem ein linker und ein rechter binärer Baum zugeordnet ist. Die Operationen sind der Test, ob der (Teil-)baum leer ist, die Rückgabe des linken und die Rückgabe des rechten Teilbaums. Außerdem gibt es eine Operation, die die Wurzel des Baums liefert.

Die Definition ist rekursiv: jeder Unterbaum hat wieder eine Wurzel, an der ein rechter und ein linker Baum hängt. Blätter sind also Bäume, deren rechter und linker Teilbaum leer sind. Dadurch, dass wir den linken und den rechten Unterbaum unterscheiden, ist der Baum *geordnet*.

Die Darstellung in Java ist sehr einfach und folgt der rekursiven Definition genau.

Programm 5.1

```java
package de.informatikkompakt.baeume;

public class Baum {
  Object inhalt;                                    // Inhalt
  Baum links, rechts;                 // linker, rechter Teilbaum

  public Baum (Object x) {        // konstruiert ein Blatt mit Objekt x
    this (null, x, null);
  }

  public Baum (Baum l, Object x, Baum r) {   // konstruiert einen Baum
    inhalt = x;                              // aus einem Objekt x und
    links = l;                               // einem linken Teilbaum
    rechts = r;                         // und einem rechten Teilbaum
  }

  public Baum left () {                     // liefert linken Teilbaum
    return links;
  }

  public Baum right () {                    // liefert rechten Teilbaum
    return rechts;
  }

  public Object value () {             // liefert Objekt in der Wurzel
    return inhalt;
  }
}
```

Ein binärer Baum wird aufgebaut, indem jeweils ein linker und ein rechter Teilbaum zu einer Wurzel angegeben wird. Er wird also von den Blättern her bis zur Wurzel aufgebaut. In der Java-Realisierung nutzen wir aus, dass die Referenzzuweisung als Wert einer Variablen auf ein Objekt verweist. Die Variable *links* erhält als Wert gerade die Referenz auf den Baum, der links unter dem aktuellen Knoten hängt.[2] Wir bauen einen neuen Baum auf, indem wir den Konstruktor zunächst für zwei Blätter und deren Wurzel aufrufen. Das erzeugte Objekt vom Typ **Baum** wird dann der Wert der Variablen *links* in dem Baum, dessen linken Unterbaum wir gerade erzeugt haben ...

Wir verwenden den abstrakten Datentyp *binärer Baum* meist zur Suche. Wir unterscheiden

die erschöpfende Suche, bei der alle Knoten abgelaufen werden, bis das Ziel erreicht ist;

die heuristische Suche, bei der eine Heuristik die Kanten auswählt, die wir begehen, wobei irgendeine Bewertung (Heuristik) genutzt wird;

die gezielte Suche, die besser *Finden* hieße, weil wir genau wissen, welche Kante wir entlanggehen müssen.

Außerdem gibt es verschiedene Reihenfolgen, in denen wir die Knoten eines Baumes besuchen. Der wichtigste Unterschied ist, ob wir erst alle Nachfolger eines Knoten betrachten (Breitensuche), oder ob wir einen Nachfolger auswählen und dessen Nachfolger betrachten, von denen wir einen auswählen etc. (Tiefensuche).

5.1.1 Tiefen- und Breitensuche

Zur Illustration der uninformierten Suche (d.h. wir haben kein Vorwissen, das uns befähigt abzuschätzen, wo ungefähr das Ziel liegt) eignet sich das Labyrinth. Wir kennen den Weg nicht, aber wir kennen das, was wir suchen. Abbildung 5.2 zeigt ein einfaches Labyrinth mit dem Eingang S und dem Ziel Z. Die Entscheidungspunkte sind mit kleinen Buchstaben bezeichnet. Da wir gerade binäre Bäume besprechen, gibt es an jedem Entscheidungspunkt nur die Frage, ob wir rechts oder links gehen wollen.

Das Labyrinth kann als Baum gezeichnet werden, bei dem jeder Knoten ein Entscheidungspunkt ist und der nachfolgende Weg eine wegführende Kante. Die Blätter sind Sackgassen oder das Ziel.

---

[2]Ist die Sprache der Informatik nicht phantastisch: nach Schlangen und Kellern nun (an der Wurzel) hängende Bäume! Falls Sie einen neuen Datentyp erfinden, zögern Sie nicht, ihn Garten zu nennen und ebenfalls hängen zu lassen.

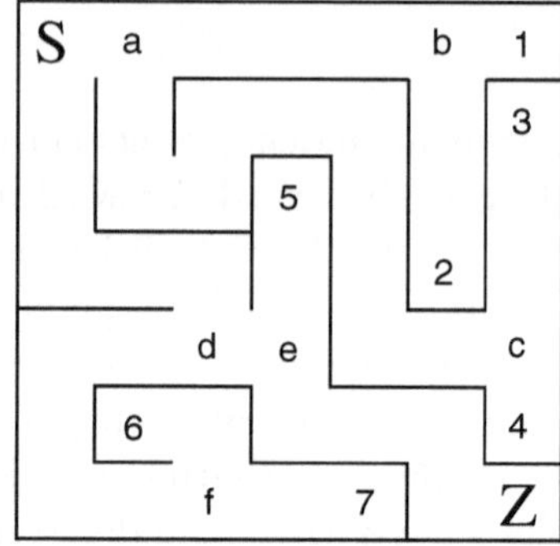

Abbildung 5.2. Labyrinth

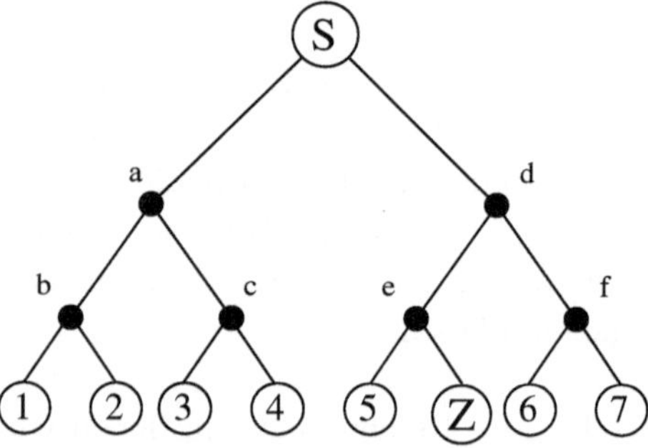

Abbildung 5.3. Baumdarstellung des Labyrinthes

Bei der Suche in diesem Baum können wir die Nachfolger eines Knotens auf
zwei verschiedene Arten betrachten: wir fügen sie wie beim Keller vorn an die
bereits gesammelten Nachfolger an (Tiefensuche) oder wie bei der Schlange
hinten an die gesammelten Nachfolger an (Breitensuche). Die Tiefensuche
eignet sich hervorragend zur Rekursion, weil wir bei jedem Baum von dessen Wurzel aus den jeweiligen linken Unterbaum betrachten, bis schließlich
ein linker Unterbaum leer ist oder seine Wurzel das Ziel. Wenn der linke
Unterbaum das Ziel nicht enthält, betrachten wir den rechten Unterbaum.
Natürlich betrachten wir innerhalb dieses Baums dann wieder zuerst den
linken Unterbaum. Die Tiefensuche sieht in Java so aus:

Programm 5.2

```java
public static boolean tiefensuche (Baum b) {
   if (b == null)                        // Leerer Teilbaum ? Raus.
      return false;

   System.out.println ("Knoten: "+ b.value ()); // Akt. Knoten ausgeben
```

```
if (b.value ().equals("Ziel")) {          // Test, ist das Ziel hier ?
  System.out.println ("Ziel erreicht !");
  return true;
}


//Erst linken und (bei Misserfolg) dann rechten Teilbaum durchsuchen
return (tiefensuche (b.left ()) || tiefensuche (b.right ()));
}
```

Die Tiefensuche betrachtet in unserem Beispiel also

a, b, 1, 2, c, 3, 4, d, e, 5,Z

– in dieser Reihenfolge. Sie merkt sich den Weg nicht, sondern vermeldet
nur true. Auch ist hier das Ziel ein für allemal festgeschrieben. Eine allge-
meinere Fassung verwendet eine Vergleichsmethode, die die Gleichheit des
aktuellen Knoten und eines Ziels prüft. In Java realisieren wir das mithilfe
eines Interface, das für alle Arten von Zielen (Buchstaben, Wörter, Zahlen,
Bedingungen, ...) implementiert werden muss.
Die Breitensuche verwendet eine Schlange zum Speichern der Knoten, die
noch nicht besucht wurden. Nachfolger werden hinten an die Schlange gehängt.
Das Frontelement der Schlange wird betrachtet, ob es vielleicht das Ziel ist.

Programm 5.3

```
public static void breitensuche (Baum wurzel) {
  Baum b;                                      // Hilfsvariable
  boolean amZiel = false;          // Wert, ob wir schon im Ziel sind

  Schlange zuBesuchen = new Schlange (20);      // Schlange der Knoten
                                    // die noch nicht besucht wurden
  if (wurzel != null)
    zuBesuchen.enq (wurzel);                     // Mit Wurzel starten

  while (!zuBesuchen.empty() && !amZiel) {      // Solange noch Knoten
                                    // vorhanden und Ziel nicht erreicht,
    b = (Baum) zuBesuchen.front ();   // obersten Knoten aus Schlange
    zuBesuchen.deq ();                            // nehmen und loeschen
    System.out.println ("Knoten: "+ b.value ());      // und ausgeben.

    if (b.value ().equals("Ziel")) {          // Sind wir hier am Ziel ?
      amZiel = true;
      break ;                // Ziel gefunden, while-Schleife verlassen
    }
```

```
                    // Eventuelle Nachfolger hinten an Schlange haengen
    if (b.left () != null)
      zuBesuchen.enq (b.left ());
    if (b.right () != null)
      zuBesuchen.enq (b.right ());
  }


  if (amZiel)
    System.out.println ("Ziel erreicht !");
  else
    System.out.println ("Habe mich verlaufen !");
}
```

Die Breitensuche besucht die Knoten in der folgenden Reihenfolge: a, d, b, c, e, f, 1, 2, 3, 4, 5, Z. Beide Suchverfahren sind erschöpfend.

Die Klasse **Traversierung** im Verzeichnis de.informatikkompakt.baum enthält eine **main**-Methode, die einen Baum aufbaut und für diesen Tiefensuche und Breitensuche aufruft.

5.2 Bäume mit angeordneten Knoten

Die Ordnungsrelation beim binären Baum trifft nur die Unterscheidung zwischen links und rechts. Wir können Vorwissen durch eine Ordnungsrelation über den Nachfolgern (Unterbäumen) ausdrücken, um gezielt zu suchen. Wenn wir eine Wegbeschreibung für das binäre Labyrinth haben, so wissen wir an jedem Entscheidungspunkt, welchen Unterbaum wir wählen sollen. Im Beispiel hieße die Wegbeschreibung „rechts, links, rechts". Die Wegbeschreibung verwendet also die Ordnungsrelation des Baumes. Nun gibt es nicht so furchtbar viele Probleme, deren Problemstellung bereits eine Folge von links/rechts-Entscheidungen ausdrückt, sodass die Problembeschreibung gleichzeitig die Lösung ist. Deshalb verallgemeinern wir den binären Baum zu einem Baum, dessen Unterbäume gemäß einer Ordnungsrelation angeordnet sind – egal, wie viele es sind. Ein häufig gebrauchtes Exemplar eines solchen Baums mit angeordneten Knoten ist der *lexical retrieval tree*, auch *ltree* oder *trie* genannt. Er nutzt als Ordnungsrelation das Alphabet und wird zum Speichern von Lexika verwendet.

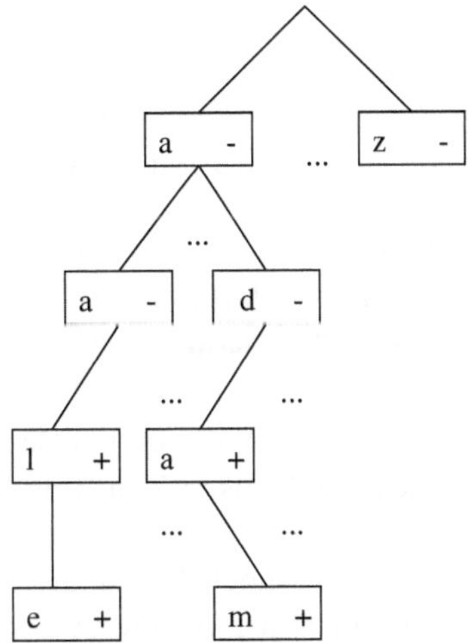

Abbildung 5.4. Unvollständiger LTree deutscher Wörter

Definition 5.2.1:   *LTree* Ein *LTree* ist ein Baum, bei dem jeder Knoten ein   **5.2.1**
Zeichen aus einem geordneten Alphabet darstellt und eine Markierung. Ein
Wort ergibt sich aus der Konkatenation der Zeichen, die von der Wurzel zu
dem Knoten mit positiver Markierung führen.

Mit diesem Baum können wir gezielt suchen, weil jedes Wort, das wir su-
chen, schon seine Wegbeschreibung ist. Nicht alle erreichbaren Knoten stellen
Wörter dar. Es sind dann negativ markierte Knoten. Nicht alle Wörter sind
Blätter. Manchmal liegen auf dem Weg zu einem Wort viele andere Wörter.
Die Wörter auf dem Weg zu einem Wort sind dessen *Präfixe*. So sind *ab* und
ablauf Präfixe von *ablaufen*. In Abb. 5.4 ist *Aal* ein Präfix von *Aale* und die
Programmiersprache *ada* ein Präfix von *Adam*. Würden wir die Wörter alle
einzeln speichern, hätten wir mehr Speicher verbraucht, nämlich so viel mehr
wie es Präfixe gibt. Der LTree verbraucht nur so viel Speicher wie ein Baum
mit der Alphabetlänge als Verzweigung (b) und der Länge des längsten Wor-
tes als Tiefe (d). So ein Baum hat b^d Blätter. Ein Wort muss aber nicht ein
Blatt sein. Vielmehr kann auch jeder Knoten auf dem Weg zu einem Blatt
bereits ein Wort sein. Die Anzahl der Knoten in einem Baum ist $b^{d+1} - 1$.
Der LTree ist also bestens geeignet, eine riesige Menge von Wörtern aufzunehmen. Je häufiger es zu einem Wort Präfixe gibt, umso besser schneidet
der LTree im Vergleich mit anderen Speicherarten ab.
Bäume können in vielfältiger Weise dargestellt werden. Wir haben die binären
Bäume als Objekte mit den drei Eigenschaften *links* vom Typ binärer Baum,
rechts vom Typ binärer Baum und *inhalt* vom Typ **Object** realisiert. Wir

nutzten dabei also die Referenzzuweisung von Java aus. Jetzt realisieren wir den Baum mithilfe eines Feldes von Nachfolgern. Da das Alphabet eine Ordnung hat, wissen wir, an wievielter Position im Feld wir einen bestimmten Buchstaben finden. Der Feldindex kann also bestimmt werden. Wir nutzen aus, dass in Java jeder Buchstabe einen Zahlenwert hat.

Die Klasse `LTree` hat die folgenden Methoden:

`LTree(char c)` nimmt einen Buchstaben, markiert ihn und erzeugt das Feld seiner Nachfolger.

`insert(String s)` fügt ein neues Wort in den Baum ein, indem für jeden Buchstaben der Reihe nach der Konstruktor aufgerufen wird.

`remove(String s)` entfernt ein Wort aus dem Baum.

`hasNext()` prüft, ob ein Knoten noch Nachfolger hat.

`getIndex(char c)` bestimmt den Zahlenwert des Buchstabens.

`dump()` gibt den Baum aus.

`dump(String s)` gibt den Baum rekursiv aus, von der Wurzel bis s und dann die Nachfolger von s.

Im Verzeichnis `de.informatikkompakt.baum` finden Sie das Programm mit einem Beispiel.

Spielen Sie mal damit! Wenn Sie es genügend verstanden haben, können Sie sich ja einmal andere Alphabete ausdenken und eine Kopie des Programms entsprechend ändern! Überlegen Sie auch, wie die Blätter dahingehend erweitert werden können, dass sie z.B. Übersetzungen der gefundenen Wörter enthalten.

5.3 Was wissen Sie jetzt?

Sie müssen unbedingt wissen, was ein binärer Baum ist. Die rekursive Definition „ist entweder leer oder besteht aus einem Knoten mit einem linken und einem rechten binären Baum als Nachfolger" muss Ihnen unter allen Umständen flüssig über die Lippen gehen.

Die Ordnungsrelation ist ausführlich besprochen worden. Wenn sie beim binären Baum mit links und rechts auch etwas mager ausfällt, so ist sie doch auch dort nicht zu unterschätzen. Schließlich sind Wegbeschreibungen bei binären Systemen genau auf diese Ordnungsrelation zu übertragen. Der LTree hat eine beliebige aber feste Anzahl von Nachfolgern je Knoten und nutzt die Ordnung seines Alphabets aus.

5.4 Graphen

Graphen können die verschiedensten Beziehungen darstellen. Erfunden wurden sie, um räumliche Beziehungen abstrakt darzustellen: es gibt einen Weg von a nach b. Dazu reichten Bäume nicht aus, denn es gibt mehrere Wege zu einem Ort (viele Wege führen nach Rom). Genausogut können wir aber zeitliche Beziehungen darstellen. Wir interpretieren die Knoten als Zustände und lesen die Kanten „und dann". Auf diese Weise können wir einfache Entwicklungen darstellen wie etwa den Zyklus der Jahreszeiten, das Knospen, Blühen, Frucht tragen und Abfallen bei Obstbäumen. Planung kann auch mithilfe von Graphen formuliert werden. Dann lesen wir eine Kante zwischen a und b als „a muss vor b geschehen". Kausale Beziehungen, bei denen die Kanten als „verursacht" gelesen werden, lassen sich ebenfalls gut durch Graphen darstellen. Die Problemlösung, die wir mit Graphen anstellen, ist wie bei den Bäumen die Suche. Wir suchen einen Weg von a nach b, wir suchen den Nachfolger eines Knotens, um vorherzusagen, was kommt, wir suchen eine Erklärung für eine Beobachtung (wodurch wird sie verursacht?). Es lohnt sich also, genauer zu wissen, was Graphen sind und wie sie in Java formuliert werden können.

Wir beginnen mit gerichteten Graphen und den Suchmethoden Tiefen- und Breitensuche. Dann besprechen wir ungerichtete Graphen, die Spezialisierungen des gerichteten Graphen sind. Graphen sind eine anschauliche Darstellung endlicher zweistelliger Relationen. Zum Beispiel können wir die Relation $\{(a,b), (a,c), (a,d), (b,c), (d,b), (d,c)\}$ als Graph zeichnen wie in Abb. 5.5 zu sehen.

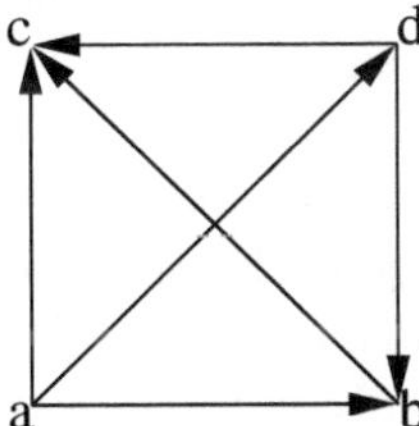

Abbildung 5.5. Graph zur Relation

Wir sehen, dass es wie beim Baum Knoten und Kanten gibt, aber es muss keinen Knoten ohne Vorgänger geben und ein Knoten kann mehrere Vorgänger haben.

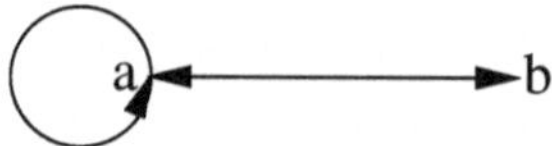

Abbildung 5.6. Unzusammenhängender Graph mit zwei Zusammenhangskomponenten

---

5.4.1   **Definition 5.4.1:**   *Graph, gerichteter* Gegeben sei eine Grundmenge von Knoten V (engl. vertex, vertices). Ein gerichteter Graph $G = (V, E)$ besteht aus V und Kanten $E \subseteq V \times V$ (engl. edge(s)). Ist V endlich, so ist auch der Graph G endlich.

Das kartesische Produkt $V \times V$ setzt jedes Element in V mit jedem Element in V in Beziehung. Sei $V = \{a, b, c, d\}$, so ist $V \times V$:
$\{$(a,a), (a,b), (a,c), (a,d), (b,a), (b,b), (b,c), (b,d), (c,a), (c,b), (c,c), (c,d), (d,a), (d,b), (d,c), (d,d)$\}$. Aus diesem kartesischen Produkt greift E eine Teilmenge heraus, z.B. die oben angeführte. Unsere Definition umfasst aber auch etwa diese Teilmenge:
$\{$(a,b), (b,a), (a,a), (c,d), (d,c), (c,c)$\}$.
Dieser eine Graph besteht aus zwei Teilen, die nicht miteinander verbunden sind. Wie man in Abb. 5.6 gut sieht, ist jeder Teil für sich betrachtet zusammenhängend. Da der Graph aber mehr als einen zusammenhängenden Teil hat, ist er insgesamt unzusammenhängend.

5.4.2   **Definition 5.4.2:**   *Graph, stark zusammenhängend* Ein gerichteter Graph heißt stark zusammenhängend, wenn jeder Knoten von jedem anderen Knoten aus erreichbar ist. Erreichbar ist ein Knoten v_i von einem anderen Knoten v_1 aus, wenn es eine Kante (v_1, v_i), zwei Kanten $(v_1, v_2), (v_2, v_i)$ oder eine Folge von Kanten gibt $(v_1, v_2), (v_2, v_3), ..., (v_{i-1}, v_i)$.

5.4.3   **Definition 5.4.3:**   *Graph, schwach zusammenhängend* Ein gerichteter Graph heißt schwach zusammenhängend, wenn es zwischen zwei Knoten immer einen *Semiweg* gibt. Ein Semiweg zwischen zwei Knoten ist eine Folge von Kanten, die die Knoten verbindet, wobei man von der Richtung der Kanten absehen darf.

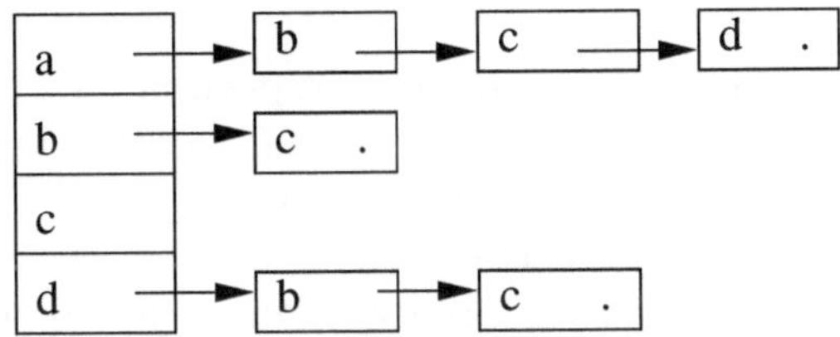

Abbildung 5.7. Adjazenzlisten für einen Graphen

Tabelle 5.1. Adjazenzmatrix

		Nachfolger			
		a	b	c	d
	a	0	1	1	1
Knoten	b	0	0	1	0
	c	0	0	0	0
	d	0	1	1	0

.4.4 **Definition 5.4.4:** *Zusammenhangskomponente* Ein Teilgraph heißt Zusammenhangskomponente, wenn er maximal bezüglich der Zusammenhangseigenschaft (stark oder schwach) ist, d.h. der Teilgraph kann nicht durch einen weiteren Knoten, eine weitere Kante des Graphen erweitert werden, ohne eben diese Eigenschaft zu verlieren.

Ein Graph mit mehr als einer Zusammenhangskomponente heißt *unzusammenhängend*. Der Graph in Abb. 5.5 ist schwach zusammenhängend. Der Graph in Abb. 5.6 ist unzusammenhängend.

Wie kann man nun einen Graphen darstellen? In der Literatur werden zwei Varianten beschrieben: die Adjazenzliste und die Adjazenzmatrix. Nimmt man statt *Adjazenz*, ein aus dem englischen direkt übernommenes Wort, das deutsche Wort *Nachfolger*, so ist klar, dass wir zum einen eine Liste von Nachfolgern für jeden Knoten angeben können, zum anderen eine Matrix, oben und seitlich mit allen Knoten beschriftet und in den Kästchen steht, ob es eine Kante gibt oder nicht.

Wenn der Graph gerichtet ist, ist die Nachfolgerliste praktisch. Ebenso, wenn zwischen vielen Knoten keine Kante besteht. Wenn es zwischen fast allen Knoten eine Kante gibt, ist die Nachfolgermatrix praktisch. Ebenso, wenn direkt auf einen Knoten gesprungen werden soll. Abbildung 5.7 zeigt die Listen- bzw. Felddarstellung für den in Abb. 5.5 gezeichneten Graphen. Tabelle 5.1 zeigt die Matrixdarstellung für denselben Graphen.

Wir programmieren einen gerichteten Graphen in zwei Schritten. Zunächst schreiben wir die Klasse **Vertex** mit den Eigenschaften eines Knoten:

contents: Inhalt des Knoten – ein Objekt;

successors: Nachfolger – eine verkettete Liste;

alreadyVisited: Markierung, ob der Knoten schon besucht wurde.

und den Methoden:

Vertex(Object c) wobei einem Knoten die Referenz auf irgendein Objekt zugewiesen wird, eine verkettete Liste für die Nachfolger erzeugt wird und die Markierung, ob der Knoten schon besucht wurde, mit **false** initialisiert wird.

die Methoden **getContents()**, **getSuccessors()** und **visited()** liefern die Ausprägung der jeweiligen Eigenschaft eines Knotens zurück.

addSuccessor(Vertex v) trägt in die verkettete Liste der Nachfolger eines Knotens einen neuen Knoten ein. Dazu wird die Methode der verketteten Listen **add(Vertex v)** aufgerufen.

setVisited(boolean visited) weist der Eigenschaft *alreadyVisited* einen neuen Wert durch die Parameterübergabe *Wertübergabe* zu.

toString() gehört zum guten Ton einer Java-Klasse!

depthFirstSearch(Object vc) Tiefensuche von einem bestimmten Knoten aus, wobei jeder Knoten, der bei der Tiefensuche besucht wird, markiert wird mit *alreadyVisited* =**true**. Auf diese Weise wird ein Zyklus erkannt, wenn bei der Verfolgung der Nachfolger ein bereits besuchter Knoten als Nachfolger vorkommt.

breadthFirstSearch(Object vc) Breitensuche von einem bestimmten Knoten aus.

Die Realisierung in Java ist lang, aber übersichtlich:

Programm 5.4

```java
package de.informatikkompakt.baeume;

import java.util.LinkedList;                         //ADT Liste
import java.util.ListIterator;        // Iterator fuer verzeigerte Listen
import de.informatikkompakt.sequenzen.Schlange;

public class Vertex {
  protected Object contents;            // Inhalt des Knotens (z.B. Name)
  protected LinkedList successors;             // Liste der Nachfolger
  protected boolean alreadyVisited;          // Markierung, ob der Knoten
                               // beim Graphdurchlauf schon besucht wurde
```

```java
public Vertex (Object _contents) {
  contents = _contents;
  successors = new LinkedList ();
  alreadyVisited = false;
}

public Object getContents () {
  return contents;
}
public LinkedList getSuccessors () {
  return successors;
}
public boolean visited () {
  return alreadyVisited;
}
public void setVisited (boolean visited) {
  alreadyVisited = visited;
}
public void addSuccessor (Vertex v) {
  successors.add (v);
}

public String toString ()            // Inhalt & Liste der Nachfolger
{
  String s;          // fuer den Knoten erzeugte Ausgabezeichenkette
  ListIterator i;      // Iterator fuer die Nachfolger des Knotens
  Vertex v;            // aktuell betrachteter Nachfolgerknoten

  s = new String (contents.toString () + ": ");
  i = successors.listIterator ();
  while (i.hasNext ()) {
    v = (Vertex) i.next ();
    s += (v.getContents ()).toString();
    if (i.hasNext ())
    s += ", ";
  }
  return s;
}
```

```java
public Vertex depthFirstSearch (Object vertexContents) {
                // Tiefensuche mit Zyklenerkennung (ab diesem Knoten);
    ListIterator i;          // Iterator fuer den aktuellen Nachfolger
    Vertex v;                  // aktuell betrachteter Nachfolgerknoten
    Vertex r;    // von Tiefensuche in tieferer Ebene gefundener Knoten

    System.out.print (""+ this.contents);
    this.setVisited(true);   // aktuellen Knoten als besucht markieren

    if (this.contents.equals(vertexContents)) {
      System.out.println ("(Suche erfolgreich)");
      return this;
    }


    i = (this.successors).listIterator();
    while (i.hasNext ()) {
      v = (Vertex) i.next ();
      if (!(v.visited ())) {
        r = v.depthFirstSearch (vertexContents);
        if (r != null)
          return r;
      }
    }


    return null;               // Suche von diesem Knoten aus erfolglos
  }


  public Vertex breadthFirstSearch (Object vertexContents) {
                // Breitensuche mit Zyklenerkennung (ab diesem Knoten)
    ListIterator i;               // Iterator fuer den aktuellen Knoten
    Vertex v;                       // aktuell betrachteter Knoten
    Vertex successor;       // aktuell betrachteter Nachfolgerknoten
    Schlange openVertices = new Schlange (100);
                                // bereits besuchte Knoten mit
                                // noch zu besuchenden Nachfolgern

    openVertices.enq (this);
    this.setVisited(true);

    while (!(openVertices.empty ())) {
      v = (Vertex) openVertices.front ();
      openVertices.deq ();

      System.out.print (""+ v.getContents ());
```

```java
      if (vertexContents.equals (v.getContents ())) {
        System.out.println ("(Suche erfolgreich)");
        return v;
      }

      i = (v.getSuccessors ()).listIterator();
      while (i.hasNext ()) {
        successor = (Vertex) i.next ();
        if (!(successor.visited ())) {
          successor.setVisited (true);
          openVertices.enq (successor);
        }
      }
    }

    System.out.println ("(Suche erfolglos)");
    return null;
  }
}
```

Bei dieser Implementierung ist die Tiefensuche (Breitensuche) nur von einem bestimmten Knoten aus möglich. Die Suche ist seine Methode. In einem zweiten Schritt legen wir um die Klasse der Knoten noch eine Schicht herum. Dies ist der eigentliche Graph. Die Objekte dieser Klasse können nun alle ihre Knoten als unbesucht markieren. Diese globale Initialisierung, die für wiederholtes Suchen in einem Graphen erforderlich ist, ist innerhalb der Klasse **Vertex** nicht möglich. In der Klasse **Graph** kann die Tiefensuche (Breitensuche) dann für den gesamten Graphen und auch wiederholt durchgeführt werden. Die Klasse **Graph** steht im Paket de.informatikkompakt.baeume. Hier nun ein Beispiel für die Verwendung eines gerichteten Graphen. Wir beschreiben den Kommunikationsfluss in einer Firma. Beim Witze erzählen muss man ja darauf achten, dass man ihn nicht der Quelle, d.h. demjenigen, der ihn in Umlauf gebracht hat, wieder erzählt. Die Tiefensuche mit Zyklenerkennung warnt uns davor, einen schon besuchten Knoten nicht noch einmal zu besuchen, d.h. einem, der den Witz schon kennt, ihn noch einmal zu erzählen. Die Firma mit dem Kommunikationsfluss ihrer Witze sieht man in Abb. 5.8.
Sie sehen, dass das Team 2 mit dem Chef stark zusammenhängend ist. Insgesamt ist der Graph aber nur schwach zusammenhängend.
Ungerichtete Graphen können wir als Spezialisierung gerichteter Graphen betrachten: jede Kante zwischen zwei Knoten geht in beide Richtungen. Der ein-

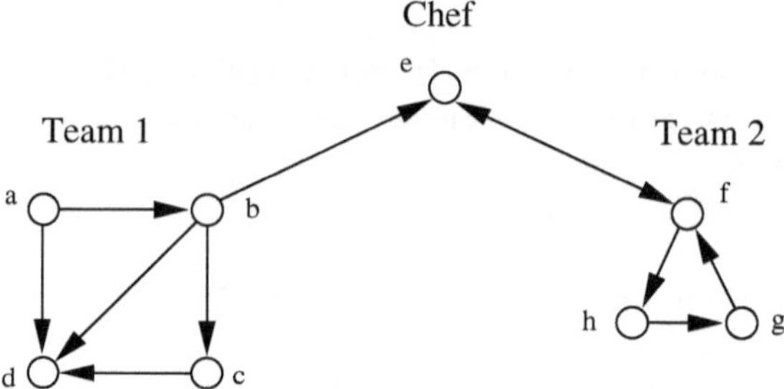

Abbildung 5.8. Witze erzählen in einer Firma

zige Unterschied zwischen **Vertex** und seiner Unterklasse **UndirectedVertex**
besteht in der Methode, einen Knoten – nennen wir ihn v_1 – als neuen Nachfolger zu einem anderen Knoten – nennen wir ihn v_2 – hinzuzufügen: man
muss nachsehen, ob es die Kante zwischen v_1 und v_2 schon gibt. Dabei muss
man sowohl die Nachfolger von v_1 als auch die Nachfolger von v_2 prüfen.

Programm 5.5

```java
package de.informatikkompakt.baeume;

public class UndirectedVertex extends Vertex {
  public UndirectedVertex (Object pContents) {
    super (pContents);
  }

  public void addSuccessor (Vertex v) {
    if (!(successors.contains (v)))
      successors.add (v);
    if (!((v.getSuccessors ()).contains(this )))
      (v.getSuccessors ()).add(this);
  }
}
```

Als Beispiel für einen ungerichteten Graphen können wir wieder unsere Firma betrachten, wobei aber diesmal nicht das Erzählen von Witzen sondern
die Weitergabe von Java-Tipps dargestellt wird. Da es sich bei allen in der
Firma um engagierte Java-Anfänger handelt, werden Tipps immer in beide
Richtungen ausgetauscht. Während kein Witz von c nach g gelangte, kommen Java-Tipps nun von jeder Person zu jeder anderen Person. Dennoch sind
die Teams untereinander stärker verbunden als miteinander. Team 1 ist eine *Clique*, d.h. jeder Knoten ist mit jedem anderen verbunden. Ebenso ist
Team 2 eine Clique, weil auch hier alle miteinander verbunden sind. Beide

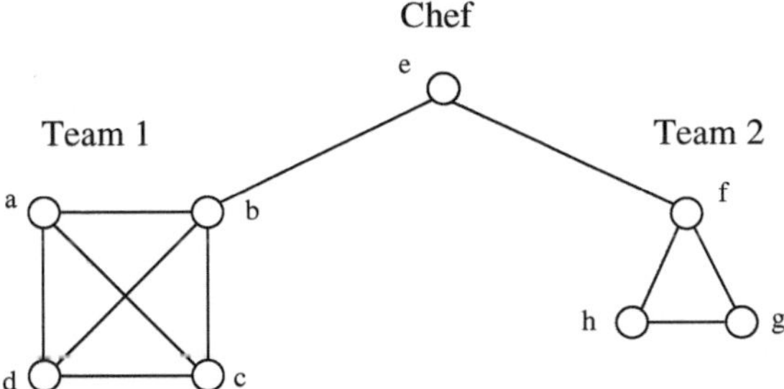

Abbildung 5.9. Die Weitergabe von Tipps in einer Firma

Cliquen sind maximal, weil wir den Chef nicht mit hinzunehmen können: er ist nicht mit jedem Mitglied des Teams verbunden. Abbildung 5.9 zeigt die Firma bezüglich des Austauschs von Tipps zur Programmierung.

Der Graph kann mit Breiten- und Tiefensuche durchlaufen werden, um festzustellen, ob ein Knoten von einem anderen Tipps erhält, ob z.B. der Chef von as Weisheit profitiert (ja). Das Beispielprogramm ist natürlich wieder in unserem Verzeichnis zu finden und ausführbar.

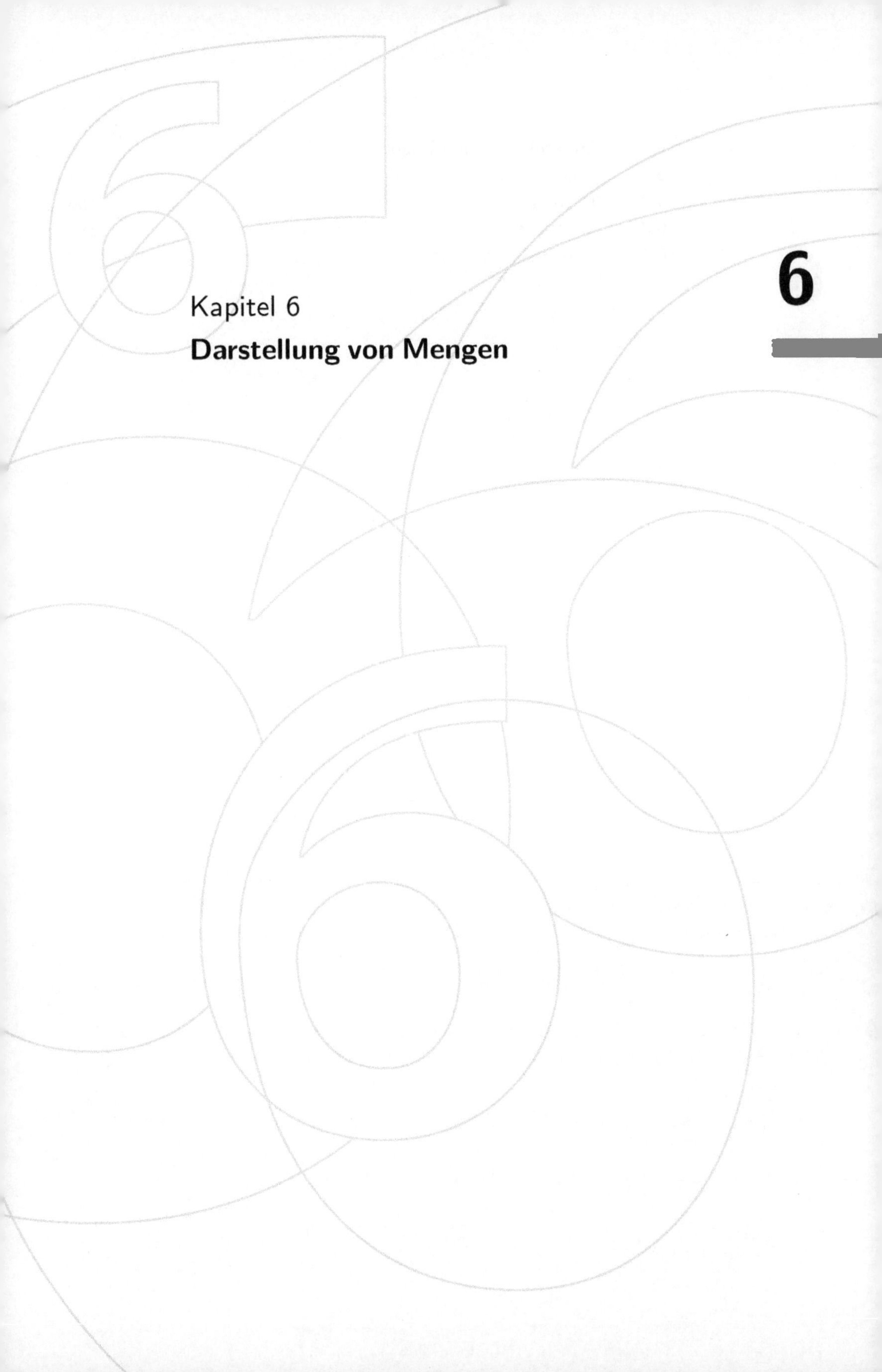

6

Kapitel 6

Darstellung von Mengen

6

6 Darstellung von Mengen

Wir haben bereits auf verschiedene Arten Mengen von Objekten dargestellt: als Feld von Objekten, in einer verketteten Liste, in einem Keller oder einer Schlange. Dort haben wir die Elemente sortiert und dann gemäß der Sortierung auf sie zugegriffen. Wir konnten die Elemente auch als Knoten in einem Baum oder einem Graphen speichern. Wir suchen ein Element und liefern es dann zurück. So ganz befriedigend ist das nicht. In beiden Fällen müssen wir uns elementweise zu dem gewünschten Element bewegen. Das geht aber auch direkter! Es gibt noch zwei Möglichkeiten, Mengen darzustellen, die in diesem Abschnitt besprochen werden sollen. Der wichtige Bereich der Informationssysteme oder Datenbanken widmet sich Mengen von Relationen, wie man Massen davon effizient speichert und gezielt auf Teile zugreift [9]. Auch werden zunehmend Mengen von Dokumenten integiert [15]. Als Grundlage und ersten Hinweis auf dieses Teilgebiet der Informatik braucht man mindestens das hier vorgestellte Hashing.

6.1 Charakteristische Vektoren

Eine Darstellung für Mengen ist die des *charakteristischen Vektors*. Wenn wir eine endliche Menge haben, die nicht erweitert wird, z.B. Spielkarten oder Waren eines Geschäfts, das sein Sortiment nicht ändert, dann vergeben wir für jede Karte bzw. jede Ware eine Position in einem Feld von `boolean` Elementen. Die Abbildung von dem Element auf den Index ist beliebig, aber festgelegt. Wir können z.B. für die Darstellung eines Einkaufs an allen Positionen, die sich auf einen Artikel beziehen, den ein Kunde gekauft hat, den Wert `true` eintragen. Wir haben dann nicht dargestellt, wieviel von einer Sorte der Kunde gekauft hat. Wir können aber z.B. – wie es bei der *Entdeckung von Assoziationsregeln*, einem Verfahren des maschinellen Lernens, geschieht – herausfinden, welche Waren meist zusammen gekauft werden, um sie dann an entfernten Ecken des Ladens auszustellen, sodass der Kunde möglichst viel der Ladenfläche sehen muss.

Nun wissen wir, *was* wir darstellen wollen. In Java können wir das mit einem Feld von `boolean` Elementen tun. Wenn wir ein Element hinzufügen wollen, das als i-te Position im Feld codiert wird, brauchen wir nur eine Zuweisung `a[i] = true;` zu schreiben. Jeder Einkauf z.B. wäre ein Objekt vom Typ `boolean[]`.

Die Frage *warum* nach den Vor- und Nachteilen ist schnell beantwortet. Ein Vorteil eines charakteristischen Vektors ist, dass das Einfügen oder Löschen eines Elementes nur $O(1)$ benötigt. Der Zeitaufwand für das Bilden von

Schnittmengen zweier charakteristischer Vektoren, ihre Vereinigung oder ihre Differenz ist proportional zur Kardinalität der Ausgangsmenge (z.B. *aller* Waren) und nicht proportional zur Kardinalität einer bestimmten Menge (z.B. eines Einkaufs). Wenn fast immer fast alles gekauft wird, die zu behandelnde Menge also meist fast so groß wie die Ausgangsmenge ist, ist der Aufwand linear in der Anzahl von Elementen. Wenn wir aber den realistischen Fall betrachten, wieviele verschiedene Waren ein Laden führt, wird unser Vektor arg lang und ist nur dünn besetzt, d.h. die zu behandelnde Menge ist viel kleiner als die Ausgangsmenge. Und wenn wir alle Einkäufe eines Vierteljahres speichern wollen, so müssen wir uns ernste Gedanken über das Speichern all dieser Daten machen. Der Nachteil der charakteristischen Vektoren ist ihr Platzbedarf. Sie sind also nur bei eher kleinen Ausgangsmengen angemessen.

6.2 Hashing

Das Speichern großer Mengen bringt uns zu der zweiten Darstellung von Mengen, dem Zerhacken von Feldern, englisch *hashing*. Nehmen wir an, jedes Element hätte einen eindeutigen Bezeichner. Man nennt so einen Bezeichner *Schlüssel* (engl. key). Wir können dann eine Abbildung zwischen dem Schlüssel und dem Speicherplatz definieren, an dem das Element mit diesem Schlüssel liegt. Die Funktion

$$f(x) \rightarrow \mathbb{N}$$

liefert für einen Schlüssel x eine natürliche Zahl, die die Speicheradresse bezeichnet. Wir wenden diese Funktion an, um ein Element in den Speicher einzutragen, und um direkt mit dem Schlüssel auf es zuzugreifen. Wir nennen diese Funktion *Hash-Funktion*. Nun fragt sich natürlich, wie wir für eine Menge von Objekten die Funktion $f(x)$ definieren sollen. Unsere erste Idee ist vielleicht, den charakteristischen Vektor als Zahl aufzufassen, sodass er den Speicherplatz bezeichnet. Der Schlüssel wäre der charakteristische Vektor und seine Interpretation als Zahl wäre die Hash-Funktion. Diese Hash- Funktion ist eineindeutig. Aber gerade die eineindeutigen Funktionen haben ja den Nachteil, dass sie so viel Platz ver(sch)wenden! Wir wählen also eine Funktion, mit der wir zwar eindeutig den Speicherplatz erreichen, aber nicht vom Speicherplatz zurück auf den Schlüssel kommen? Das ist eine *perfekte Hash-Funktion*. Manchmal findet man sie. Zum Beispiel wird die Menge $\{braun, rot, blau, violett, türkis\}$ zufällig durch die Funktion $f(x) = Wortlänge - 3$ auf 5 aufeinander folgende Positionen eines Feldes abgebildet. Bei sehr großen Mengen findet man sie aber meistens nicht. Wir überlegen: wenn Elemente der darzustellenden Menge eher selten vorkommen, können wir eigentlich ruhig ein- und denselben Speicherplatz für mehrere

Elemente vorsehen. Wir müssen dann insgesamt weniger Speicherplatz reservieren und meistens geht es gut. Die Leitidee ist: Wir wollen möglichst wenig Speicherplatz verbrauchen und es soll möglichst nur ein Objekt auf einen Speicherplatz abgebildet werden. Werden verschiedene Objekte auf dieselbe Adresse abgebildet, spricht man von einer *Kollision*. Wir nehmen Kollisionen in Kauf. Dann darf die Menge auch wachsen, ohne dass wir die Darstellung verändern müssen (wie bei charakteristischen Vektoren). Die Menge darf sogar unendlich sein.

Definition 6.2.1: *Hash-Funktion* Eine Hash-Funktion bildet mögliche Elemente einer Menge auf eine feste Anzahl von Adressen ab.

6.2.1

Beispiel 6.1: *Hash-Funktion für Wörter* Ein Wort ist eine Folge von Buchstaben $w = c_0, c_1, \ldots c_{n-1}$. Jedem Buchstaben ist ein Zahlenwert zugeordnet. Dann ist die Summe dieser Zahlenwerte *modulo* der Anzahl der Adressen B, also der Rest, der übrig bleibt, wenn die Summe durch B geteilt wird, die Adresse. Sie liegt gewiss im Intervall von 0 bis B.

6.1

$$f(w) = \left(\sum_{i=0}^{n-1} c_i \right) \text{modulo} B$$

Wenn nun zwei Elemente der Menge auf denselben Speicherplatz abgebildet werden (Kollision), gibt es zwei Verfahren: das offene und das geschlossene Hashing. Wir besprechen hier nur das offene Hashing. Das offene Hashing fasst jeden der ursprünglichen Speicherplätze als Anfang einer verketteten Liste auf. Die Listen heißen englisch *buckets* (Eimer). Die Hash-Tabelle ist ein Feld von verketteten Listen. Abb. 6.1 zeigt das Schema einer Hash-Tabelle beim offenen Hashing. Um ein Element x der Menge einzutragen, wird $f(x)$ berechnet und gibt die Liste an, in die x eingetragen werden soll. Um ein Element x der Menge zu finden, wird $f(x)$ berechnet und damit die Liste gefunden, in der nach x zu suchen ist. Wir haben B Listen, die nur etwa $(1/B) \cdot M$ lang sind, wobei M die Kardinalität der Menge ist. Wenn $B = M$ ist, so enthält jede Liste der Hash-Tabelle im Durchschnitt nur 1 Element. Dies ist der Idealfall für die Hash-Tabelle.

Definition 6.2.2: *Lastfaktor* Der Lastfaktor einer Hash-Tabelle ist bei der Anzahl B von Adressen und der Kardinalität M der darzustellenden Menge das Verhältnis M/B.

6.2.2

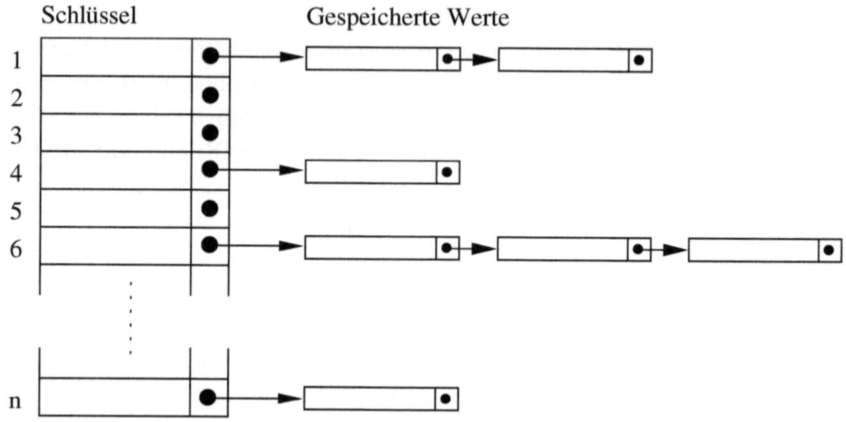

Abbildung 6.1. Hash-Tabelle – Offenes Hashing

Wenn M/B etwa 1 ist, ist der Aufwand, ein Element einzufügen oder zu finden $O(1)$. Diesen Idealfall können wir mit einer Schwelle von beispielsweise 75% annähern, indem wir fordern $M/B \leq 1,33$.

Wir haben gesagt, dass die Menge beliebig groß werden darf und sprechen nun von ihrer Kardinalität. Das sieht aus wie ein Widerspruch. Tatsächlich haben wir in der Informatik zu jedem Zeitpunkt eine bestimmte Menge. Sie ist vielleicht die Teilmenge der eigentlich darzustellenden Menge. Dann werden nach und nach neue Elemente hinzukommen. Aber auch dann haben wir zu jedem Zeitpunkt eine bestimmte Menge, deren Kardinalität wir kennen.

6.2   **Beispiel 6.2** Wir sehen vielleicht anfangs für die erwartete Kardinalität der Menge $M = 1.000.000$ einen Lastfaktor von 1 vor. Dann wächst die Menge immer mehr. Bei 1.080.000 Elementen haben wir einen Lastfaktor von 1,35. Wir beschließen, eine neue Hash-Tabelle mit dem Lastfaktor 1,08 anzulegen, sehen also 1.080.000 Speicherplätze vor, $B = 1.000.000$. Das Anlegen der neuen Tabelle erfordert $O(M)$ Aufwand. Aber das Auffinden eines Elements in der neuen Tabelle ist jetzt wieder nahe $O(1)$.

In Java gibt es im Paket `java.util` die Klasse **HashMap**. Java verwendet das offene Hashing mit einem Schwellwert für den Lastfaktor, der auf 75% voreingestellt, vom Programmierer aber verändert werden darf. Auf Anforderung oder wenn der Lastfaktor überschritten wird, legt Java eine neue Hash-Tabelle an. Die Klasse **HashMap** ist eine Unterklasse von **AbstractMap**, die Schlüssel einer bei der Deklaration und der Instanziierung anzugebenden Klasse **K** auf Werte einer bei der Deklaration und Instanziierung anzugebenden Klasse **V** abbildet. Die Methoden sollen hier nicht alle aufgeführt werden. Sie können sie in der Dokumentation nachlesen. Sogar das Java- Programm selbst müssten Sie vor dem Hintergrund dieses Abschnitts halbwegs verstehen können.[1] Die wichtigsten Methoden sind **put(K k, V v)** und **get(Object k)**, mit denen man Elemente in die Tabelle einträgt, bzw. in ihr findet.

Das Beispiel zeigt die Verwendung von Hash-Tabellen für das Speichern von Wörtern und deren Vorkommen in einem Text. Die Wörter selbst sind die Schlüssel, das Objekt, das zugeordnet wird, die Häufigkeit. Da die **HashMap** Objekte verwaltet, müssen die Anzahlen in **Integer**-Objekten gespeichert werden. In der Methode **zaehle(String[] args)** wird das Feld mit den Wörtern durchlaufen und bei jedem Wort zunächst in der Hash-Tabelle die bisherige Häufigkeit abgefragt. Ist diese *null*, so ist das Wort bisher nicht aufgetreten, der neue Wert wird auf 1 gesetzt. Ansonsten wird der bisherige Wert um 1 erhöht. Danach wird das neue Anzahl-Objekt für das Wort in der Hash-Tabelle gespeichert, der bisherige Wert wird dadurch überschrieben.

Programm 6.1

```
package de.informatikkompakt.mengen;
import java.util.HashMap;

public class WoerterZaehlen {
                                      // Die Zahl 1 wird haeufig benoetigt
  private static final Integer EINS = new Integer (1);

        // Zaehlt die Anzahl der Woerter im uebergebenen String-Feld
  public HashMap zaehle (String[] args) {
    HashMap map = new HashMap ();              //Speichert die Anzahlen

                                   // Alle Woerter im Feld behandeln
    for (int i = 0; i < args.length; i++) {
      Integer freq, neu;
                                   // Bisherige Anzahl ermitteln
      freq = (Integer) map.get (args[i]);
                                   // Neue Anzahl berechnen
      neu = (freq==null ? EINS : new Integer(freq.intValue() + 1));
      map.put (args[i], neu);                  // Neue Anzahl setzen
    }
    return map;
  }
```

---

[1]Die Operation *modulo* wird in Java % geschrieben.

```
public static void main (String[] args) {
  HashMap ergebnis;
  ergebnis = new WoerterZaehlen ().zaehle(args);
  System.out.println (ergebnis.size ()
  + "unterschiedliche Woerter entdeckt:");
  System.out.println (ergebnis);
  }
}
```

6.3 Weitere Verwendung von Hashfunktionen

Wir haben oben Hashfunktionen als nicht umkehrbare Funktionen definiert, die Elemente auf einen Speicherplatz abbilden. Im allgemeinen findet die Abbildung auf eine beliebige Zahl oder einen beliebige Zeichenkette statt. Neben der Verwendung zur effektiven Speicherung von Werten in einer Tabelle werden Hashfunktionen auch in der Kryptographie für die unumkehrbare Verschlüsselung von Texten verwendet. So werden zum Beispiel die Passwörter in einem Computer häufig mit einer Hashfunktion kodiert. Da Hashfunktionen nicht umkehrbar sind, kann niemand, auch kein Systemadministrator, aus diesem Hashwert auf das Passwort schließen. Die Prüfung, ob ein Passwort korrekt eingegeben wurde, erfolgt, indem auch der eingegebene Text mit der Hashfunktion kodiert und das Ergebnis mit dem gespeicherten Hashwert verglichen wird.

Eine zusätzliche Anwendung von Hashfunktionen ist die Sicherstellung, dass Dokumente nicht geändert wurden. Dazu wird eine Hashfunktion auf dem Dokument angewendet, und zusammen mit dem Dokument gespeichert oder versendet. Soll später geprüft werden, ob das Dokument unverändert ist, wird erneut die Hashfunktion angewendet. Ergibt sich derselbe Hashwert, ist das Dokument unverändert. Um eine hohe Sicherheit zu gewährleisten, sind die Hashfunktionen aus der Kryptographie so konstruiert, das geringste Änderungen des Ursprungswerte sehr große Änderungen am Hashwert ergeben. Außerdem ist die Zielmenge sehr groß, sodass die Gefahr, dass zwei unterschiedliche Eingangswerte auf denselben Zielwert abgebildet werden, sehr gering ist.

6.4 Was wissen Sie jetzt?

Sie haben die Breiten- und Tiefensuche in Bäumen und in Graphen gesehen – was ist eigentlich der Unterschied?

Machen Sie sich mal ein Liste, welche Implementierungen von Mengen Sie schon kennengelernt haben! Welche kommt der tatsächlichen Menge am nächsten? Jedenfalls kennen Sie eine Hash-Funktion und wissen, was Hash-Funktionen im allgemeinen sind. Sie wissen, was eine Kollision ist und wie das offene Hashing damit umgeht.

Sie kennen auch gerichtete und ungerichtete Graphen, deren Nachfolger als verkettete Liste gespeichert werden. Schreiben Sie sich auch umgekehrt einmal auf, was wir alles mit verketteten Listen realisiert haben. Bedenken Sie, eine verkettete Liste ist *kein* abstrakter Datentyp, sondern eine Art, *wie* wir ihn realisieren.

Kapitel 7

Muster: Abstraktionen bewährter Lösungen

7 Muster: Abstraktionen bewährter Lösungen

In Kapitel 2 haben wir in die objektorientierte Modellierung eingeführt. Die Erstellung eines guten Modells ist insbesondere für größere Anwendungsbereiche schwierig. Es wird dadurch noch schwieriger, dass sich die fachlichen Anforderungen an ein Programm im Laufe der Zeit ändern. Dies kann passieren, weil die Anforderungen falsch verstanden und entwickelt wurden, aber auch weil die Anforderungen sich durch äußere Einflüsse, zum Beispiel durch die Änderungen von Gesetzen, ändern können. Um Lösungen, die sich in früheren Projekten als nützlich erwiesen haben, wiederverwenden zu können, begann man Ende der 80er Jahre, *Muster* zu entwickeln. Christopher Alexander definiert Muster wie folgt [8]:

7.0.1

Definition 7.0.1: *Muster* Jedes Muster beschreibt ein in unserer Umwelt beständig wiederkehrendes Problem und erläutert den Kern der Lösung für dieses Problem, so dass Sie diese Lösung beliebig oft anwenden können, ohne sie jemals ein zweites Mal gleich auszuführen.

Ein solches wiederkehrendes Problem aus dem Bereich der Architektur (aus dem Alexander stammt) ist die Verteilung von Steckdosen in einem Wohnraum. Der Kern der Lösung wäre, "in jeder Ecke und an jeder Tür eine Steckdose zu platzieren. Ist in dem Raum eine Sitzecke vorgesehen, so sollten gegenüber zusätzliche Steckdosen angebracht werden". Diese Lösung ist abstrakt, sie kann für jeden konkreten Raum angewendet werden. Dabei ist die konkrete Lösung immer unterschiedlich, da ja verschiedene Räume mit Steckdosen bestückt werden.

7.1 Entwurfsmuster

7.1

Für die Modellierung von Softwaresystemen wurde von [8] ein Katalog von 23 Mustern zusammengestellt, die heute als die wichtigsten Muster zählen. Neben der Auswahl der vorgestellten Muster ist eine der Pionierarbeiten der Autoren eine systematische Beschreibung der Muster. Muster besitzen vier grundlegende Elemente:

Mustername: Dient der Identifikation des Musters. Durch den Musternamen wird zudem das Vokabular der Modellierer erweitert: Sie können sich mit anderen Entwicklern auf einem höheren Abstraktionlevel unterhalten, wenn Sie Musternamen verwenden. Auch können Sie auf einem höheren Abstraktionsniveau über Ihren Entwurf nachdenken.

Problemabschnitt: In diesem Abschnitt wird beschrieben, für welche Probleme das Muster angewendet werden kann. Der Abschnitt kann Bedingungen enthalten, die erfüllt sein müssen, damit ein Muster sinnvoll eingesetzt werden kann.

Lösungsabschnitt: Hier wird die eigentliche Lösung beschrieben. Diese besteht meist aus einem Objektmodell, aus den Zuständigkeiten der enthaltenen Klassen und aus den Interaktionen zwischen den Klassen. Muster sind unabhängig von einer konkreten Programmiersprache, dennoch wird das Muster auch in einer kurzen Beispielimplementierung vorgestellt.

Konsequenzen: Aus der Verwendung eines Musters ergeben sich Vor- und Nachteile. Hier wird zum Beispiel beschrieben, welche Änderungen bei Einsatz diese Musters einfach, und welche aufwändig sind. Auch das Laufzeit- und Speicherplatzverhalten der Anwendung kann ein Muster beeinflussen. Die Konsequenzen sind für die Auswahl des richtigen Musters von zentraler Bedeutung, da ähnliche Probleme unterschiedlich gelöst werden können, und sich daraus entsprechend sehr unterschiedliche Konsequenzen ergeben können.

7.2 Beispiel

Wir werden an dem Muster *Zustand* beispielhaft zeigen, wie Muster aussehen und eingesetzt werden können.

7.2.1 Problem

Stellen Sie sich vor, Sie möchten eine Stoppuhr entwickeln. Die Uhr hat zwei Tasten, mit denen Sie die Uhr starten und stoppen, aber auch Zwischenzeiten nehmen und die Uhr wieder zurücksetzen können.

Solange die Zwischenzeit nicht betrachtet wird, wird mit der ersten Taste die Uhr gestartet und angehalten, mit der zweiten Taste die Zeit zurückgesetzt. Bei laufender Uhr wird mit der zweiten Taste eine Zwischenzeit genommen, die durch wiederholtes Drücken wieder gelöscht wird. Wird die Uhr dagegen bei genommener Zwischenzeit mit Taste 1 angehalten, besitzt sie zwei Stoppzeiten, eine wird direkt angezeigt, die zweite durch Drücken der Taste 2.

Da die verschiedenen Tasten, je nachdem, in welchem Zustand die Uhr sich befindet, unterschiedliche Funktionen haben, ist es sinnvoll, ein Zustandsmodell zu erstellen, das das Verhalten der Uhr in den unterschiedlichen Zuständen verdeutlicht (Abbildung 7.1).

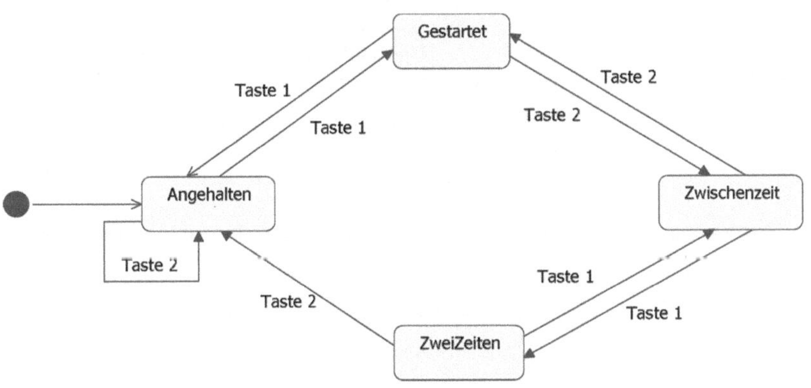

Abbildung 7.1. Zustandsübergänge für eine Stoppuhr

Um eine Stoppuhr zu implementieren könnten Sie eine Klasse programmieren,
die für jede Taste eine Methode besitzt. In diesen Methoden würde abhängig
vom Zustand der Uhr deren Verhalten programmiert. Dieses Vorgehen führt
aber zu unübersichtlichen und schlecht änderbaren Methoden: einerseits werden die Methoden relativ lang und sie enthalten viele bedingte Anweisungen,
andererseits werden unterschiedliche Verhalten in einer Methode implementiert. Wenn sich nun das Verhalten in einem bestimmten Zustand ändern soll,
müssen Sie den Code ihrer gesamten Stoppuhr nach den zu ändernden Stellen durchsuchen. Wenn die Uhr noch mehr Tasten und Funktionen besitzt,
können Sie sich vorstellen, dass die Komplexität ihres Programms immer
größer wird.

7.2.2 Lösung mit dem Muster Zustand

Dieses Problem kann mit dem Muster *Zustand* gelöst werden. Der Ziel dieses
Musters ist es, das Verhalten eines Objekts abhängig vom Zustand austau-
schen zu können. Es sieht dann so aus, als ob das Objekt seine Klasse geändert
hätte.

Die zentrale Idee des Musters besteht daraus, für die verschiedenen Zustände
eigene Klassen zu entwickeln, in denen das Verhalten in dem jeweiligen Zustand implementiert wird. In unserem Beispiel benötigten wir also die Klassen **ZustandAngehalten**, **ZustandGestartet**, **ZustandZwischenzeit** und
ZustandZweiZeiten. Alle diese Klassen haben zwei Methoden **tasteEins()**
und **tasteZwei()**, in denen das dem Zustand entsprechende Verhalten implementiert wird. Da sie diese beiden Methoden gemeinsam haben, kann man
ein gemeinsames Interface **ZustandUhr** implementieren, in dem genau diese
beiden Methoden deklariert werden.

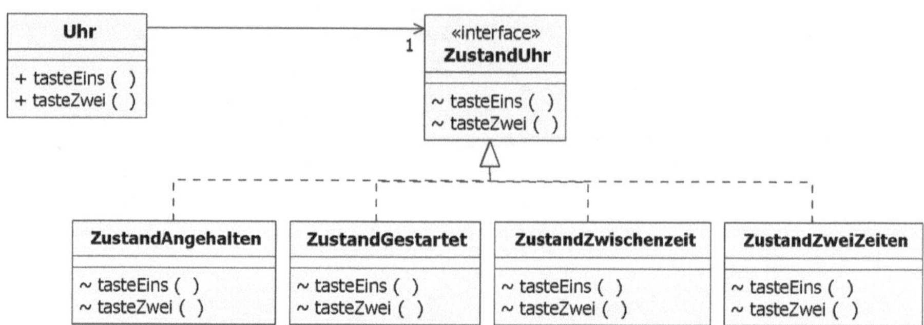

Abbildung 7.2. Klassenmodell für eine Stoppuhr

Die eigentliche Uhr merkt sich den Zustand, in dem sie gerade ist, durch eine Assoziation zu diesem Interface. Je nachdem, welches konkrete Objekt einer Klasse **Zustand...** mit der Uhr assoziiert ist, befindet sich die Uhr im Zustand „angehalten", „gestartet", „Zwischenzeit" oder „ZweiZeiten". Die Uhr selbst besitzt ebenfalls die beiden Methoden **tasteEins()** und **tasteZwei()**. Dies ist erforderlich, weil die Zustände für Benutzer der Klasse **Uhr** nicht sichtbar sein sollen, diese sollen nur die Klasse **Uhr** kennen, und darauf Methoden aufrufen können. Die **Uhr** implementiert diese Methoden durch Delegation, also Weiterreichen des Aufrufs an den aktuellen Zustand. Abbildung 7.2 zeigt das entsprechende Klassenmodell.

Anwendbarkeit

Das Muster ist immer dann anwendbar, wenn das Verhalten eines Objekts von seinem Zustand abhängt und es sein Verhalten zur Laufzeit abhängig vom Zustände ändern soll. Dies kann häufig durch eine Vielzahl von großen Bedingungsanweisungen identifiziert werden.

Lösung

Die allgemeine Struktur des Zustandsmusters ist in Abbildung 7.3 abgebildet. Teilnehmer sind der **Kontext** (in unserem Beispiel die **Uhr**), die die durch das restliche Programm verwendbare Schnittstelle zur Verfügung stellt und den aktuellen Zustand verwaltet. **Zustand** deklariert die Schnittstelle zur Kapselung des mit dem konkreten Zustand verbundenen Verhaltens. **Zustand1**, **Zustand2** repräsentieren die verschiedenen Zustände, hier wird ihr psezielles Verhalten implementiert.

Die beteiligten Objekte interagieren wie folgt: das Kontextobjekt delegiert Anfragen an das aktuelle Zustandsobjekt. Er kann sich selbst dabei als ein Argument übergeben, um so den Zustand auf den Kontext zugreifen lassen zu

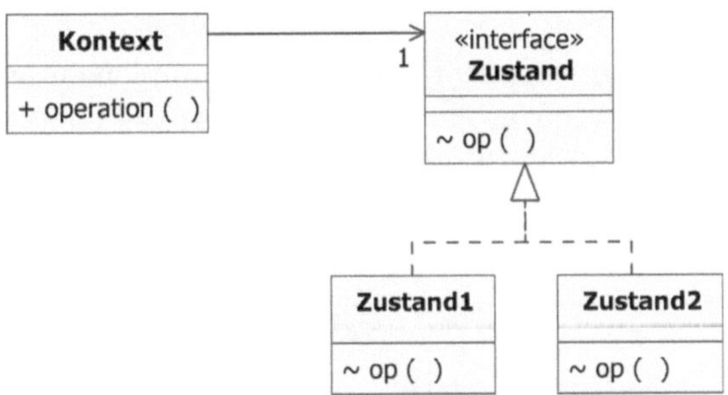

Abbildung 7.3. Allgemeines Klassenmodell des Musters: Zustand

können. Sowohl das Kontextobjekt, als auch die konkreten Zustandsobjekte können die Entscheidung, welcher Folgezustand erreicht wird, treffen.

Konsequenzen

Das zustandsspezifische Verhalten wird in einer Klasse zusammengefasst und von dem Verhalten in anderen Zuständen getrennt. Dadurch können einfach neue Zustände und Zustandsübergänge hinzugefügt werden, und das Verhalten in bestimmten Zuständen geändert werden. Zustandsübergänge werden explizit gemacht, und können daher einfacher identifiziert werden. Die Gefahr inkonsistenter Zustände wird reduziert. Es entstehen aber auch viele neue Klassen, die Implementierung wird dadurch weniger kompakt. Wird bei jedem Zustandsübergang ein neues Zustandsobjekt angelegt, werden sehr viele Instanzen erzeugt, wodurch die Speicherverwaltung belastet wird.

7.2.3 Realisierung in Java

Im folgenden Programm finden Sie eine Implementierung für die Stoppuhr, die aus den oben beschriebenen Klasse besteht. In der Klasse **Uhr** wird in den Methode **tasteEins()** und **tasteZwei()** an den in der Variable *zustand* gespeicherten Zustand delegiert. In dieser Implementierung wird davon ausgegangen, dass die Methoden in **ZustandUhr** jeweils den Folgezustand zurückgeben, dieser wird dann sofort wieder der Variable *zustand* zugeordnet. Das Interface **ZustandUhr** deklariert die Methoden, die bei Drücken der Tasten ausgeführt werden sollen, aber auch zwei weitere Methoden, die der Ausgabe des Zustands für ein Testprogramm dienen. Für jeden im Zustandsmodell definierten Zustand haben wir eine Klasse entwickelt, die dieses Interface implementiert. Im Zustand **ZustandAngehalten** wird bei Drücken der Taste 1 die Startzeit der Uhr gespeichert. Dazu wird die Methode **currentTimeMillis()** der Java-Klasse **System** aufgerufen. Diese Methode gibt die seit 1970 vergangene Zeit in Millisekunden zurück. Drücken der Taste 2 führt zum Zurücksetzen der gemessenen Gesamtzeit. Analog wird in den anderen drei Zustandsklassen die entsprechende Funktionalität implementiert. Die Implementierung hierzu finden Sie im Paket `de.informatikkompakt.muster`. Zum Schluss benötigen wir noch die Testklasse **TestUhr**, mit der wir die Stoppuhr einsetzen können.

Programm 7.1

```java
package de.informatikkompakt.muster;

public class Uhr {
   private ZustandUhr zustand = ZustandUhr.zAngehalten;
   long startzeit;
   long zwischenzeit;
   long gesamtzeit;

   public void tasteEins () {
      zustand = zustand.tasteEins (this);
   }

   public void tasteZwei () {
      zustand = zustand.tasteZwei (this);
   }

   public String getText () {
      return zustand.getText (this);
   }

   public String getZeit () {
      return zustand.getZeit (this);
   }
}

interface ZustandUhr {
   ZustandUhr zAngehalten = new ZustandAngehalten ();
   ZustandUhr zGestartet = new ZustandGestartet ();
   ZustandUhr zZwischenZeit = new ZustandZwischenzeit ();
   ZustandUhr zZweiZeiten = new ZustandZweiZeiten ();

   ZustandUhr tasteEins (Uhr uhr);
   ZustandUhr tasteZwei (Uhr uhr);
   String getText (Uhr uhr);
   String getZeit (Uhr uhr);
}
```

```java
class ZustandAngehalten implements ZustandUhr {
  public ZustandUhr tasteEins (Uhr uhr) {
    uhr.startzeit = System.currentTimeMillis ();
    return zGestartet;
  }

  public ZustandUhr tasteZwei (Uhr uhr) {
    uhr.gesamtzeit = 0;
    return this;
  }

  public String getText (Uhr uhr) {
    return "Zeit: ";
  }

  public String getZeit (Uhr uhr) {
    return ""+ uhr.gesamtzeit;
  }
}

public class UhrTest {
  public static void main (String[] args) {
    Uhr uhr = new Uhr ();
    int taste = 0;

    while (taste < 9) {
      taste = IO.readInt ("Taste: ");
      if (taste == 1)
        uhr.tasteEins ();
      if (taste == 2)
        uhr.tasteZwei ();
      System.out.println (uhr.getText () + uhr.getZeit ());
    }
  }
}
```

7.3 Verwendung von Mustern

7.3

Bei der Verwendung von Mustern müssen Sie zunächst beachten, dass ein Muster nur dann eingesetzt werden sollte, wenn die damit gewonnene Flexibilität tatsächlich erforderlich ist. Wenn Sie den Einsatz eines Muster für sinnvoll erachten, müssen Sie zunächst ein geeignetes Muster auswählen. Dazu lesen Sie sich am besten die Zweckabschnitte der verschiedenen Muster durch, um die potenziell geeigneten Muster zu identifizieren. Vergleichen Sie die Konsequenzen, die sich aus der Nutzung dieser Muster ergeben, und wägen Sie diese mit Ihren Zielen ab. Wenn Sie das richtige Muster ausgewählt haben, müssen Sie es auf Ihren Problembereich abbilden. Dazu müssen Sie festlegen, wie Sie die Klassen und Methoden aus dem Muster mit konkreten Namen aus Ihrem Anwendungsproblem belegen, und diesen Klassen die genauen Verantwortlichkeiten zuordnen. Erst dann sollten Sie mit der eigentlichen Implementierung beginnen.

7.4 Was wissen Sie jetzt

Sie haben Muster als eine abstrakte Lösung für wiederkehrende Probleme kennengelernt. Muster bestehen aus einem Namen, einer Problembeschreibung, einer Lösungsbeschreibung und den Konsequenzen. Muster helfen bei dem Entwurf flexibler, wiederverwendbarer Programme, sie können aber Programme auch verkomplizieren und sollten daher mit Bedacht verwendet werden. Der Einsatz eines Musters erfordert einen Konkretisierungsschritt, bei dem nach Auswahl eines Musters das konkrete fachliche Problem auf diese abstrakte Lösung abgebildet werden muss.

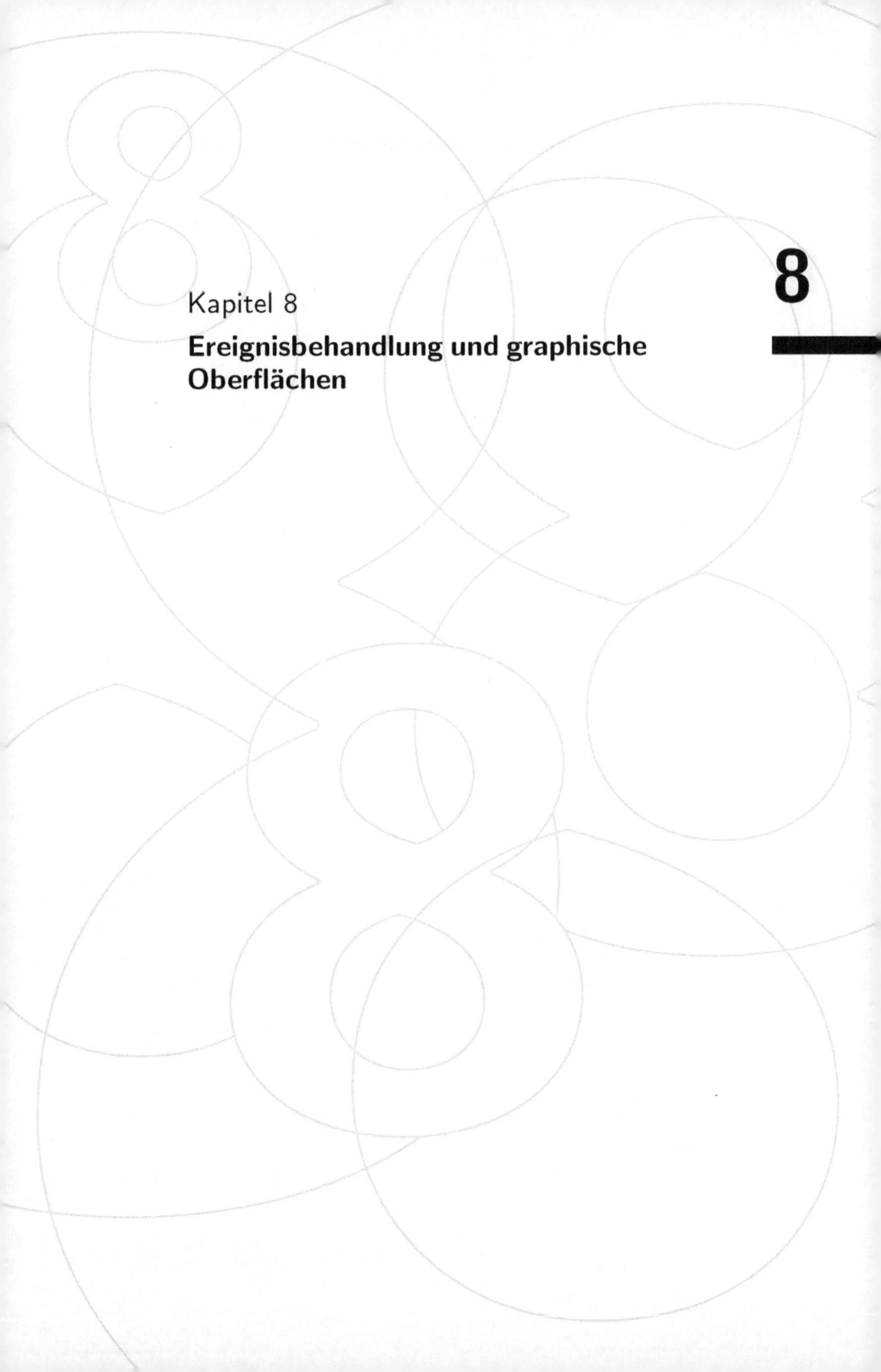

Kapitel 8

Ereignisbehandlung und graphische Oberflächen

8 Ereignisbehandlung und graphische Oberflächen

Wir haben bisher Zeichenketten eingelesen und auf den Bildschirm geschrieben. Dazu haben wir die Klasse **IO** verwendet. Wie funktioniert es? In diesem Abschnitt wird zunächst das Geheimnis der zeilenweisen Benutzereingaben gelüftet. Wir stellen ein kleines Programm vor, das das Prinzip illustriert, das auch der Klasse **IO** zugrunde liegt.

Tatsächlich werden aber für Systeme, die einem Benutzer angenehm sein sollen, graphische Oberflächen programmiert. Bei der Systementwicklung rechnet man etwa 75 % der Entwicklungszeit für die Erstellung der Oberfläche. Hier soll ein Überblick über die Mittel gegeben werden, die Java bereitstellt. Dabei werden wir nicht die Bibliotheken im Detail betrachten, sondern die Konzepte kennenlernen, die den Klassen in den Bibliotheken zugrunde liegen. Mit dieser Orientierung sind Sie dann bei Bedarf in der Lage, sich geeignete Objekte und Methoden zusammenzusuchen. Es ist sogar wahrscheinlich, dass Sie die Konzepte auch in anderen Programmiersprachen wiederfinden. Ihr Wissen veraltet also nicht.

In diesem Abschnitt beschäftigen wir uns mit der Entwicklung von graphischen Oberflächen (*Graphical User Interfaces*, kurz: GUI). Java stellt zwei Bibliotheken zur Verfügung. Das ältere *abstract windowing toolkit*, abgekürzt *awt*, enthält Klassen zum Zeichnen, Komponenten, Layout-Klassen, Ereignisbehandlung und Bildbearbeitung. Seit der Java-Version 1.2 stehen die *java foundation classes* (*jfc*), oft auch *Swing* genannt, zur Verfügung. Diese unterstützen eine bessere Plattformunabhängigkeit, und stellen komplexere Dialogkomponenten zur Verfügung. In Swing werden konsequent die Klassen, die Dialogelemente darstellen (*View*), von den Klassen, die die Daten darstellen (*Model*), und von den Klassen, die die Steuerung übernehmen (*Controller*) getrennt. Dieses Konzept, das der Sprache Smalltalk entstammt, wird als Model-View-Controller-Prinzip, kurz *MVC* bezeichnet.

8.1 Textzeilen als Benutzereingabe

Ein Grundkonzept für die Interaktion eines Programms mit einem Drucker, einem Bildschirm, einem anderen Prozess ist das des *Stroms*. Gemeint ist damit ein Strom von Daten, der zum Beispiel vom Programm auf den Drucker oder den Bildschirm geschickt wird, oder von dem Bildschirm zu dem Programm. So ein Strom kann also zum Programm hinführen. Dafür sind Unterklassen der Interfaces **InputStream** und **Reader** zuständig. Die Stromklassen von Java lesen bzw. schreiben Bytes aus bzw. in einen Strom. Die

Klasse **FileInputStream** liest beispielsweise Bytes aus einer Datei, deren Name (oder ein anderes Objekt der Klasse **FileDescriptor**) angegeben wurde. Die Klasse **ObjectInputStream** kann Objekte, die zuvor von einem **ObjectOutputStream** zu einem Strom von Daten gemacht wurden, wieder in einzelne Objekte umwandeln.

Im Gegensatz zu den Streamklassen lesen Reader Unicode-kodierte Character. Unicode ist eine weltweite Kodierung, durch die die Zeichen vieler unterschiedlicher Schriften dargestellt werden können. Auch die Kodierung der Umlaute der deutschen Sprache ist im Unicode definiert. Die verschiedenen Unterklassen von **Reader** bieten zusätzliche Funktionen. Die Klasse **BufferedReader** liest zum Beispiel nicht zeichenweise ein, sondern verwendet einen Puffer. Der Strom „ergießt" sich in den Puffer, bis dieser voll ist. Das Programm liest immer einen vollen Puffer. Die Methode **readLine()** liest eine Textzeile und gibt sie als **String** zurück. Sie kann eine Fehlermeldung werfen, weshalb sie in einem Programm innerhalb eines *try*-Blocks verwendet werden sollte.

Die Klasse **System** hat als vorgegebenen Ort, von dem ein Programm liest, einen InputStream *in*. Dies bezieht sich kurz gesagt auf den Bildschirm, von dem aus das Programm aufgerufen wurde. Um die Funktionalität des **BufferedReader** nutzen zu können, muss zunächst ein Objekt vom Typ **Reader** erzeugt werden, der den InputStream **System.***in* als Eingabestrom verwendet. Ein weiteres Objekt vom Typ **BufferedReader** erweitert dann die Funktionalität dieses Readers um die Pufferung der Eingabe.

In dem kleinen Beispiel unten sehen Sie in Zeile 4 die Deklaration der Variablen *reader*. In Zeile 6 und 7 wird ein Objekt erzeugt, auf das dann *reader* referenziert. Dieses Objekt wendet in Zeile 12, eingeklammert in einen *try*-Block (Zeilen 11–16), die Methode **readLine()** an.

Die Ausgabe eines Programms verläuft ganz analog: es gibt die Interfaces **OutputStream** und **Writer**. **System.***out* bezeichnet den Ort, zu dem der Strom vom Programm fließen soll, normalerweise den Bildschirm, von dem aus das Programm aufgerufen wurde. **System.***out* ist ein Objekt der Klasse **PrintStream**, die eine gepufferte Ausgabe zur Verfügung stellt. Die Methode **println(String s)** von **PrintStream** gibt einen String gefolgt von einem Zeilenwechsel aus. Zusätzlich gibt es auch die Methoden **print()**, die Zeichen und Zeichenfolgen ohne Zeilenwechsel ausgeben. Die Ausgabe wird hier solange gepuffert, und somit nicht endgültig ausgegeben, bis ein Zeilenwechsel erfolgt, oder der Puffer explizit durch den Aufruf der Methode **flush()** geleert wird.

Die Klasse **Screen**, die hier zur Illustration programmiert wurde, definiert eine Methode **readLine(String s)**. Es wird der Text *s* an den Benutzer ausgegeben (Zeile 10). In Zeile 12 wird dann unser *reader* verwendet, um eine

Zeile vom Bildschirm einzulesen und als Objekt vom Typ **String** zurückzu-
geben.
Für den Fall, dass eine Zahl gelesen werden soll, muss eine Typumwandlung
vorgenommen werden. Dies macht die Methode **readFloat(String s)**. Dazu verwendet sie die Klasse **Float**, die Java dafür vorgesehen hat, aus dem
einfachen Unikat einer reellen Zahl ein Objekt zu machen. (Analog gibt es
Integer.) Einer der Konstruktoren von **Float** hat als Parameter ein Objekt
vom Typ **String**. In dem Konstruktor wird der eingelesene Text geparst, und
in eine Zahl umgewandelt. Damit gibt es nun ein Objekt vom Typ **Float**, das
diejenige Gleitkommazahl repräsentiert, die wir als Text eingegeben haben.
Das Programm, das **readFloat(String s)** aufruft, erwartet aber eine reelle Zahl. Also müssen wir mit der Methode **floatValue()**, die jedes Objekt
vom Typ **Float** beherrscht, die Darstellung als Unikat vom einfachen Datentyp float wiedergewinnen. *return* gibt diese reelle Zahl vom Typ float
zurück. Die eine Zeile 20 des Programms hat es in sich!

Programm 8.1

```
package de.informatikkompakt.ereignisse;              // 1
import java.io.*;                                     // 2

class Screen {                                        // 3
  private BufferedReader reader = null;               // 4

  public Screen () {                                  // 5
    reader = new BufferedReader (                     // 6
      new InputStreamReader (System.in));             // 7
  }                                                   // 8
  public String readLine (String prompt) {            // 9
    System.out.println (prompt);                      // 10

    try {                                             // 11
      return reader.readLine ();                      // 12
    } catch (Exception e) {                           // 13
      System.err.println ("Fehler in Screen.readLine: " // 14
        + e.toString ());                             // 15
    }                                                 // 16
    return null;                                      // 17
  }                                                   // 18
  public float readFloat (String prompt) {            // 19
    return ((new Float (readLine (prompt)).floatValue())); // 20
  }                                                   // 21
}
```

8.2 Graphische Komponenten

Eine graphische Benutzeroberfläche besteht aus einem oder mehren Fenstern, die Elemente wie Knöpfe, Menüleisten, oder Eingabezeilen enthalten. Für diese Elemente stellt Java fertige Klassen zur Verfügung, die Aufgaben wie ihre eigene Anzeige und die Annahme von Ereignissen übernehmen. Der Programmierer muss diese Objekte „nur noch" an der gewünschten Stelle platzieren und sich darum kümmern, entsprechende Programmfunktionalität mit den Elementen zu verbinden.

Alle Elemente der Benutzeroberfläche sind in Java Nachfahren der abstrakten Klasse **Component**. Die Klasse **Component** bietet abstrakte Methoden, mit denen die Größe von Elementen gesetzt oder abgefragt werden können und mit denen das System veranlassen kann, dass sich ein Element der Benutzeroberfläche darstellt. Die Erben von **Component** wie **JLabel** zur Anzeige von Texten oder interaktive Elemente wie **JButton** oder **JTextField** füllen diese abstrakten Methoden dann mit konkreter Funktionalität.

8.2.1 Container

Ein besonderer Nachfahre von **Component** ist **Container**. Diese Elementklasse kann eine Menge von weiteren Elementen – also auch weitere Container – enthalten. Ein Beispiel für einen Container ist ein Fenster (**JFrame**), es gibt aber auch andere Container. So wird beispielsweise die Klasse **JPanel** benutzt, um Elemente in einer bestimmten Weise zu gruppieren. Die Container leisten eine Abbildung der von **Component** geerbten Methoden auf ihre einzelnen untergeordneten Elemente. Ein Aufruf der Methode zum Neuzeichnen eines Containers veranlasst beispielsweise, dass alle enthalten Elemente neu gezeichnet werden. Ferner besitzen Container zusätzliche Methoden, um Elemente zu verwalten, insbesondere um neue Elemente hinzuzufügen.

Ein besonderer Container ist **JFrame**. **JFrame** entspricht einem Bildschirmfenster und enthält in dem Inhaltsbereich alle anderen Container sowie in dem Rahmen einige fertige Bedienelemente, mit denen das Fenster minimiert, maximiert, geschlossen oder in der Größe geändert werden kann (siehe Abb. 8.1).

Beispiel 8.1 Mit diesem Wissensstand können wir bereits unsere erste Fensterbasierte Applikation in Java entwickeln – das obligatorische Hallo-Welt-Programm:

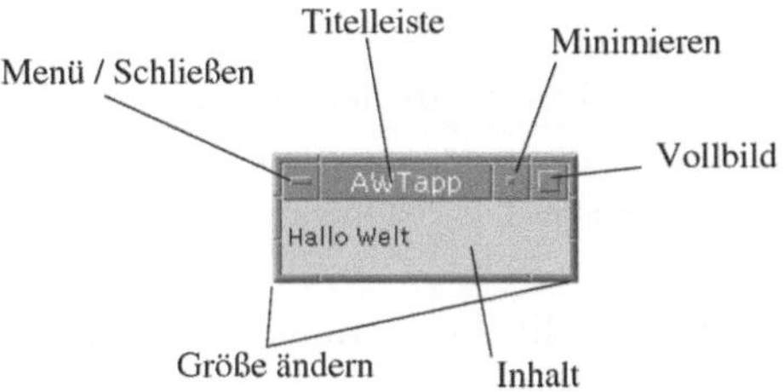

Abbildung 8.1. Ein Fenster

Programm 8.2

```
package de.informatikkompakt.ereignisse;                       // 1
import javax.swing.*;                                           // 2

class HalloWelt {                                               // 3
  public static void main (String[] args) {                    // 4
    JFrame frame = new JFrame ();        // Neues Fenster erzeugen // 5
    JLabel label = new JLabel ("Hallo Welt");   // Label erzeugen // 6
    frame.getContentPane ().add(label);        // Label einfuegen // 7
    frame.pack ();                          // Layouten lassen   // 8
    frame.setVisible (true);                // Fenster anzeigen  // 9
  }                                                             // 10
}
```

Das **add(JLabel l)** in Zeile 7 fügt „Hallo Welt" in das darüber erzeugte
Fenster ein. Der folgende Aufruf der Methode **pack()** veranlasst, dass das
Fenster seine Größe anhand der enthaltenen Elemente berechnet. Der Auf-
ruf von **setVisible(boolean t)** schließlich veranlasst die Darstellung des
Fensters auf dem Bildschirm.

8.3 Ereignisse

Leider ist das vorangehende Beispiel etwas statisch – so statisch, dass es
zwar möglich ist, das Fenster zu schließen, der gestartete Prozess aber damit
nicht beendet wird. Der Prozess kann nur noch mit Hilfe des Betriebssystems
beendet werden. Da das Beenden eines Programms durch das Betriebssystem nicht sehr anwenderfreundlich ist, entspricht dies nicht sonderlich dem
„Geist" von graphischen Benutzeroberflächen, die ja gerade den Anwendern
die Bedienung unserer Programme erleichtern sollen.

Aber wie kommen wir nun an die Information, dass das Fenster geschlossen
und das Programm beendet werden soll?

Das Schöne an Java – oder besser an der ereignisorientierten Programmierung – ist nun, dass wir nicht in irgendeiner Schleife abfragen müssen, ob dieser oder jener Knopf gedrückt worden ist, sondern wir uns einfach automatisch benachrichtigen lassen können, wenn irgendetwas „passiert", an dem wir interessiert sind. Dazu stellt Java „Zuhörer"-Interfaces (**Listener**) für alle möglichen Ereignisse bereit.

Die Lösung besteht darin, das entsprechende Interface – in unserem Fall **WindowListener** – zu implementieren und Java mitzuteilen, dass unser **WindowListener** die Ereignisse „abonnieren" möchte, die unser Fenster betreffen.

8.2   **Beispiel 8.2:**   *Ereignisse* Da ein **WindowListener** sehr viele Methoden für diverse Ereignisse wie Maximierung und Minimierung des Fensters besitzt, die wir alle überschreiben müssten, können wir besser statt dessen von der Klasse **WindowAdapter** erben: WindowAdapter implementiert **WindowListener** mit leeren Methoden, wir müssen nur noch diejenigen überschreiben, an denen wir wirklich interessiert sind.

Programm 8.3

```
package de.informatikkompakt.ereignisse;                      // 1
import java.awt.event.*;                                       // 2
class Closer extends WindowAdapter {                           // 3
  public void windowClosing (WindowEvent e) {                 // 4
    System.exit (0);                      // Programm verlassen // 5
  }                                                           // 6
}
```

Unsere Ereignisbehandlung muss nun noch an das Fenster gekoppelt werden:

Programm 8.4

```
package de.informatikkompakt.ereignisse;                      // 1
import javax.swing.*;                                          // 2
class HalloWelt2 {                                             // 3
  public static void main (String[] args) {                   // 4
    JFrame frame = new JFrame ();                             // 5
    frame.getContentPane ().add(new JLabel ("Hallo Welt"));   // 6
    frame.addWindowListener(new Close()); //Handler registrieren // 7
    frame.pack ();                                            // 8
    frame.setVisible (true);                                  // 9
  }                                                           // 10
}
```

In Zeile 7 wird eine Instanz unseres „Zuhörers" für Fensterereignisse erzeugt. Diese wird durch Aufruf von **addWindowListener(Listener 1)** als Ereignis-Empfänger für unser Fenster eingetragen.

Betätigen wir nun bei unserem „Hallo Welt"-Programm das Benutzerelement zum Schließen den Fensters, wird nicht nur das Fenster geschlossen, sondern unter Programm terminiert auch ordentlich.

8.4 Container und Layout

Da unser bisheriges Programm nur aus einem Element besteht, mussten wir uns noch keine Gedanken um die Anordnung der Elemente machen.

Sobald wir mehr als ein Element in unser Programm aufnehmen, stellt sich dieses Problem jedoch. Den Elementen dabei einfach feste Koordinaten zuzuordnen ist nur auf den ersten Blick eine Lösung für das Problem.

Feste Koordinaten sind nicht auflösungsunabhängig, natürlich möchte man aber, dass das Programm auf einem Bildschirm mit 640x480 Pixeln genauso gut läuft wie auf einem Bildschirm mit 1600x1200 Pixeln. Desweiteren sind feste Koordinaten auch nicht Plattform-unabhängig: Während eine spartanische Oberfläche vielleicht um eine Button einen einfachen Rahmen zieht, kann es sein, dass Windows 2000 zusätzlichen Platz für einen dreidimensional animierten Schatten benötigt.

Glücklicherweise bietet Java auch für dieses Problem einen einfachen und leistungsfähigen Mechanismus: Jedem Container kann ein Layout-Manager zugeteilt werden, der die „Feinarbeit" der Platzverteilung vornimmt. Der Programmierer muss die grobe Richtlinie durch die Wahl des Layoutmanagers treffen.

Grundlage für die Funktion der Layoutmanager ist, dass in Java jede Komponente eine minimale, eine bevorzugte und eine maximale Größe besitzt, die über die Methoden **getMinimumSize()**, **getPreferredSize()** und **getMaximumSize()** abfragbar sind. Diese Methoden sind in **Component** abstrakt und werden von den Erben mit sinnvollen Werten gefüllt.

Die Layout-Manager leisten mit diesen Methoden ihrer untergeordneten Elements zwei Dinge: Zum einen können sie daraus diese drei Werte für sich selbst berechnen, zum anderen verteilen sie den verfügbaren Platz anhand bestimmter Regeln an die Elemente.

GridLayout beispielsweise berechnet die größte minimale Höhe und Breite aller untergeordneten Elemente und erzeugt eine Tabelle aus Zellen dieser Größe. Die Anzahl der Zeilen und Spalten wird vom Programmierer vorgegeben. Der minimale Platzbedarf des Containers ergibt sich dann aus der

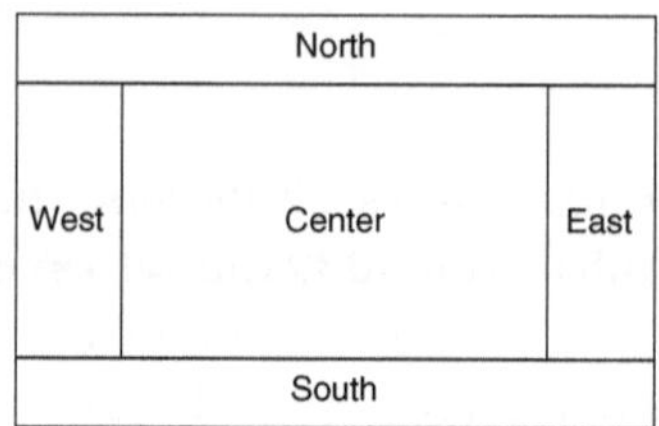

Abbildung 8.2. BorderLayout

Anzahl der Zeilen bzw. Spalten multipliziert mit der Zellenhöhe bzw. -breite. Überschüssiger Platz – wenn etwa der Anwender das Fenster größer zieht – wird an alle Zellen gleichmäßig verteilt, sodass alle Zellen immer die gleiche Höhe und Breite haben.

Das Border-Layout (Abb. 8.2) dagegen teilt den Container in fünf Bereiche. Dabei sind die Mitte und der obere, untere, rechte und linke Rand des Containers jeweils ein Bereich. Die Berechnung des minimalen Platzbedarfs ist dabei erwartungsgemäß so, dass alle Elemente in ihrer minimalen Ausdehnung dargestellt werden können. Interessanter bei dem Border-Layout ist die Verteilung des überschüssigen Platzes: Der gesamte überschüssige Platz geht an die Mitte; alle anderen Bereiche bekommen immer nur Platz für ihre minimale Ausdehnung – zumindest in die Richtung, die sonst auf Kosten der Mitte gehen würde. Beim Einfügen von Elementen in einen Container mit Border-Layout muss der Name des gewünschten Bereiches mit angegeben werden. Jeder Bereich kann dabei nur ein Element enthalten. Da ein geschachteltes **JPanel** auch ein Element ist, ist dies keine wirkliche Beschränkung.

CardLayout schließlich stellt den Inhalt auf verschiedenen Seiten dar, die mit einem Bedienelement umgeschaltet werden können.

Voreingestelltes Layout bei dem Container **JPanel** ist die Klasse **FlowLayout**, die alle Elemente des Panels einfach nebeneinander anordnet, bis kein Platz mehr in der aktuellen Zeile ist; dann wird einfach in die nächste Zeile umgebrochen. Bei Frames ist als Default **BorderLayout** eingestellt. Wird ein anderes als das default-Layout gewünscht, kann dieses dem Konstruktor von **JPanel** übergeben werden.

Durch Schachtelung von Panels mit verschiedenen Layout-Managern kann das gesamte Layout beliebig kombiniert werden.

8.3   **Beispiel 8.3:** *Layout-Manager* Zur Verdeutlichung soll ein praktisches Beispiel aus dem Programmieralltag dienen. Eine berühmte Theorie besagt, dass – wenn genügend Affen zufällig auf Schreibmaschinen tippen – irgendwann dabei auch die gesamte Weltliteratur herauskommt (*British Museum Algorithm*).

Nun möchten wir diese These empirisch untersuchen (zu dem entsprechenden
Beweis kommen Sie in einer weiterführenden Vorlesung). Wir sind natürlich
gegen Tierversuche und wollen daher lieber den Computer als Simulator für
die Affen nutzen. Der Simulator soll zufällig Sätze erzeugen und anzeigen.
Dabei soll ein Knopf „Verwerfen" den aktuellen Satz verwerfen und einen
neuen generieren, ein Knopf „Speichern" soll den Satz in eine angezeigte
Liste „würdiger" Ergebnisse aufnehmen.

Das Layout soll dabei so aussehen, dass die Knöpfe nur den nötigen Platz
einnehmen, der gesamte überschüssige Platz im Fenster soll an die Ergeb-
nisliste gehen. Wir wählen also die Klasse **BorderLayout** (Zeile 8), deren
„Center" wir in Zeile 21 mit der Liste füllen. Den unteren Bereich füllen
wir in Zeile 22 mit einem **JPanel**, das die beiden Knöpfe (Klasse **JButton**)
enthält. Für die Anordnung der beiden Knöpfe im Panel verwenden wir ein
FlowLayout-Objekt (Zeile 15).

Programm 8.5

```
package de.informatikkompakt.ereignisse;                         // 1
import java.awt.*;                                               // 2
import java.awt.event.ActionListener;                           // 3
import javax.swing.*;                                            // 4

/* Dialog—Klasse fuer den Ghostwriter */
class GhostWriterView extends JFrame {                           // 5
  GhostWriterView (ActionListener pCtrl, ListModel pModel) {     // 6
    super ("Die Affen tippen...");          // Fenstertitel setzen // 7
    getContentPane ().setLayout(new BorderLayout ());           // 8

    JButton btnAccept = new JButton ("speichern");  // ein Button // 9
    btnAccept.setActionCommand ("speichern");   // Event zuordnen // 10
    btnAccept.addActionListener (pCtrl);  // Eventhandler setzen // 11

    JButton btnReject = new JButton("verwerfen");  //2ter Button // 12
    btnReject.setActionCommand ("verwerfen");                   // 13
    btnReject.addActionListener (pCtrl);                        // 14

    JPanel buttonPanel = new JPanel(new FlowLayout()); // Panel  // 15
    buttonPanel.add (btnAccept);                   // fuer Buttons // 16
    buttonPanel.add (btnReject);                                // 17

    JList log = new JList (pModel);        // Liste initialisieren // 18

    JScrollPane scrollpane = new JScrollPane ();                // 19
    scrollpane.setViewportView (log);                          // 20
```

```
    // Liste und ButtonPanel ins Fenster einfuegen
    getContentPane ().add("Center", scrollpane);                // 21
    getContentPane ().add("South", buttonPanel);                // 22
    addWindowListener(new Closer()); // Eventhandler fuer Close // 23

    pack ();                                        // layouten // 24
    setVisible (true);                      // Fenster anzeigen // 25
  }                                                             // 26
}
```

Die Klasse **JList** bietet noch mehr Möglichkeiten wie etwa die Verwaltung von Selektionen, die hier nicht genutzt werden. Eine ausführliche Beschreibung dieser Klasse und auch der anderen GUI-Elemente findet sich in der API-Referenz. Wenn wir mit unserem Programm eine größere Menge an klugen Sätzen gesammelt haben, wird irgendwann der Platz in dem Fenster nicht mehr ausreichen, um die gesamte Liste darzustellen. Um trotzdem alle Zeilen anzeigen zu können, wird die **JList** in ein Element mit Bildlaufleisten eingebettet. Dazu wird in Zeile 19 eine **JScrollPane** instantiiert, und als deren Eigenschaft *ViewportView* unsere Liste gesetzt (Zeile 20). So werden in die Liste – ohne dass wir uns darum kümmern müssten – Bildlaufleisten eingeblendet, mit der wir den sichtbaren Bereich in der Liste verschieben können.
Mit dem parametrisierten Aufruf des Konstruktors der Superklasse in Zeile 7 wird der Titel des Fensters gesetzt.

Die Klasse **GhostWriterView** stellt zunächst nur die Benutzeroberfläche für unser Problem dar. Die Steuerung der Anwendung erfolgt durch eine Klasse, die eine Subklasse von **ActionListener** sein muss, um die Ereignisse der Knöpfe empfangen zu können. Die Erzeugung und Speicherung der Texte erfolgt durch eine Subklasse von **ListModel**, die zusätzlich durch die **JList** als Daten für die Anzeige verwendet werden. Eine Implementierung dieser beiden Klassen werden Sie im nächsten Abschnitt sehen.
Mit **setActionCommand(String s)** in den Zeilen 10 und 13 wird jedem Knopf eine Zeichenkette zugeordnet, mit der sie im entsprechenden Listener (Interface **ActionListener**, Methode **actionPerformed(ActionEvent e)**) einfach identifiziert werden können. Die Verbindung zwischen den Knöpfen und der Ereignisbehandlung wird in den Zeilen 11 und 14 durch Aufruf von **addActionListener(ActionListener l)** vorgenommen.

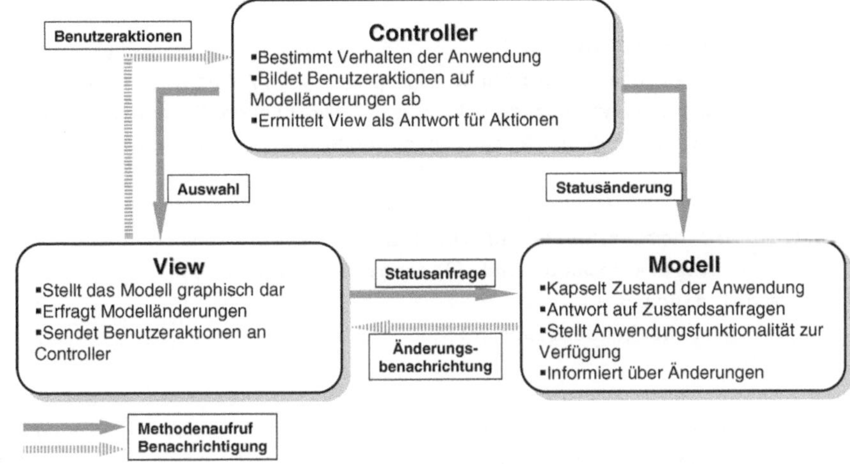

Abbildung 8.3. Model-View-Controller

8.5 Das Model-View-Controller-Prinzip

Durch das Model-View-Controller-Prinzip werden die eigentliche Benutzeroberfläche, die so genannte View, so wie sie im vorherigen Kapitel beschrieben wurde, von den fachlichen Daten – dem Modell – und deren Funktionalität sowie von der Steuerung – dem Controller – getrennt. In der Regel kennt die Steuerung die View und das Modell. Die View benachrichtigt mittels Ereignisse den Controller, welche Funktionen durch den Benutzer ausgelöst wurden. Der Controller ruft dann die Methoden im Modell auf, wodurch sich Daten dort ändern können. Über diese Änderungen wird wiederum die View informiert, sodass sie aktualisiert werden kann. Dieses Zusammenspiel ist in Abb. 8.3 dargestellt.

Durch die Trennung von Modell, Benutzeroberfläche und Steuerung können jede dieser Klassen getrennt ausgetauscht oder wiederverwendet werden. Ausserdem können verschiedene Entwicklerrollen getrennt werden – manche Entwickler können besser Benutzeroberflächen entwerfen und programmieren, andere fühlen sich bei der Programmierung der Fachlogik wohler.

Programm 8.6

```java
package de.informatikkompakt.ereignisse;                        // 1
import java.awt.event.*;                                        // 2

class GhostWriterController implements ActionListener {         // 3
  GhostWriterModel model;                                       // 4
  GhostWriterView view;                                         // 5
```

```
GhostWriterController () {                                  // 6
  model = new GhostWriterModel ();           // Modell erzeugen // 7
  model.generateNewSentence ();           // Ersten Satz erzeugen // 8
  view = new GhostWriterView (this, model);   // View erzeugen // 9
}                                                           // 10

public void actionPerformed (ActionEvent event) {           // 11
  if (event.getActionCommand ().equals("verwerfen"))        // 12
    model.discard ();                                       // 13
  model.generateNewSentence ();                             // 14
}                                                           // 15

public static void main (String[] args) {                   // 16
  new GhostWriterController ();                             // 17
}                                                           // 18
}
```

GhostWriterController implementiert die Schnittstelle **ActionListener**, womit wir seine Instanzen der View als Listener für die Betätigung der Knöpfe verwenden können. Im Konstruktor werden neue Objekte des Modells und der View erzeugt, der Konstruktor der View wird dabei mit dem Controller selbst als **ActionListener**, und dem Modell als **ListModel** aufgerufen (Zeile 9). Bei Betätigung der Knöpfe wird **actionPerformed(ActionEvent e)** des Listeners aufgerufen, hier wird zunächst gegebenenfalls ein Satz verworfen und dann ein neuer Satz erzeugt (Zeilen 12 bis 14).

Für die vollständige Implementierung unseres Beispiels fehlt jetzt noch die Implementierung des Modells. Die Klasse **GhostWriterModel** erweitert die Klasse **AbstractListModel**, einen prototypische Implementierung der Schnittstelle **ListModel**, die eine einfache Ereignisverwaltung für die Liste behandelt.

Programm 8.7

```
package de.informatikkompakt.ereignisse;                    // 1
import java.util.ArrayList;                                  // 2
import javax.swing.AbstractListModel;                        // 3

/* Modell fuer den GhostWriter */
class GhostWriterModel extends AbstractListModel {           // 4
  int count = 1;                        // Zaehler der erzeugten Texte // 5
  public ArrayList liste = new ArrayList (); // Liste fuer Texte // 6
```

```java
  public int getSize () {                                      // 7
    return liste.size ();                                      // 8
  }                                                            // 9

  public Object getElementAt (int index) {                     // 10
    return liste.get (index).toString();                       // 11
  }                                                            // 12

  private void add (Object o) {        // Einen Satz hinzufuegen // 13
    liste.add (o);                                             // 14
    update ();                                                 // 15
  }                                                            // 16

  private void update () {           // Aenderungen bekanntgeben // 17
    fireContentsChanged (this , 0, getSize ());                // 18
  }                                                            // 19

  public void discard () {          // Letztes Element entfernen // 20
    liste.remove (liste.size () − 1);                          // 21
    update ();                                                 // 22
  }                                                            // 23

  void generateNewSentence () {     // Zufaelligen Satz erzeugen // 24
    String sentence = "";                                      // 25

    do {                                                       // 26
      char c = (char) (Math.random () * 30 + (int) 'a');       // 27
      sentence = sentence + (c > 'z' ? ' ' : c);               // 28
    } while (Math.random()<0.95 || sentence.trim().length()==0); // 29

    add ("#"+ (count++) + ": "+ sentence.trim ());             // 30
  }                                                            // 31
}
```

GhostWriterModel implementiert die beiden Methoden **getSize()** und
getElementAt(int i), die in **AbstractListModel** nur abstrakt deklariert
sind. Die Methoden **add(Object o)** und **update()** sind zwei Hilfsmethoden,
die wir für die eigentlichen fachlichen Methoden benötigen. Die erste fachliche
Methode ist die Methode **discard()**, die das letzte Element aus der Liste
entfernt, und danach die View über eine Änderung des Modells informiert
(Zeilen 20 bis 23). Die absurde Methode **generateNewSentence()** in den
Zeilen 24 bis 31 erzeugt einen neuen zufälligen Satz und fügt ihn, zusammen
mit einer laufenden Nummer, der Liste hinzu.

8.6 Selbst malen

Bisher haben wir uns darauf beschränkt, unser Programm aus „vorgefertigten" Komponenten zusammenzustellen. Natürlich kann es vorkommen, dass wir etwas anzeigen möchten, für das es keine vorgefertigte Komponente gibt. In diesem Fall müssen wir einen Erben der Klasse **Canvas** implementieren. Die Methode **paint(Graphics g)** dieser Klasse überschreiben wir mit unserer eigenen Routine, in der wir den Inhalt des Elementes nach unseren Vorstellungen zeichnen. Die Methode **paint(Graphics g)** erhält dazu einen Grafikkontext (**Graphics**) übergeben, der verschiedene Zeichenfunktionen zur Verfügung stellt.

Da Java natürlich nicht wissen kann, wieviel Platz unser Objekt auf dem Bildschirm benötigt, sollten wir zusätzlich die Methode **getPreferredSize()** überschreiben.

Beispiel 8.4 Als Beispiel möchten wir ein Anzeigeobjekt entwickeln, das den Zustand eines von uns erschaffenen künstlichen Lebewesens, dem Javagochi, visualisiert.

Programm 8.8

```
package de.informatikkompakt.ereignisse;                              // 1
import java.awt.*;                                                     // 2
import java.awt.event.*;                                               // 3
import javax.swing.*;                                                  // 4

public class JavagochiLight extends Canvas implements ActionListener
{                                                                     // 5
  public double gewicht;                                              // 6
  static final int NORMALGEWICHT = 10;                                // 7

  public JavagochiLight () {                                          // 8
    gewicht = NORMALGEWICHT;                                          // 9
    setBackground (Color.white);          // weisser Hintergrund      // 10

    JButton buttonFuettern = new JButton ("Fuettern");               // 11
    buttonFuettern.setActionCommand ("Fuettern");                    // 12
    buttonFuettern.addActionListener (this);                         // 13

    JButton buttonVerdauen = new JButton ("Sport");                  // 14
    buttonVerdauen.setActionCommand ("Sport");                       // 15
    buttonVerdauen.addActionListener (this);                         // 16

    JPanel buttonPanel = new JPanel ();    // Panel fuer Buttons      // 17
```

```java
    buttonPanel.add (buttonFuettern);                            // 18
    buttonPanel.add (buttonVerdauen);                            // 19

    JFrame frame = new JFrame ("JavagochiLight");     // Fenster // 20
    frame.getContentPane ().add("Center", this); // ins Fenster  // 21
    frame.getContentPane ().add("South", buttonPanel);           // 22
    frame.pack ();                                               // 23
    frame.setVisible (true);                                     // 24
    frame.addWindowListener (new Closer ());                     // 25
  }                                                              // 26

  public void actionPerformed (ActionEvent actionEvt) {          // 27
    String command = actionEvt.getActionCommand ();              // 28

    if (command.equals ("Sport"))                                // 29
      gewicht--;                                   // abnehmen?   // 30
    else if (command.equals ("Fuettern"))                        // 31
      gewicht++;                                   // zunehmen?   // 32

    repaint ();                          // neuzeichnen veranlassen // 33
  }                                                              // 34

  public Dimension getPreferredSize () {                         // 35
    return new Dimension (200, 200);                             // 36
  }                                                              // 37

  public void paint (Graphics graphics) {                        // 38
    int canvasHeight = getSize ().height;         // etwas rechnen // 39
    int canvasWidth = getSize ().width;                          // 40
    int height = Math.min (canvasHeight, canvasWidth) / 2;       // 41
    int width = (int) (height * gewicht / NORMALGEWICHT);        // 42
    int x0 = (canvasWidth - width) / 2;                          // 43
    int y0 = (canvasHeight - height) / 2;                        // 44

    graphics.drawOval (x0, y0, width, height);       // zeichnen // 45
  }                                                              // 46

  public static void main (String[] argv) {                      // 47
    new JavagochiLight ();                                       // 48
  }                                                              // 49
}
```

Das wesentlich Neue in diesem Beispiel steckt erwartungsgemäß in der **paint**-Methode (Zeilen 38 bis 46), wo die Größe des Zeichenbereiches ermittelt, Zeilen 39 und 40) und anschließend eine Ellipse – zusätzlich abhängig von dem aktuellen Gewicht unseres Lebewesens – gezeichnet wird (**drawOval(int x, int y, intw, int h)** in Zeile 45).

Bei **getPreferredSize()** haben wir es uns etwas einfach gemacht und geben ein festes Werte-Paar zurück. In realen Anwendungen lassen sich sicher sinnvollere Belegungen – wie etwa ein fester Prozentsatz der verfügbaren Bildschirmfläche – finden.

Zugegebenermaßen ist etwas Phantasie erforderlich, um sich unter der sehr abstrakten Darstellung durch eine Ellipse ein Lebewesen vorzusellen. Immerhin findet sich auf der Webseite zu diesem Buch eine Version des Javagochi, die ein Gesicht besitzt, in dem man sogar ablesen kann, wie glücklich das Javagochi gerade ist.

Ein wichtiger Punkt in dem Beispielprogramm ist, dass wir die Methode **paint(Graphics g)** überschreiben, aber **repaint()** aufrufen. Warum wird **paint(Graphics g)** nicht direkt aufgerufen? Nun, **repaint()** sagt dem System, dass das entsprechende Element neu gezeichnet werden muss. Das Neuzeichnen selbst wird von Java zu einem späteren Zeitpunkt durch Aufruf der Methode **paint(Graphics g)** veranlasst. So kann das System unter Umständen mehrere Aufrufe von **repaint()** zusammenfassen. Auch wenn es möglich und in einigen Büchern sogar beschrieben ist, sollte in keinem Fall **paint(Graphics g)** direkt aufgerufen werden.

8.7 Was wissen Sie jetzt?

Sie sollten nun in der Lage sein, einfache Programme mit einer graphischen Benutzeroberfläche zu schreiben. Wirkliche Bildverarbeitung mit Lichteffekten, Animation und all den anderen Effekten haben wir nicht gesehen. Ein ganzes Teilgebiet der Informatik befasst sich damit und mit dem Interpretieren von Bildern [4]. Hier haben Sie das Konzept der ereignisorientierten Programmierung verstanden. Sie wissen, wie Container und Layoutmanager zu benutzen sind, um Elemente in einem Fenster anzuordnen. Sie können Fachlogik von Steuerung und Darstellung trennen und wissen, warum dies hilfreich ist. Sie sind in der Lage, eigene Elemente durch Programmierung eines Erben von **Canvas** zu entwickeln.

Kapitel 9

Nebenläufige Programmierung

9 Nebenläufige Programmierung

Nebenläufige Programmierung bedeutet, dass in unserem Programm verschiedene Pfade (Threads) gleichzeitig verfolgt werden. Eigentlich kann ein „normaler" Rechner mit einer CPU immer nur ein Programm gleichzeitig ausführen, die Parallelausführung wird dann durch häufiges Umschalten zwischen den einzelnen Pfaden simuliert. Dieses Umschalten kostet sogar zusätzliche Rechenzeit und durch Parallelisierung können neuartige Probleme in Programmen auftreten, auf die später noch weiter eingegangen wird. Wozu dient also dieser ganze Aufwand?

Ein gutes Beispiel für den Sinn von Parallelverarbeitung ist ein Web-Browser: Während parallel noch Bilder aus dem Netz geladen werden, kann die unvollständige Seite oft schon gelesen werden. Parallelverarbeitung macht immer dann Sinn, wenn mit einer bestimmten Frequenz Aufgaben immer wieder auszuführen sind, auf Ereignisse reagiert werden soll oder Aufgaben auszuführen sind, bei denen die CPU die meiste Zeit auf Daten wartet statt effektiv zu arbeiten [14].

9.1 Threads

Für die Parallelverarbeitung stellt Java eine spezielle Klasse zur Verfügung: Erben der Klasse **Thread** können die Methode **run()** mit parallel zu verarbeitenden Schritten füllen. Durch Aufruf der **Thread**-Methode **start()** wird die **run()**-Methode im Hintergrund parallel ausgeführt.

Beispiel 9.1: *Thread* Als Beispiel soll wieder unser künstliches Lebewesen aus dem letzten Kapitel dienen: Es soll einen Verdauungs-Thread erhalten, der das Gewicht alle fünf Sekunden um einen Zähler vermindert.

Die Methode **sleep(long x)** legt dabei den aktuellen Thread eine einstellbare Anzahl von Millisekunden schlafen. Da der Thread von außen mit einer Unterbrechung „aus dem Schlaf gerissen" werden kann, muss die entsprechende Meldung (Exception) abgefangen werden. In einer „richtigen" Simulation könnte die Zeitdifferenz mit **System.currentTimeMillis()** genauer bestimmt und als Faktor bei der Gewichtsreduktion eingerechnet werden.

Programm 9.1

```java
package de.informatikkompakt.nebenlaeufigkeit;
import de.informatikkompakt.ereignisse.JavagochiLight;

class Verdauung extends Thread {
  JavagochiLight javagochi;

  Verdauung (JavagochiLight pJavagochi) {
    javagochi = pJavagochi;
  }

  public void run () {
    while (true) {
      try {
        sleep (5000);                       // 5 sek warten
      } catch (InterruptedException e) {
      }
      javagochi.gewicht--;                      // abnehmen
      javagochi.repaint ();            // neu zeichnen
    }
  }

  public static void main (String[] argv) {
    new Verdauung (new JavagochiLight ()).start();
  }
}
```

9.2 Synchronisation

Mit der Nebenläufigkeit handeln wir uns auch neue Probleme ein: Haben
zwei Threads parallel Zugriff auf eine gemeinsame Datenstruktur, kann dies
zu erheblichen Problemen führen. Zur Verdeutlichung soll uns wieder ein
Beispiel dienen.

Beispiel 9.2 Mit unseren neuen Kenntnissen sind wir bereit für neue Heraus-
forderungen. Die Nexus GmbH hat den neuen Roboter-Typ „Marvin" entwickelt. Durch seine einzigartigen „reflection"-Fähigkeiten ist er in der Lage,
sein eigenes Betriebssystem zu analysieren. Dabei verfällt er jedoch immer
wieder in Depressionen, da das Betriebssystem aus Kompatibilitätsgründen
nicht verbessert werden kann. Unsere Aufgabe ist nun, ein Zusatzmodul zu
programmieren, das den Zustand des Roboters überwacht und mit Glücks-

hormonen versorgt, falls der Depressionswert zu nahe an die kritische Marke
100 kommt, bei der wegen übermäßiger Depression die Schaltkreise irrepara-
bel beschädigt würden.
Die strengen Vorschriften der Herstellerfirma besagen, dass aus Sicherheits-
gründen alle Komponenten doppelt ausgeführt sein müssen.

Wir starten also unseren Überwachungsthread einfach doppelt – falls einer
mal abstürzt, kann sich der andere immer noch um die Hormone kümmern.

Programm 9.2

```
package de.informatikkompakt.nebenlaeufigkeit;

class Marvin extends Thread {
  boolean hormone = false;
  boolean defekt = false;
  double depression = 25;

  class Watchdog extends Thread {              // Ueberwachungs-Thread
    public void run () {
      while (true) {
        if (depression > 75 && !hormone)
          setHormone (true);
        else if (depression < 50 && hormone)
          setHormone (false);

        try {
          sleep (2000);                        // 2 Sek schlafen
        } catch (InterruptedException e) {
        }
      }
    }
  }

  Marvin () {                                  // Roboter-Thread
    new Watchdog ().start ();                    // sicher ist
    new Watchdog ().start ();                        // sicher
  }
```

```java
public void run () {
    while (true) {
      System.out.println ("Depressionen: "+ depression);
      try {
        Thread.sleep (1000);                    // Depressionen aendern
      } catch (InterruptedException e) {              // sich in 1 sek
      }

      depression += hormone ? -5 : 5;                   // um 5 prozent

      if (depression > 99) {                       // total deprimiert?
        System.out.println ("Kurzschluss");            // Kurzschluss
        System.exit (0);
      }
    }
  }

  void setHormone (boolean einaus) {           // Hormonpumpe ein / aus
    if (einaus != hormone && !defekt) {
      System.out.println ("Schalte Hormonpumpe "
        + (einaus ? "ein": "aus"));

      try {
        Thread.sleep (1000);                    // Operation dauert etwas
      } catch (InterruptedException e) {
      }

      if (hormone == einaus) {                 // sollte nicht vorkommen,
        hormone = false;                       // da im if oben abgefangen
        defekt = true;
        System.out.println ("Hormonpumpe zerstoert");
      }
      else {
        hormone = einaus;
        String msg = einaus ? "ein": "aus";
        System.out.println ("Hormonpumpe "+ msg + "geschaltet");
      }
    }
  }

  public static void main (String[] argv) {
    new Marvin ().start();
  }
}
```

Starten wir das Beispiel, führt es trotz unserer Sicherheitsmechanismen zum Kurzschluss. Mit nur einem Thread funktioniert der Hormonregler dagegen einwandfrei, wovon wir uns durch Auskommentieren des zweiten Starts des Watchdog-Threads leicht überzeugen können. Das Problem sollte also wahrscheinlich etwas mit der Nebenläufigkeit zu tun haben. Tatsächlich ist die Ursache für die Fehlfunktion, dass beide Überwachungsthreads bei Erreichen der Depressionsgrenze in die Methode `setHormone(boolean t)` springen. Diese Methode ist jedoch nicht *reintrant*, das heißt, sie ist nicht dafür ausgelegt, dass sie von zwei Threads „gleichzeitig" abgearbeitet wird:

Das Flag *hormone* wird am Anfang der Methode `setHormone(boolean t)` abgefragt, um das Einschalten der Hormonpumpe zu vermeiden, wenn diese bereits eingeschaltet ist. Bevor jedoch der erste Thread dieses Flag in Zeile 44 setzen kann, gelangt der zweite Thread in die Methode, und liest noch den alten Wert. Die Pumpe wird also doppelt eingeschaltet, was zum Ausfall führt.

Auch eine Verlegung der Abfrage, ob die Hormonpumpe bereits aktiviert ist, an den Anfang der Methode beseitigt das Problem nicht prinzipiell – ein Problemfall wird nur unwahrscheinlicher. Zwischen der Abfrage und dem Umsetzen der Variable kann immer ein anderer Thread noch den veralteten Wert lesen.

Diese Programmstelle darf also nicht parallel ausgeführt werden. Solche Bereiche eines Programms heißen „kritische Sektionen".

Glücklicherweise besitzt Java zur Lösung dieses Problems einen einfachen Mechanismus: Wird die Methode `setHormone(boolean t)` als *synchronized* deklariert, stellt Java sicher, dass sie immer nur von einem Thread gleichzeitig „betreten" werden kann. Allgemein werden alle synchronisierten Methoden eines Objektes vor parallelem Zugriff geschützt, alle Aufrufe werden automatisch serialisiert.

9.3 Deadlocks

Selbst der Einsatz der Synchronisation kann uns nicht automatisch vor allen Problemen schützen, die aus der Parallelverarbeitung resultieren.

Beispiel 9.3: *Deadlocks* Das Studentenwerk plant als besondere Attraktion für die Mensa eine chinesische Woche. Um die Preise nicht erhöhen zu müssen, kann jedoch nur ein Stäbchen an jeden Studenten ausgegeben werden. Das Problem soll dadurch gelöst werden, dass sich jeweils zwei benachbarte Studenten ein Stäbchen teilen. Zur Vereinfachung wird angenommen, dass alle

Studenten nebeneinander an einem runden Tisch sitzen. Um dieses Modell vorab zu untersuchen, sind wir beauftragt, das Essverhalten der Studenten zu simulieren.

Die Studenten sollen dabei jeweils durch einen Thread simuliert werden, der zuerst das rechte Stäbchen nimmt – falls verfügbar –, dann das linke Stäbchen, dann etwas isst, und dann beide Stäbchen wieder ablegt. Die Verfügbarkeit von Stäbchen modellieren wir dabei durch ein Boolesches Feld. Beim Greifen soll die Simulation zuerst prüfen, ob das entsprechende Stäbchen verfügbar ist und im Erfolgsfall als nicht mehr verfügbar markieren.
Zwischen Abfrage und Setzen des Flags könnte ein anderer Thread das Flag auch abfragen, erhält „frei" – beide Threads besäßen das gleiche Stäbchen. Diese kritische Sektion (**getStick(int i)**) deklarieren wir also direkt als *synchronized*, um die Probleme aus dem letzten Beispiel zu vermeiden.

Programm 9.3

```
package de.informatikkompakt.nebenlaeufigkeit;

class Mensa {
  boolean[] stickAvailable;

  class Student extends Thread {
    int id;

    Student (int pId) {
      id = pId;
    }

    void action (String description) {
      System.out.println ("Student "+ id + "is "+ description);
      try {
        sleep ((long) (Math.random () * 2000));
      } catch (InterruptedException e) {
      };
    }

    public void run () {
      while (true) {
        action ("thinking");

        while (!getStick(id)) {   // versuchen, Staebchen aufzunehmen
        }
```

```java
      while (!getStick((id + 1) % stickAvailable.length)) {
        action ("trying to get 2nd Stick");
      }

      action ("eating");                                   // njam njam

      putStick (id);          // fertig, beide Staebchen zuruecklegen
      putStick ((id + 1) % stickAvailable.length);
    }
  }
}

Mensa (int count) {
  stickAvailable = new boolean[count];

  for (int i = 0; i < count; i++)
    stickAvailable[i] = true;                      // Staebchen verteilen
  for (int i = 0; i < count; i++)
    new Student (i).start();                       // Studenten starten
}

void putStick (int i) {
  System.out.println ("Student releases stick "+ i);
  stickAvailable[i] = true;
}

synchronized boolean getStick (int i) {
  if (stickAvailable[i]) {
    stickAvailable[i] = false;                     // nimm Staebchen i
    System.out.println ("Student took stick "+ i);
    return true;
  } else {
    return false;                                  // nicht verfuegbar
  }
}

public static void main (String[] argv) {
  new Mensa (5);                       // Mensa mit 5 Studenten erzeugen
}
}
```

Starten wir das Programm, sehen wir, dass nach einer Weile kein Student mehr isst, sondern alle auf ein Stäbchen warten. Was ist passiert?

Alle Studenten haben das rechte Stäbchen ergriffen, halten also ein Stäbchen. Da kein Student sein Stäbchen wieder hergibt, kann auch kein Student das fehlende linke Stäbchen bekommen.

Eine solche Situation, in denen Threads wechselseitig auf die Freigabe einer Ressource warten, um weiterarbeiten zu können, wird *Deadlock* genannt.

9.4 Schlafen und aufwecken

Natürlich lässt sich auch dieses Problem lösen: Dürfen Studenten in der kritischen Sektion nur beide Stäbchen nehmen oder keines, kann ein Deadlock nicht mehr auftreten.

Es gibt aber noch einen weiteren Punkt, der in dem Beispiel nicht besonders elegant gelöst ist: Die Studenten warten „aktiv" in einer Schleife darauf, dass ein Stäbchen verfügbar wird, verbrauchen also unnötig wertvolle Rechenzeit in unserer Simulation. Für kritische Sektionen gibt es eine spezielle Methode `wait()`, die die Sperre für andere Threads, eine synchronisierte Methode dieses Objektes zu betreten, aufhebt. Der Thread, der `wait()` aufruft, wird dabei solange „schlafen gelegt", bis von einem anderen Thread schlafende Threads durch Aufruf von `notify()` oder `notifyAll()` aus einem synchronisierten Bereich „geweckt" werden. Besitzer der Sperre wird dabei der geweckte Thread. Werden mehrere Threads geweckt, werden ihre kritischen Sektionen sequentiell abgearbeitet, es ist also auch beim Wecken mehrerer Threads sichergestellt, dass immer nur einer sich in einer kritischen Sektion befindet.

Beispiel 9.4: *Schlafen und Aufwecken*   Als Beispiel für Schlafen und Aufwecken verbessern wir die Mensa-Simulation mit unserem neuen Wissen. `getSticks(int i)` bekommt nun beide Stäbchen bzw. legt sich schlafen, bis beide verfügbar sind, `putSticks(int i)` weckt schlafende Studenten durch Aufruf von `notifyAll()`: Sobald jemand seine Stäbchen ablegt, besteht die Möglichkeit, dass ein bisher „schlafender" Student beide Stäbchen bekommen kann.

Programm 9.4

```java
package de.informatikkompakt.nebenlaeufigkeit;

class Mensa2 {
  boolean[] stickAvailable;

  class Student extends Thread {
    int id;

    Student (int pId) {
      id = pId;
    }

    void action (String description) {
      System.out.println ("Student "+ id + "is "+ description);

      try {
        sleep ((long) (Math.random () * 2000));
      } catch (InterruptedException e) {
      };
    }

    public void run () {
      while (true) {
        action ("thinking");
        getSticks (id);
        action ("eating");
        putSticks (id);
      }
    }
  }

  Mensa2 (int count) {
    stickAvailable = new boolean[count];

    for (int i = 0; i < count; i++)
      stickAvailable[i] = true;
    for (int i = 0; i < count; i++)
      new Student (i).start();
  }

  synchronized void putSticks (int i) {
    System.out.println ("Student "+ i + "releases sticks");
    stickAvailable[i] = true;
```

```java
        stickAvailable[ (i + 1) % stickAvailable.length] = true;
        notifyAll ();                                 // hallo, ihr koennt...
    }

    synchronized void getSticks (int i) {
        while (!(stickAvailable[i]
            && stickAvailable[ (i + 1) % stickAvailable.length])) {
          System.out.println ("Student "+ i + "is waiting");
          try {
            wait ();                                  // kann eh nichts machen...
          } catch (InterruptedException e) {
          }
        }
        stickAvailable[i] = false;
        stickAvailable[ (i + 1) % stickAvailable.length] = false;
    }

    public static void main (String[] argv) {
        new Mensa2 (5);
    }
}
```


9.5 Was wissen Sie jetzt?

Sie sollten nun in der Lage sein, einfache nebenläufige Programme zu schreiben und die damit verbundenen Gefahren kennen. Sie wissen, wie kritische Bereiche geschützt werden können und wie aktives Warten mit **wait()** und **notify()** vermieden werden kann.

Kapitel 10

Netzwerkintegration und verteilte Programmierung

10 Netzwerkintegration und verteilte Programmierung

Wie schon in Kapitel 3 erwähnt, ist bei Java die Unterstützung verteilter Programmierung, das Nutzen von anderswo deklarierten Klassen Teil des Konzepts der Sprache. Java passt deshalb gut in die vernetzte Rechnerwelt [18]. Es gibt sehr unterschiedliche Modelle der verteilten Programmierung, die entsprechend unterschiedliche Zielrichtungen haben. So wird bei der Betrachtung paralleler Algorithmen versucht, komplexe Probleme derart auf beliebig viele parallele Prozessoren zu verteilen, dass der Zeitbedarf zur Berechnung der Lösung proportional zu der Anzahl der verwendeten Prozessoren sinkt. Wir betrachten hier exemplarisch eine Form der verteilten Programmierung, die insbesondere in der Programmierung von Komponenten im Internet verwendet wird.

10.1 Verteilte Architekturen

Die zunehmende Vernetzung von Computern (und den von ihnen verwalteten Informationen) ermöglicht es mehr und mehr, durch verteiltes Rechnen die Rechenlast auf verschiedene Computer zu verteilen, und jeden Computer individuelle Aufgaben erledigen zu lassen. Die extreme Form des verteilten Arbeitens ist die *Peer-to-Peer-Architektur*. Hier sind alle Rechner gleichberechtigte Mitspieler mit gleichen Rechten und Diensten. Interessant ist dabei das Finden von Programmen und Daten über mehrere Rechner (Knoten) hinweg. Wie viele Knoten müssen angefragt werden, ob sie das Gewünschte haben? Was ist, wenn ein Rechner auf dem Weg zwischen dem anfragenden Rechner und dem, der die Datei besitzt, ausfällt? Wie viel Information muss zurückgesendet werden, um Sicherheit zu erreichen? Wenn die Antwort auf die Anfrage (nach einer Datei oder einem Programm) über alle Knoten hinweg durchgereicht wird, die auch bei der Anfrage abgegangen wurden, kann bei einer weiteren Frage nach dem selben Objekt der Weg verkürzt werden, weil die Datei jetzt auch an anderer Stelle verfügbar ist. Allerdings wird es die Speicherkapazität überschreiten, wenn alle Antworten auf alle vergangenen Anfragen gespeichert werden. Eine Zwischenform ist das Peer-to-Peer-Computing mit so genannten Superknoten. Dann werden einigen Rechner etwas mehr Fähigkeiten zugestanden als den anderen Knoten. Zum Beispiel werden dann Verzeichnisse der in der Umgebung vorhandenen Daten und Dienste an einem Superknoten gespeichert und ersparen so die Anfragen an alle Knoten der Umgebung.

Client-Server-Architekturen sind so beliebt, weil sie eine einfach zu handhabende, aber dennoch flexible und leistungsstarke Form der verteilten Programmierung ist.

10.1.1   **Definition 10.1.1:**   *Server* Eine Soft- oder Hardware, die anderen Soft- oder Hardwarekomponenten Dienste über eine Kommunikationsschnittstelle anbietet.

10.1.2   **Definition 10.1.2:**   *Client* Eine Soft- oder Hardware, die von Servern angebotene Dienste nutzt.

Ein Beispiel für eine Anwendung dieser Technologie ist ein Client-Programm, das die lokale Eingabe von komplexen Rechenanweisungen ermöglicht und Teilaufgaben an einen Rechner (Server) überträgt, der auf das Lösen von bestimmten Rechenanweisungen spezialisiert ist. Ein aktuelles Beispiel sind Programme, die WWW-Server durchsuchen (sog. Web-Spider) und im Verlauf dieser Aktivität alle für sie zugänglichen Seiten eines WWW-Servers lokal herunterladen, dort verarbeiten und das Ergebnis in einer Datenbank speichern. Diese enorme Netzlast ließe sich durch den Einsatz der Client-Server Technologie drastisch verringern: auf dem WWW-Server wäre ein Programm, das auf eine gezielte Anfrage des Web-Spiders antworten würde. Der Web-Spider muss sich darauf verlassen können, dass seine Anfragen verstanden und beantwortet werden können. Dafür kann er darauf verzichten, all die WWW-Seiten bei sich zu speichern. Häufig scheitert der Einsatz dieser Technik an der Heterogenität der Netzwerkumgebungen, den Sicherheitsproblemen und an der Komplexität der Protokollspezifikation. Das *Remote Method Invocation* (RMI) Konzept von Java löst zumindest zwei der drei Probleme:

Heterogenität: da Java nahezu maschinenunabhängig ausführbar und für zahlreiche Plattformen verfügbar ist.

Komplexität: da sich per RMI mit minimalem Aufwand eine Client-Server Anwendung entwickeln lässt.

Sicherheit: dieses Problem löst RMI nicht, aber auch hierfür gibt es in Java Lösungen.

10.2 Remote Methode Invocation

Die RMI-Schnittstelle[1] ermöglicht die Kommunikation von Objekten, die sich auf verschiedenen Rechnern befinden.

Definition 10.2.1: *Remote-Objekt* Ein Remote-Objekt ist ein Objekt, das zur Laufzeit durch die Java Virtual Machine A gehalten wird und von Objekten, die sich in einer Maschine B befinden, angesprochen werden kann. Das Remote-Objekt kann also auch als Server-Objekt aufgefasst werden.

Unter der Oberfläche von RMI verbergen sich Konzepte wie Serialisierung, Sockets und Ströme, die jedoch den Rahmen dieses Buches sprengen würden. Hier sehen wir nur anhand eines kleinen Beispiels, wie RMI verwendet wird.

❯ 10.2.1 Stümpfe und Skelette

Unter dieser ein wenig martialisch wirkenden Überschrift verbirgt sich die Frage nach dem „Wie?". Wie kann ein Client-Objekt ein Remote-Objekt ansprechen, obwohl das Remote-Objekt lokal nicht existiert und dessen Struktur damit auch nicht bekannt ist?

Definition 10.2.2: *Stumpf* Ein Stumpf (engl. Stub) ist eine kleine Schnittstellen-Beschreibung einer Klasse, die die `UnicastRemoteObject`-Klasse extendiert. Der Stumpf wird zur Beschreibung eines Remote-Objektes an den Client-Rechner übertragen. Stümpfe werden über den `rmic`-Befehl durch den Programmierer erzeugt und der Programmierer hat keine Möglichkeit, diese abzuändern.

Definition 10.2.3: *Skelett* Ein Skelett (engl. Skeleton) ist dem Stumpf ähnlich, verbleibt jedoch auf dem Server.

Für die Klasse eines Remote-Objektes werden Stümpfe erzeugt. Da die Stümpfe nur die Beschreibung einer Klasse und nicht deren gesamte Funktionalität enthalten, können diese kostengünstig über das Netz übertragen werden.

Definition 10.2.4: *Registratur* Eine Registratur (engl. registry) registriert und verwaltet Instanzen von Remote-Objekten, die in einer Maschine gehalten werden. Die Registratur stellt Informationen zu diesen Objekten bereit und kann über eine URL angesprochen werden.

---

[1]RMI ist die Fortführung des Remote Procedure Call-Konzeptes (RPC) von SUN, das jedoch nicht für Objektorientierung ausgelegt war.

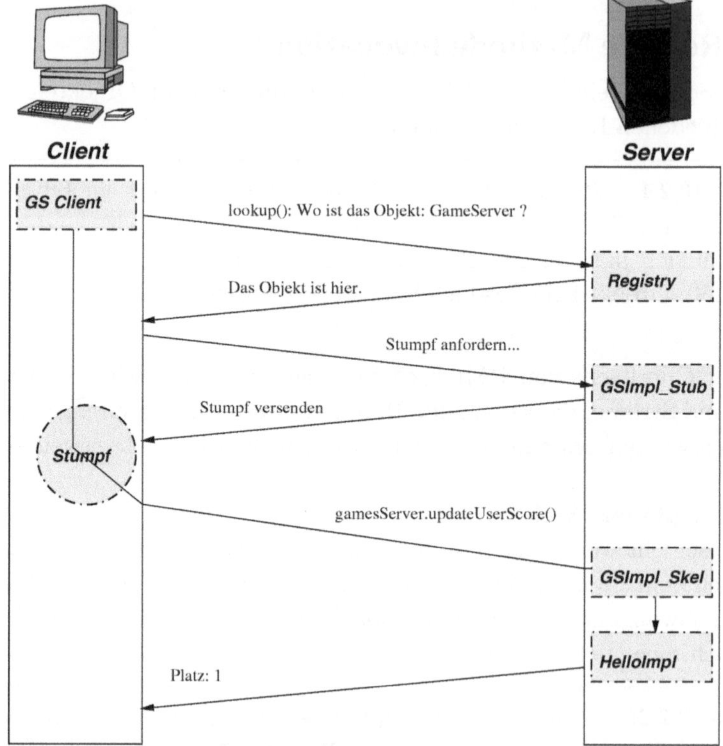

Abbildung 10.1. Kommunikation zwischen Client und Server für den Aufruf einer Methode eines Remote-Objektes durch ein Client-Objekt (Quelle: [13])

Wie erhält eine Anwendung den Stumpf? Die Anwendung öffnet einen Kommunikationskanal zu einer Registratur. Die Anwendung fordert dann anhand eines Namens bei der Registratur ein Objekt an. Der Stumpf des angeforderten Objektes wird nun übertragen und kann in der Client-Anwendung angesprochen werden. Die Verbindung mit diesem virtuellen Objekt verdeckt die Kommunikationsvorgänge im Hintergrund. Die Client-Anwendung benötigt lediglich den Server-Namen und die Port-Nummer[2] der Registratur sowie den Namen des angeforderten Objektes.

Wie wird ein Objekt zu einem Remote-Objekt? Wie Abbildung 10.2 zeigt, beschreibt eine Schnittstelle **Server**, die die Schnittstelle **Remote** erweitert,

---

[2]Eine Portnummer ist eine Art Telefonnummer, auf der ein anderer Rechner einen bestimmten Dienst erreichen kann. Z.B. ist Port 80 traditionell der Port eines HTTP-Servers (WWW-Server) und der Standard-Port einer Registratur ist 1099.

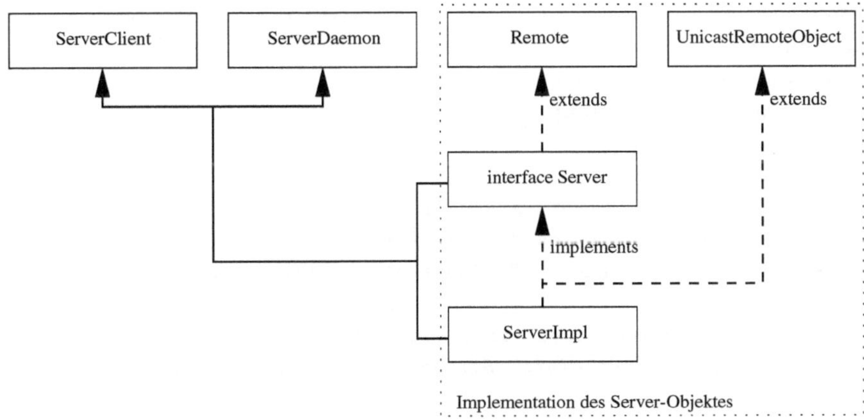

Abbildung 10.2. Übersicht der zentralen Schnittstellen und Klassen für ein
RMI-Client/Server-System

ein Remote-Objekt und jede Klasse, die **Server** implementiert, muss somit
alle von **Remote** angebotenen Methoden implementieren. Eine solche Klasse
zur Beschreibung von Remote-Objekten ist die Klasse **ServerImpl**[3], die die
UnicastRemoteObject-Klasse erweitert und die Schnittstelle **Server** implementiert. Die Stümpfe und Skelette müssen dann über den `rmic`-Befehl
erzeugt werden (hier: **rmic ServerImpl**). Eine Instanz der Remote-Objekt-
Klasse **ServerImpl** wird in der Applikation **ServerDaemon** erzeugt und in
einer Registratur registriert. Dieses Objekt kann nun durch eine Applikation
ServerClient angesprochen werden.

10.2.2 Ein Beispiel für einen Server

Ein kleines Beispiel für einen RMI-Server und einen RMI-Client demonstriert
deren Handhabung. Die Schnittstelle **FileServer** erweitert die Schnittstelle
Remote und beschreibt die vom Server für Clients zur Verfügung gestellten
Methoden. Es handelt sich um eine Methode um eine Datei vom Server zu
holen, und um eine Methode, um Informationen zu einer Datei zu ermitteln.

---

[3]Die Schreibweise `...Impl` ist natürlich nicht zwingend, erleichtert jedoch das
Arbeiten mit den Schnittstellen

Programm 10.1

```
package de.informatikkompakt.verteilung;
import java.io.IOException;
import java.rmi.Remote;

public interface FileServer extends Remote {
   /* Schnittstelle zum Holen der Datei */
   public byte[] getDocument (String pDatei) throws IOException;

   /* Schnittstelle zum Lesen einer Datei-Informationen */
   public FileInfo getFileInfo (String pDatei) throws IOException;
}
```

Jede der in der **FileServer**-Schnittstelle zur Verfügung gestellten Methoden wird in der **FileServerImpl**-Klasse implementiert. Zusätzlich implementiert diese Klasse noch einen Konstruktor. Die **FileServerImpl**-Klasse muss die Klasse **UnicastRemoteObjekt** erweitern.

Programm 10.2

```
package de.informatikkompakt.verteilung;
import java.io.*;
import java.rmi.RemoteException;
import java.rmi.server.UnicastRemoteObject;

public class FileServerImpl extends UnicastRemoteObject implements
FileServer {
   protected FileServerImpl () throws RemoteException {
      super ();
   }

   public byte[] getDocument (String pDatei) throws IOException {
      System.out.println ("getDocument: "+ pDatei);
      FileInputStream file = new FileInputStream (pDatei);
      int size = file.available ();
      byte[] content = new byte[size];
      file.read (content);
      file.close ();
      return content;
   }

   public FileInfo getFileInfo (String pDatei) {
      System.out.println ("getFileInfo: "+ pDatei);
      File file = new File (pDatei);
```

```
FileInfo info = new FileInfo (pDatei);
info.setExistiert (file.exists ());

if (file.exists ()) {
  info.setLaenge (file.length ());
  info.setSichtbar (!file.isHidden());
  info.setVerzeichnis (file.isDirectory ());
}
return info;
  }
}
```

Die RMI-Registratur muss erzeugt und verwaltet werden. Zusätzlich muss zumindest eine Instanz der Klasse **FileServerImpl** erzeugt und in der Registratur registriert werden. Diesen Part übernimmt die Applikationsklasse **FileServerDaemon**.[4]

Programm 10.3

```
package de.informatikkompakt.verteilung;                        // 1
import java.rmi.Naming;                                         // 2
import java.rmi.registry.LocateRegistry;                        // 3

public class FileServerDaemon {                                 // 4
  private FileServer fileServer;                                // 5

  public FileServerDaemon (String pServer, int port) {         // 6
    try {                                                      // 7
      LocateRegistry.createRegistry (port);                    // 8
      fileServer = new FileServerImpl ();                      // 9
      String url = "//"+ pServer + ":"+ port + "/FileServer";  // 10
      Naming.bind (url, fileServer);                           // 11
      System.out.println ("Server wurde korrekt gestartet.\n"); // 12
    } catch (Exception e) {                                    // 13
      System.out.println ("Fehler beim Start des Servers");    // 14
      e.printStackTrace ();    // Alle Fehler werden abgefangen // 15
    }                                                          // 16
  }                                                            // 17
```

---

[4]Der Name kommt aus dem Bereich der Betriebssysteme. Als Dämon wird ein Prozess bezeichnet, der ständig im Speicher gehalten wird und ewig (quasi untot) weiterarbeitet.

```java
  public static void main (String[] args) {                     // 18
     final FileServerDaemon daemon;                             // 19
     daemon = new FileServerDaemon ("localhost", 2060);         // 20
  }                                                             // 21
}
```

In Zeile 5 wird ein **FileServer**-Objekt deklariert. Die Applikation instantiiert sich selbst (20) und ruft den Konstruktor (6) auf. Die eigentlichen RMI-
Aufrufe folgen nun: In Zeile 8 wird eine Registratur auf dem übergebenen Port
erzeugt und die in (9) erzeugte Instanz des über RMI zugreifbaren Objektes
an den Namen „FileServer" gebunden (11). Die Methode **Naming.bind()**
benötigt eine URL, die mit dem gewünschten Objektnamen abgeschlossen
wird. Diese wurde in Zeile 10 zusammengestellt. Dass alle Ausnahmen (13)
undifferenziert abgefangen werden, dient nur der Vereinfachung des Beispiels
und ist nicht zur Nachahmung empfohlen.
Ein Server ist ohne Client sinnlos. Einen Beispiel-Client für unseren oben
erstellten Server stellt die Klasse **FileServerClient** dar. In dieser Klasse
wird eine Verbindung zur Registratur hergestellt und eine virtuelle Kopie des
registrierten FileServer-Objektes erzeugt. Nach dem Erzeugen dieser virtuellen Kopie kann auf das Objekt wie üblich zugegriffen und dessen Methoden
genutzt werden.

Programm 10.4

```java
package de.informatikkompakt.verteilung;                          // 1
import java.io.FileOutputStream;                                  // 2
import java.rmi.Naming;                                           // 3
import de.informatikkompakt.tools.IO;                             // 4

public class FileServerClient {                                   // 5
  private FileServer fileServer;                                  // 6

  public FileServerClient (String pServer, int port) {            // 7
    try {                                                         // 8
      String url = "//"+ pServer + ":"+ port + "/FileServer";     // 9
      fileServer = (FileServer) Naming.lookup (url);              // 10
      System.out.println ("Client wurde korrekt gestartet.");     // 11
    } catch (Exception e) {                                       // 12
      System.out.println ("Start des Clients fehlgeschlagen.");   // 13
      e.printStackTrace ();                                       // 14
      return ;                          // Abbruch des Clients    // 15
    }                                                             // 16
```

```java
    try {                                                     // 17
      byte[] content;                                         // 18
      String datei = IO.readString ("Dateiname: ");           // 19
      FileInfo info = fileServer.getFileInfo (datei);         // 20
      System.out.println (info);                              // 21
      if (info.isExistiert () && !info.isVerzeichnis()) {     // 22
        content = fileServer.getDocument (datei);             // 23
        FileOutputStream out = new FileOutputStream ("out");  // 24
        out.write (content);                                  // 25
        out.close ();                                         // 26
      }                                                       // 27
    } catch (Exception e) {                                   // 28
      e.printStackTrace ();                                   // 29
    }                                                         // 30
  }                                                           // 31

  public static void main (String[] args) {                   // 32
    FileServerClient client =
      new FileServerClient ("localhost", 2060);               // 33
  }                                                           // 34
}
```

Es findet eigentlich nur ein einziger RMI-Aufruf in Zeile 10 statt. In diesem Aufruf verbindet sich der Client mittels der Methode **Naming.lookup()** mit der in der URL angegebenen Maschine und fordert das unter dem Namen (hier: FileServer) registrierte Objekt von der Registratur an. Das zurückgelieferte Objekt wird über eine Typumwandlung zu einem **FileServer**-Objekt typisiert. In den Zeilen 12 bis 16 wird eine vereinfachte Fehlerbehandlung durchgeführt. In den Zeilen 19 bis 20 wird vom Benutzer ein Dateiname erfragt. Mittels der **getFileInfo(String s)**-Methode des **FileServer**-Objektes werden zunächst Informationen zu diesem Dateinamen vom Server angefordert (Zeile 20). Existiert die Datei, und handelt es sich nicht um eine Verzeichnis, wird die Datei per **getDocument(String s)** (Zeile 23) vom Server geladen und lokal in einer neuer Datei gespeichert (Zeilen 24 bis 26).

❯ 10.2.3 Start des Servers und des Clients

Die Quelltexte zu den Klassen **FileServer**, **FileServerDaemon** und **FileServerClient** liegen im Verzeichnis de.informatikkompakt.verteilung. Die Stümpfe und Skelette werdem mit dem *rmic* Befehl des JDK erzeugt.

```
rmic de.informatikkompakt.verteilung.FileServerImpl
```

Der Server wird einfach mittels

```
java de.informatikkompakt.verteilung.FileServerDaemon
```

gestartet. Der Client kann mittels

```
java de.informatikkompakt.verteilung.FileServerClient
```

gestartet werden.

❯ 10.2.4 Was wissen Sie jetzt?

Sie haben eine Art – die Client-Server-Architektur – kennengelernt, mit der Sie Teile von Programmen auf verschiedene Computer verteilen können. Welche Ihnen bekannte Programme verfolgen auch die Client-Server-Architektur? Sie wissen, wie Sie die Deklaration der Schnittstellen von der Implementierung trennen, so dass die Kommunikationsklassen durch ein eigenes Programm (welches?) generiert werden können. Sie wissen, dass Sie Objekte registrieren müssen, damit sie von anderen Objekten auf anderen Computern gefunden werden können. Sie wissen, wie Sie die Methode eines entfernten Objekts aufrufen können. Sie fürchten sich nicht mehr vor Stümpfen und Skeletten.

10.3 Auszeichnungssprachen

Der Austausch von Daten, das verteilte Arbeiten an einem gemeinsamen Werk, der Zugriff vieler unterschiedlicher Systeme auf eine Anwendung kann prinzipiell auf zwei Arten erfolgen: alle befolgen ein und das selbe Format oder alle entwickeln Übersetzungsprogramme, die das eigene in jedes andere Format überführen. Beides hört sich unrealistisch an. Weder halten sich alle an ein bestimmtes Format, auf das sie sich obendrein erst einmal einigen müssten, noch möchte man den Aufwand der Übersetzungen erbringen. Wieder ist die Abstraktion der Ausweg aus dem Dilemma: vielleicht kann man sich auf ein Format einigen, in dem man beliebige Formate definieren kann. Es muss dann lediglich ein Parser für das Format definierende Format geschrieben werden und die Anwendungsprogramme werden so geschrieben, dass sie mit der Ausgabe des Parsers umgehen können (s. Kapitel 3.1). Wir brauchen also eine Sprache für die Deklaration von Formaten.[5] Daten eines bestimmten Formats werden dann annotiert, indem ihre Bestandteile von einer Auszeichnung (englisch: *tag*) eingeklammert werden, die die Art des Be-

---

[5]Für Dokumente gibt es bereits seit langem die *Standard Generalized Markup Language (SGML)*. „Markup" ist ein Begriff aus dem Buchdruck, der die Annotationen bezeichnet, die zu Teilen eines Textes angeben, wie sie gedruckt werden sollen (fett, kursiv ...). Solche *Auszeichnungen* wurden in den 60er Jahren des letzten Jahrhunderts generalisiert zur Auszeichnung von Textteilen als Elementen einer bestimmten Art. Für die Deklaration eines Dokumenttyps (*Document Type Definition, kurz DTD*) ist SGML die erste und immer noch umfangreichste Sprache.

standteils angibt. Der Parser kann die Deklaration eines Formats lesen und
damit jede Datei dieses Formats analysieren. Derselbe Parser kann auch die
Deklaration eines anderen Formats lesen und damit Dateien dieses anderen
Formats analysieren. Dieser Abstraktionstrick hat Auszeichnungssprachen so
bekannt gemacht.

Definition 10.3.1: *Auszeichnungssprache – Deklaration und Instanz* Eine Aus-   **10.3.1**
zeichnungssprache ist eine (meist reguläre) Grammatik, die die Struktur von
Daten deklariert. Die Deklaration legt die Reihenfolge von Elementen fest und
ob sie notwendigerweise vorkommen müssen, wobei für jedes Element seinerseits eine Form deklariert wird. Daten werden zu einer Deklaration passend
annotiert, indem Teile der Daten als Elemente der Deklaration markiert werden. Die annotierten Daten werden dann auch als *Instanz* der Deklaration
bezeichnet.

```
<?xml version="1.0" encoding="US-ASCII"?>
<einfach>
  <titel> Informatik kompakt </titel>
  <autor>
   <vorname> Katharina    </vorname>
   <vorname> J.    </vorname>
   <nachname> Morik   </nachname>
  </autor>
  <autor>
   <vorname>  Volker  </vorname>
   <nachname> Klingspor   </nachname>
  </autor>
  <abschnitt>
    <text> Um eine Grundlage zu schaffen für die Vertiefung in
           mehrere Teilgebiete der Informatik, haben wir ein
           Buch geschrieben.
    </text>
  </abschnitt>
  <abschnitt>
   <ueberschrift> Jetzt neu! </ueberschrift>
   <text> Das Buch wird zum Wintersemester 2005 erscheinen!
   </text>
  </abschnitt>
</einfach>
```

Abbildung 10.3. Datei ankuendigung.xml – Annotierter Text vom Typ „einfach"

Die Deklaration der Daten soll ihre (logische) Struktur wiedergeben. Die Auszeichnungssprache *Hypertext Markup Language (HTML)* mischt leider Annotationen, die die Präsentation von Textteilen angeben (fett, kursiv,...) mit solchen, die die Struktur eines Dokumentes wiedergeben. Damit ist die Unabhängigkeit der Formatdeklaration nicht mehr in der gewünschten Form gegeben. Deshalb wird seit 1997 mehr und mehr zu XML als Auszeichnungssprache übergegangen. [6] Das XML-Schema beschreibt das Format einer Klasse von Dateien. Nehmen wir zum Beispiel einen einfachen Text, der aus einem Titel, der Angabe der Autoren und einer Reihe von Abschnitten besteht. Diesen einfachen Text deklarieren wir wie in Abbildung 10.4 zu sehen ist. Im Prolog eines Schemas werden Metainformationen über die Datei angegeben. Dazu gehört auch die Angabe der XML-Version. Die Syntax von XML-Schema ist unter der angegebenen Internetadresse hinterlegt. Ein Namensraum ist ebenfalls angegeben (xmlns), in dem die Elementnamen eindeutig sind. Die eigentliche Formatdeklaration ist ein Baum. Wir haben das Wurzelelement „einfach", das als Sequenz der Elemente (Teilbäume) „titel", „autor" und „abschnitt" deklariert ist, wobei es beliebig viele Autoren und Abschnitte geben kann (maxOccurs=„unbounded"). Die Elemente sind ihrerseits deklariert. Interessant ist dabei, dass ein Abschnitt aus einer Sequenz von Überschrift und Text besteht, wobei beides auch fehlen kann (minOccurs=„0"). Die Blätter des Baums sind einfache Typen wie Zeichenfolgen oder Zahlen. Wir gehen hier nicht weiter auf die Syntax von XML ein,[7] sondern konzentrieren uns auf das grundsätzliche Vorgehen.

Einen zum Schema passend markierten Text zeigt Abb. 10.3. Im selben Namensraum braucht der Verweis auf Namensraum und Schema nicht angegeben zu werden. Man sieht, wie die deklarierten Elemente als Auszeichnungen um die Textteile geklammert sind: die öffnende Auzeichnung steht in spitzen Klammern, bei der schließenden Auszeichnung ist „/" vor den Bezeichner gestellt. Man kann nun also auf die Elemente in der Datei direkt zugreifen und die Daten für eigene Zwecke anders anordnen.

Gerade bei Dokumenten, die nur implizit durch die Syntax und Textstruktur natürlicher Sprache strukturiert sind, ist es oft schwierig, eine bestimmte Information herauszuziehen. Während eine Datenbank über ihr Schema strikt strukturiert ist, so dass Anfrage präzise gestellt und beantwortet werden können, ist dies bei Dokumenten ohne Annotationen nicht der Fall. Mit den Auszeichnungen erreichen wir also zumindest für die annotierten Ele-

---

[6] XML ist eine Teilmenge von SGML, insofern auch eine DTD angegeben werden kann. Allerdings kann statt der DTD auch – wie hier – ein XML-Schema angegeben werden, dessen Typisierung der Elemente über SGML hinausgeht.

[7] Für eine eingehende Behandlung von Auszeichnungssprachen s. [3].

```xml
<?xml version="1.0" encoding="UTF-8"?>
<xsd:schema xmlns:xsd="http://www.w3.org/2001/XMLSchema"
            elementFormDefault="qualified">
  <xsd:element name="einfach">
    <xsd:complexType>
      <xsd:sequence>
        <xsd:element ref="titel"/>
        <xsd:element maxOccurs="unbounded" ref="autor"/>
        <xsd:element maxOccurs="unbounded" ref="abschnitt"/>
      </xsd:sequence>
    </xsd:complexType>
  </xsd:element>
  <xsd:element name="titel" type="xsd:string"/>
  <xsd:element name="autor">
    <xsd:complexType>
      <xsd:sequence>
        <xsd:element maxOccurs="unbounded" ref="vorname"/>
        <xsd:element ref="nachname"/>
      </xsd:sequence>
    </xsd:complexType>
  </xsd:element>
  <xsd:element name="vorname" type="xsd:Name"/>
  <xsd:element name="nachname" type="xsd:Name"/>
  <xsd:element name="abschnitt">
    <xsd:complexType mixed="true">
     <xsd:sequence>
        <xsd:element minOccurs="0" maxOccurs="unbounded"
                     ref="ueberschrift"/>
        <xsd:element minOccurs="0" maxOccurs="unbounded"
                     ref="text"/>
      </xsd:sequence>
    </xsd:complexType>
  </xsd:element>
  <xsd:element name="ueberschrift" type="xsd:string"/>
  <xsd:element name="text" type="xsd:string"/>
</xsd:schema>
```

Abbildung 10.4. Datei einfach.xsd – XML Schema für einen einfachen Text

mente etwas vergleichbares. Deshalb lassen sich jetzt Datenbanken und Dokumentsammlungen zusammenbringen. In unserem kleinen Beispiel kann in allen Instanzen des einfachen Texttyps nun leicht nach Autoren und Titeln gesucht werden. Der Traum des *semantic web* besteht darin, dass alle Dokumente im World Wide Web annotiert sind und so die gigantische Menge an Dokumenten besser genutzt werden kann.

```
<xsl:stylesheet
    xmlns:xsl="http://www.w3.org/1999/XSL/Transform"
    version="1.0">
<xsl:template match="einfach">
<html>
<body>
<xsl:apply-templates select="titel"/>
<xsl:apply-templates select="autor"/>
<xsl:apply-templates select="abschnitt"/>
</body>
</html>
</xsl:template>


<xsl:template match="titel">
<div align="center"><h1><xsl:value-of select="."/></h1></div>
</xsl:template>


<xsl:template match="autor">
<div align="center"><h3><xsl:value-of select="."/></h3></div>
</xsl:template>


<xsl:template match="ueberschrift">
<h2><xsl:value-of select="."/></h2>
</xsl:template>


<xsl:template match="text">
<p><xsl:value-of select="."/></p>
</xsl:template>


</xsl:stylesheet>
```

Abbildung 10.5. Datei einfach.xsl

Es wäre schwierig, aus Schriftgröße und Bündigkeit von Zeilen darauf zu schließen, ob es sich um einen Titel handelt. Die Präsentationsform und die logische Struktur sind jetzt getrennt. Die Darstellung (auf Papier, auf dem Bildschirm, auf kleineren Bildschirmen von Mobiltelefonen) ist lediglich ein Anwendungsprogramm unter anderen. Wir können die logische Struktur aber für eine einheitliche Präsentation nutzen. Der eine mag festlegen, dass Titel beispielsweise fett und mittig gedruckt werden, ein anderer präsentiert Titel in größerer Schrift und linksbündig. Für diese Festlegung gibt es die *stylesheets*, die zu einem Schema angegeben werden. Abbildung 10.5 zeigt eine Überführung von Texten des Schemas „einfach" in eine HTML-Präsentation, wobei hier der Titel mittig eingerückt und als erste Überschrift (h1), die Überschrift linksbündig und als zweite Überschrift (h2) dargestellt werden. XSLT ist ein Programm, das anhand einer XSL-Datei und eines Schemas eine XML-Datei transformiert. In unserem Beispiel wird eine Datei in ihre Präsentation transformiert. Die Anwendung ergibt in unserem Beispiel die Datei wie in Abb. 10.6 gezeigt. Wird diese mit einem Browser geöffnet, ergibt sich Abb. 10.7.

```
<html>
   <body>
      <div align="center">
         <h1> Informatik kompakt </h1>
      </div>
      <div align="center">
         <h3> Katharina J. Morik </h3>
      </div>
      <div align="center">
         <h3> Volker Klingspor </h3>
      </div>
      <p>
         Um eine Grundlage zu schaffen f&uuml;r die Vertiefung
         in mehrere Teilgebiete der Informatik, haben wir ein
         Buch geschrieben.
      </p>
      <h2> Jetzt neu! </h2>
      <p>  Das Buch wird zum Wintersemester 2005 erscheinen! </p>
   </body>
</html>
```

Abbildung 10.6. Datei ankuendigung.html

Anwendungsprogramme ziehen mit Hilfe von XSLT Informationen aus den Instanzen eines Schemas und nutzen sie für eigene Zwecke. In unserem Beispiel kann man eine Schlüsseldatei erstellen, die nur aus Autoren und Titel

Informatik kompakt

Katharina J. Morik

Volker Klingspor

Um eine Grundlage zu schaffen für die Vertiefung in mehrere Teilgebiete der Informatik, haben wir ein Buch geschrieben.

Jetzt neu!

Das Buch wird zum Wintersemester 2005 erscheinen!

Abbildung 10.7. Ansicht von ankuendigung.html im Browser

mit dem Ort der Datei besteht. Dieses Verzeichnung passt dann zu einem anderen Schema. Reale Anwendungen sind die Verwaltung von Dokumenten bei Nachrichtenagenturen, die Literaturverwaltung von Bibliotheken, das Computer-unterstützte Publizieren, Einkäufe über das Internet, die Verwaltung und zielgruppengerechte Zusammenstellung von Unterrichtsmaterial. Interessant sind auch Firmendokumente (Angebote, Verträge, Erfahrungsberichte). Einerseits sollen sie einer quantitativen Übersicht zugänglich gemacht werden (aus wievielen Angeboten sind tatsächlich Verträge geworden und was zeichnete diese erfolgreichen Angebote aus?). Andererseits soll die Erstellung von Angeboten beispielsweise unterstützt werden, indem Produktbeschreibungen und Anfragen nach einem Angebot automatisch zu einer Rohfassung eines Angebots zusammengebracht werden. Dies setzt allerdings voraus, dass nicht nur die Firma für ihre Dokumente Schemata erstellt und die Dokumente auszeichnet, auch die Kunden müssen ihre Fragen nach einem Angebot auszeichnen und das Schema ihrer Anfrage mitschicken[8]. Der Datenaustausch wird vereinfacht, wenn alle Dateien annotiert sind und sich alle auf ein Format zur Deklaration der Auszeichnungen (hier: XML) geeignigt haben. Der Parser von XML kann ein beliebiges Schema analysieren und so die Bestandteile der Datei auffinden. Man muss dann nur noch XSLT-Dateien für die Überführungen der anders formatierten Daten in das eigene Format schreiben. Statt also für jede Instanz eine Transformation vorzunehmen, muss man nur für jedes Schema eine Tranformation schreiben.

---

[8]Der schnelle Zugriff auf Erfahrungsberichte (wer weiß etwas, was mir jetzt bei der Arbeit hilft?) ist unter dem Schlagwort „Wissensmanagement" bekannt geworden. Dort werden auf XML aufbauende Ontologien zum noch genaueren Datenaustausch genutzt [20].

❯ 10.3.1 Was wissen Sie jetzt?

Die Ziele von Auszeichnungssprachen sind:

logische Strukturen von der äußeren Erscheinung von Daten (meist Dokumenten) zu trennen.

unstrukturierte Daten wie etwa Texte durch Annotationen zu strukturieren, so dass die Elemente des Textes abgegrenzt und ihre Art bekannt ist.

sowohl von Menschen leicht verstanden als auch von Maschinen verarbeitet werden zu können.

die Dokumente im World Wide Web einfacher nutzbar zu machen.

eine Vielzahl von Anwendungen zu unterstützen.

Sie haben mit XML den Zusammenhang zwischen den Dateien

XML-Schema, das als Datei (.xsd) ein Format deklariert,

XML-Datei für die annotierten Daten (Instanz des Schemas),

XSL-Datei für die Transformation der Instanzen eines Schemas (hier in eine HTML-Datei)

gesehen und dabei auch von den Programmen gehört:

Parser für XML-Schemata,

Transformator XSLT für XML-Dateien, bezogen auf ihr Schema und eine Transformationsvorschrift.

In Abschnitt 3.1.2 wurden Sie aufgefordert, eine Adressdatei mit Hilfe einer Grammatik zu beschreiben – machen Sie es jetzt in XML! Legen Sie zwei unterschiedliche Schemata für Adressen fest, eines für sich, eines für andere. Überlegen Sie sich, wie Sie mit XSLT Adressen von anderen, für die das andere XML-Schema gilt, in Ihr eigenes Adressformat überführen. Überlegen Sie auch die Grenzen dieses Ansatzes. Was, wenn andere Markierungen verwendet werden (und nicht nur eine andere Anordnung), wenn mit derselben Auszeichnung etwas anderes gemeint ist, wenn die eingeklammerten Elemente ganz unterschiedlich umfangreich sind?

Sie mögen Ihr Wissen nutzen, um Internetanwendungen besser zu verstehen oder die Integration von XML-Dokumenten in Datenbanksysteme [15] – die wichtigste Einsicht ist aber die in die Kraft der Abstraktion. Bei der Meta-Programmierung (zum Beispiel in Prolog [5]), bei der Metadaten-gestützten Software-Entwicklung, bei der Wissensrepräsentation [2] wird immer dieser selbe Trick angewandt: ein Teil dessen, was ein Programm mit Daten tun muss, wird herausgezogen und statt als Programm als Daten abgelegt. So lassen sich Varianten derselben Tätigkeit von *einem* Programm verarbeiten, statt lauter Varianten von Programmen schreiben zu müssen! Das verteilte

Arbeiten wird dadurch erleichtert, dass man sich nicht auf eine dieser Varianten einigen muss, sondern lediglich auf das Format der Datei, in der die Variante beschrieben wird. Überlegen Sie, wieviel Sie noch tun müssen, wenn Sie nur Daten bekommen, bei denen Untermengen Ihres XML-Schemas mitgeschickt werden. Und hilft die Formatdeklaration noch, wenn die Schemata mit Ihrem ganz inkompatibel sind? In welchen Fällen?

Literaturverzeichnis

[1] Aho, A.V., Ullman, J.D.: Informatik – Datenstrukturen und Konzepte der Abstraktion. Thomson Publishing (1996)

[2] Baader, F., Calvanese, D., McGuinness, D., Nardi, D., Patel-Schneider, P.: The Description Logic Handbook. Cambridge University Press, Cambridge (UK) (2004)

[3] Behme, H., Mintert, S.: XML in der Praxis – Professionelles Web-Publishing mit Extensible Markup Language. Addison-Wesley (1998)

[4] Burger, W., Burge, M.J.: Digitale Bildverarbeitung. Springer, Heidelberg (2005)

[5] Clocksin, W.F., Mellish, C.S.: Programming in Prolog. Springer, Berlin (2003)

[6] Dißmann, S., Doberkat, E.E.: Einführung in die objektorientierte Programmierung mit JAVA. Oldenbourg (1998)

[7] Flanagan, D.: Java in a Nutshell, deutsche Ausgabe. O'Reilly (1998)

[8] Gamma, E., Helm, R., Johnson, R., Vlissides, J.: Design Patterns: Elements of Reusable Object-Oriented Software. Addison Wesley (1995)

[9] Garcia-Molina, H., Ullman, J.D., Widom, J.D.: Database Systems: The Complete Book. Prentice Hall, Upper Saddle River, New Jersey (2001)

[10] Goos, G.: Vorlesungen über Informatik – Band 1–4. Springer (1996)

[11] Goos, G.: Vorlesungen über Informatik 2: Objektorientiertes Programmieren und Algorithmen. Springer (1996)

[12] Güting, R.H., Erwig, M.: Übersetzerbau – Techniken, Werkzeuge, Anwendungen. Springer, Berlin (1999)

[13] Harold, E.R.: Java Network Programming, 1 edn. O'Reilly (1997)

[14] Herrtwich, R.G., Hommel, G.: Nebenläufige Programme. Springer, Berlin (1994)

[15] Kazakos, W., Schmidt, A., Tomczyk, P.: Datenbanken und XML. Springer, Berlin (2002)

[16] Kotovsky, K., Hayes, J., Simon, H.: Why are some problems hard? evidence from tower of hanoi. Cognitive Psychology **17**, 248–294 (1985)

[17] Pepper, P.: Programmieren mit Java – eine grundlegende Einführung für Informatiker und Ingenieure. eXamen.press. Springer (2005)

[18] Rauber, T., Rünger, G.: Parallele und verteilte Programmierung. Springer, Berlin (2000)

[19] Seemann, J., Wolff von Gudenberg, J.: Software Entwurf mit UML. Springer, Heidelberg (2005)

[20] Staab, S., Studer, R.: Handbook on Ontologies. Springer, Berlin (2004)

[21] Strawson, P.F.: Einzelding und logisches Subjekt (Individuals). Reclam (1959)

[22] Wegener, I.: Komplexitätstheorie. Springer, Berlin (2003)

Literaturverzeichnis

Index

Typ, 35, 37

Variable, 39
Variable, lokale, 73
Vererbung, 29, 34, 56, 67
Verifikation, 60

Zusicherung, 59
Zustandsdiagramm, 18